स्वयं व

Celebrating
30 Years of Publishing
in India

'जीवन के बारे में प्रेम रावत की गहरी समझ, मुझे उन सभी प्रश्नों के उत्तर प्रदान करती है, जिन्हें मैं दशकों से तलाश रहा था। यह किताब पाठकों को शांति पाने के लिए प्रेरित करती है—उसे इस अशांत दुनिया में तलाश करने के बजाय, अपने अंदर पाने का एक व्यावहारिक तरीका और विवेक प्रदान करके उन्हें, तृप्ति देती है।'

—**माइकेल बोल्टन**, ग्रैमी पुरस्कार विजेता,
गायक और गीतकार

'प्रेम के शब्द उन लोगों को राहत देने वाले एक मरहम की तरह हैं, जो सच्ची संतुष्टि की प्रबल इच्छा रखते हैं। यह किताब एक बहुमूल्य रत्न है।'

—**सूसान स्टीफेलमैन**, एमएफटी,
पेरेन्टिंग विदाउट पावर स्ट्रगल्स के लेखक

'प्रेम रावत चेतना के आइंस्टीन हैं।'

—**क्लाडियो नरेन्जो**, एमडी,
दि एनेग्राम ऑफ सोसाइटी के लेखक

'इस किताब में गीत हैं, संभावित आनंद की सुंदर धुनें और सच्ची शांति वाले जीवन का सामंजस्य है—यदि हम स्वयं को सुनें। चलिये, इस किताब को लेते हैं और इसे नये ज्ञान और हृदय से रोशन होते आनंद के साथ ग्रहण करते हैं।'

—**हुवान फिलीप हरेरा**, अमेरिकी प्रतिष्ठित कवि

शोर भरी इस दुनिया में शांति कैसे पाएं

स्वयं की आवाज़

प्रेम रावत

हार्पर
हिन्दी

हार्पर हिन्दी
(हार्परकॉलिंस पब्लिशर्स इंडिया) द्वारा प्रकाशित
बिल्डिंग नं. 10, टावर A, 4th फ्लोर,
डीएलएफ साइबर सिटी, फेज II, गुरुग्राम 122002, भारत
www.harpercollins.co.in

अंग्रेज़ी का प्रथम प्रकाशन, '*हेअर योरसेल्फ*', हार्पर वन द्वारा प्रकाशित 2021

6 8 10 9 7 5

P-ISBN: 9789356296718
E-ISBN: 9789356296824

कवर डिजाइन © : हार्पर कॉलिन्स पब्लिशर्स इंडिया
टाइपसेटिंग : निओ साफ्टवेयर कन्सलटैंट्स, प्रयागराज (इलाहाबाद)
मुद्रक : मणिपाल टेक्नोलॉजीज़ लिमिटेड, मणिपाल

HarperCollinsIn

MIX
Paper from responsible sources
FSC® C043100
FSC www.fsc.org

This book is produced from independently certified FSC® paper to ensure responsible forest management.

विषय-सूची

परिचय

इन सालों में मैं ऐसे बहुत लोगों से मिला और उनसे बात की, जो स्वयं की खोज की यात्रा पर हैं। कुछ लोगों ने अपना जीवन ज्ञान की खोज में लगा दिया है और इसके लिए वे लगातार दुनिया भर में विचारों और तरीकों की खोज कर रहे हैं। और अन्य लोग, बस खुद को थोड़ा और बेहतर रूप से जानना चाहते हैं या अपने जीवन में तृप्ति और आनंद का सुंदर अनुभव करना चाहते हैं।

अपनी इस यात्रा में, थोड़े समय के लिए आप मेरे साथ यात्रा करें और आप चकित हो जायेंगे कि हम कहां जा रहे हैं। हम विचारों और मान्यताओं के दायरे से दूर जा रहे हैं और ज्ञान के एक अनोखे रूप की ओर बढ़ रहे हैं—एक ऐसी जगह की ओर जो आपके अंदर मौजूद है और जो रोज की उलझनों से मुक्त है। ऐसी जगह जहां आप वास्तव में स्पष्टता, तृप्ति और आनंद का अनुभव कर पायेंगे। ऐसा स्थान जहां अंदर की शांति विराजमान है। हमारा रास्ता हमें ले जायेगा—मन से हृदय की पूर्ति और हृदय से शांति के अनुभव तक। आप जो भी हैं, शांति आपके अंदर है—आत्मज्ञान से आप इसका अनुभव कर सकते हैं और यह पुस्तक आपको बतायेगी कि यह कैसे होगा।

जब बात आती है अपने अपको जानने की तो मुझे लगता है इस विषय को लेकर हमारे मन में दुविधा भरे विचार आना शुरू हो जाते हैं। लेकिन आत्मज्ञान प्राप्त करने का उद्देश्य बहुत सरल है। यह हमारे द्वारा उस ताजगी से भरी स्पष्टता, गहरी तृप्ति और अथाह आनंद के अनुभव करने के बारे में तथा और ढेर सारे अचरजों के बारे में है जिसका अनुभव

तब होता है जब हम अपने अंदर स्थित उस परम शांति से जुड़ते हैं। जब हम उस शांति का अनुभव करते हैं तब हम जान पाते हैं कि "हम सचमुच में कौन हैं।"

मैं यह स्पष्ट कर देना चाहता हूं कि मेरा उद्देश्य, आपको केवल शांति के बारे में आपकी समझ बढ़ाने और आपके जीवन में आंतरिक शांति से जुड़ने का क्या असर हो सकता है, इसे समझाना है। लेकिन बाहरी शोर से आंतरिक शांति तक का सफर आपको स्वयं ही तय करना होगा। कोई भी आपको शांति नहीं दे सकता। यह एक ऐसी चीज है जिसे केवल आप ही अपने लिए, अपने अंदर उजागर कर सकते हैं। जब आप ऐसा करते हैं तब आप एक नए ढंग से यह समझ पाते हैं कि आप कौन हैं। हमारे जीवन में बहुत सी चीजें अपने आप होती हैं—ऐसी चीजें जो हमारे लिए आसानी से हो जाती हैं—लेकिन आंतरिक शांति पाने के लिए कोशिश करने की जरूरत हो सकती है! पूरी तरह से सचेत होने के लिए प्रयास की जरूरत होती है। जैसा कि आइन्स्टीन ने कहा था "विवेक स्कूली शिक्षा से प्राप्त नहीं होता है बल्कि इसे पाने के लिए जीवन भर प्रयास करने की जरूरत होती है।"

जैसे-जैसे इस पुस्तक के अंदर कहानियां और नए विचार सामने आते जायेंगे, मुझे आशा है कि आप उस चीज के बारे में उम्मीद से परे एक नजरिये का आनंद लेना शुरू करेंगे जो हम सब में एक समान है। एक ऐसी चीज जिसका मेरे ख्याल से, हम सब लोगों को और अधिक उत्सव मनाना चाहिए; वह है—हमारी सुन्दर मानवता की भावना। एक और उल्लेखनीय चरित्र है, जिसके बारे में मैं खासतौर से चाहता हूं कि आप उससे मिलें और उसको जानें। लेकिन उसके बारे में थोड़ी देर बाद चर्चा करेंगे।

बहुत से लोग कहते हैं कि वे अपने आसपास बढ़ते हुए शोर के कारण एक बेचैनी सी महसूस करते हैं। हमारे भीड़भाड़ वाले शहरों और व्यस्त डिजिटल टेक्नोलॉजी से आगे बढ़ते जीवन में, केवल अपने जीवित होने की सरलता को पाने के लिए, जरूरी समय और अवसर निकाल पाना, अक्सर बहुत मुश्किल हो जाता है। विकास दूर-दराज और ग्रामीण क्षेत्रों तक भी लगातार पहुंच रहा है, जिससे लोगों को जरूरी फायदे और मौके तो मिल रहे हैं परन्तु उसके साथ-साथ यह प्रगति लोगों पर

और समुदायों पर, नयी मांगों का बोझ भी डाल रही है। जीवित रहने के लिए यह कितना सुंदर समय है, नये-नये आविष्कार किस तरह बेहतरीन संभावनाएं बना रहे हैं। फिर भी, कभी-कभी इस प्रगति के साथ-साथ आने वाला शोर, बिन बुलाये भटकाव जैसा लगता है।

दरअसल, बाहर का जो शोर होता है, वह उस शोर की तुलना में कुछ भी नहीं है, जो अक्सर हम अपने दिमाग में पैदा करते हैं। समस्याएं व ऐसे विषय जिन्हें हमें लगता है कि हम हल नहीं कर सकते, चिन्ताएं व खुद पर सन्देह जिन्हें हमें लगता है कि हम दूर नहीं कर सकते, इच्छाएं और उम्मीदें जिन्हें हमें लगता है कि हम पूरा नहीं कर सकते। हम दूसरों के प्रति चिढ़, आक्रोश और यहां तक कि क्रोध और स्वयं से निराशा भी महसूस कर सकते हैं। शायद हमें लगता है कि हम ध्यान न देने की वजह से पीछे रह जाते हैं। दुविधा और टालमटोल के कारण या आनंद की तलाश में प्रतिदिन जो हम मानसिक रूप से जूझते हैं, उसके कारण हम दबाव महसूस करते हैं। इस पुस्तक में नकारात्मक सोच का जो प्रभाव हम सब पर पड़ता है उसके बारे में मैं बात करूंगा और एक ऐसा रास्ता बताऊंगा जिस पर चल कर हम अपने उस गहरे, न बदलने वाले हिस्से तक पहुंच सकें जो विचारों से परे है।

एक अलग रास्ता

मुझे ये कैसे पता चला कि मेरा तरीका काम करता है? क्योंकि इसने मेरे लिए काम किया है इसलिए मैं इसे आपके साथ, पूरे भरोसे के साथ साझा कर रहा हूं। मैं प्यासा था, मैं एक कुएं के पास आया और फिर मेरी प्यास बुझ गयी। क्या और भी तरीके हैं? बिल्कुल हो सकते हैं। फिर मैंने क्यों नहीं जाकर उन तरीकों को आजमाया? क्योंकि अब मैं प्यासा नहीं रहा।

आप जीवन के प्रति मेरे नजरिये का इस्तेमाल कर सकते हैं चाहे आप किसी भी धार्मिक, नैतिक या राजनैतिक विचारधारा में आस्था रखते हों या किसी भी राष्ट्रीयता, वर्ग, लिंग, आयु के क्यों न हों। आप जो भी विश्वास करते हैं, यह उसकी जगह लेने के लिए नहीं है। क्योंकि यह जानने के बारे में है, न कि मानने के बारे में। यह एक जरूरी; बुनियादी

अंतर है जिसके बारे में मैं आगे स्पष्ट करूंगा। जानना, आपको आपकी सबसे सुंदर मानवीय भावना के साथ बहुत गहराई से जोड़ सकता है और यह आपको इस योग्य बनाता है कि आप अपने स्वयं के हर पहलू का पूरी तरह से अनुभव कर सकें। इसके बाद यह आप पर निर्भर करता है, आपको तय करना है कि यह कैसे आपके विश्वासों से संबंधित है।

आप यह पायेंगे कि मैं आपको अपने हृदय पर विश्वास रखने और उसे ध्यान से समझने के लिए कह रहा हूं। आप पूरी तरह से केवल अपने मन के ही भरोसे न रह जायें। मन हमारे दिन-प्रतिदिन के अनुभवों को रूप देता है और यह समझने में अच्छे तरीके से सहायक हो सकता है कि यह कैसे सही अथवा गलत व्यवहार करता है। यह जरूरी है कि हम अपने जीवन पर पड़ने वाले, मन के सकारात्मक और नकारात्मक प्रभावों को पहचानें, अपने विचारों को मजबूत करने और अपनी बुद्धि को तेज करने के अवसरों को अपनायें। लेकिन अक्सर हमारा समाज, हृदय की कीमत पर मन की तरफदारी ज्यादा करता है। दिमागी ताकत सबकुछ नहीं कर सकती। उदाहरण के लिए—मुझे यकीन है कि हमारा दिमाग, अकेले इस सवाल का संतोषजनक जवाब नहीं दे सकता है कि "आप कौन हैं"? मेरे मन ने मुझे कभी भी, अपने अंदर स्थित आंतरिक शांति के स्थान तक नहीं पहुंचाया है। हमारा मन ठीक से काम करने के लिए, हर उस चीज पर बहुत अधिक निर्भर करता है, जो इसमें डाली जाती है, जबकि हृदय की निर्भरता मनुष्य के डीएनए से जुड़ी है।

जब मैं मन की बात कर रहा हूं तो एक पाठक के रूप में आपसे मेरा एक अनुरोध है—इस पुस्तक में जो कुछ भी मैं लिख रहा हूं, उसे आप केवल तभी स्वीकार करें, जब आप इसकी सच्चाई को अपने लिए महसूस कर पा रहे हों। क्या आपकी बुद्धि संदेह में है या मेरे संदेश को स्वीकार कर रही है? और बुद्धि के साथ-साथ अपने अंदर की आवाज को भी सुनिये और स्वीकार कीजिए। आप मेरे इस नजरिये को भी अपने जीवन में उचित अवसर दें। आपको यह बताने के बजाय कि आपको क्या सोचना चाहिए, इसके बाद आने वाले अध्याय आपको विचार करने के लिए कुछ संभावनाएं, प्रस्तुत करेंगे। मैं आपको यहां तर्क के द्वारा यह विश्वास दिलाने के लिए नहीं हूं बल्कि केवल अपने अनुभव, विचार और कहानियां साझा करने के लिए हूं, जो आपको कुछ उपयोगी नजरिया प्रदान

कर सकते हैं। हृदय से निकले स्पष्ट शब्द, आपकी समझ को बदल देने वाले साबित हो सकते हैं और मैं इस पुस्तक के शब्दों को, विचारों और उसके परे जाकर अंदर के अनुभव की दुनिया तक पहुंचने के लिए एक मार्ग के रूप में रख रहा हूं। कृपया, मैं जो कह रहा हूं उसका आप भले ही अपने मन से आंकलन करें परन्तु उसे अपने हृदय से भी सुनें।

मैं कौन हूं

इससे पहले कि हम आगे बढ़ें, आइये मैं आपको अपने बारे में कुछ बताता हूं! वर्ष 1957 में मेरा जन्म हिमालय की गोद में बसे हरिद्वार, भारत में हुआ और मैं पला-बढ़ा नजदीक के शहर देहरादून में। देहरादून शहर के ऊपर के पहाड़ों में है गंगा नदी का उद्गम स्थान और यह हिन्दुओं का एक पवित्र धार्मिक तीर्थ-स्थल माना जाता है। दरअसल, हरिद्वार का मतलब है—"हरि का द्वार।" यह वैसे तो कोई बहुत बड़ी जगह नहीं है किन्तु तीर्थ-स्थल होने के कारण हर साल वहां लाखों लोग धार्मिक उत्सवों में शामिल होने के लिए आते हैं और यह देखना सचमुच बड़ा सुंदर होता है।

तो मेरा पालन-पोषण एक ऐसे स्थान पर हुआ, जहां लोगों ने लंबे समय से धर्म को बहुत गंभीरता से लिया है और वे प्रभावशाली तथा प्रेरक तरीकों से अपने विश्वास को व्यक्त करते हैं। मेरे पिताजी श्री हंस जी महाराज, शांति के विषय पर एक प्रसिद्ध वक्ता थे और उन्हें सुनने हजारों लोग आते थे। कम उम्र से ही वे पहाड़ों की यात्रा करने लगे—बाद में वे ऐसे महापुरुषों की तलाश में कई कस्बों और शहरों में गये जो उन्हें आंतरिक शांति तक पहुंचा सकें। उन्हें अधिकतर निराशा हाथ लगी।

उन्हें सफलता तब मिली जब उनकी मुलाकात उत्तरी भारत में अपने गुरु श्री स्वरूपानन्द जी से हुई। वह जगह अब बंटवारे के बाद पाकिस्तान में है। भारत में 'गु' का मतलब है—अन्धकार और 'रु' का मतलब है—प्रकाश। इसलिए गुरु वह है जो आपको अंधेरे से प्रकाश की ओर ले जा सके। आप उन्हें जीवन के एक मार्गदर्शक के रूप में मान सकते हैं। अंतत: मेरे पिताजी को एक सच्चे गुरु मिल गए जिनके पास मानवीय मूल्यों की गहराई की बेहतरीन समझ थी। इस अनुभव ने उन्हें बिल्कुल बदल

दिया। उन्होंने वह पा लिया जिसकी वे तलाश कर रहे थे—अपने आपको
जानना और शब्दों से परे अंदर की शांति का ऐसा एहसास, जिसे बयान
नहीं किया जा सकता। मैंने उन्हें तब रोते हुए देखा था जब वे उस समय
की याद करते थे, जब उन्हें अपने गुरु से आत्मज्ञान का उपहार पाने का
अवसर मिला। वे अक्सर 15वीं सदी के प्रसिद्ध संत कवि कबीरदास जी
के एक दोहे का उदाहरण देते थे—उन्होंने अपने गुरु के साथ कुछ वैसे
ही संबंध की अनुभूति की थी—

> बहता था, बहे जात था, लोक भेद के साथ,
> पैंड़े में सदगुरु मिले, दीपक दीना हाथ।
> दीपक दीना हाथ, वस्तु दई लखाय,
> कोटि जनम का पंथ था, पल में पहुंचा जाय।।

मेरे माता-पिता जी, बाद में देहरादून में एक घर लेकर रहने लगे। लेकिन
मेरे पिताजी अभी भी उस केन्द्र से कार्य करते थे, जो थोड़ी ही दूर हरिद्वार
में स्थित था। वहां से वे अपना संदेश उन सभी लोगों तक पहुंचाने लगे जो
उनको सुनना चाहते थे। उन्होंने उसी पुरानी परंपरा को आगे बढ़ाया जिसमें
सदियों से गुरु अपने शिष्य को बागडोर सौंपते हैं। मेरे पिताजी के मामले
में वह श्री स्वरूपानन्द जी थे, जिन्होंने इस कार्य के लिए मेरे पिताजी को
चुना। मेरे पिताजी के संदेश का मूल था कि जिस शांति की तुम तलाश
कर रहे हो, वह कहीं बाहर तुम्हारा इन्तजार नहीं कर रही है बल्कि वह
हमेशा से तुम्हारे अंदर है। परन्तु उससे जुड़ने के लिए तुम्हें खुद निश्चय
करना पड़ेगा। जैसा कि आप देख रहे हैं, मेरे खुद के तरीके में भी आपके
द्वारा चुनना, निर्णय लेना; इसका एक जरूरी हिस्सा है।

मेरे पिताजी इस पुरानी मान्यता को स्वीकार नहीं करते थे कि
हर व्यक्ति ज्ञान नहीं पा सकता। उस समय भारतीय समाज ऊंच-नीच,
विदेशियों के प्रति संदेह और एक कठोर जात-पात की व्यवस्था में बंटा
हुआ था लेकिन मेरे पिताजी ने हर मनुष्य को पूरे मानव परिवार का हिस्सा
माना। आप किसी भी जाति, धर्म, सामाजिक स्तर के हों, स्त्री हों या पुरुष,
उनके साथ जुड़ सकते थे और उन्हें सुनने के लिए, बिना किसी भेदभाव
के आ सकते थे। मुझे याद है कि एक कार्यक्रम में उन्होंने एक अमेरिकी
जोड़े को मंच पर बुलाया और उन्हें विशेष अतिथि बनाकर सम्मान से
कुर्सियों पर बैठाया। यह ऐसे लोगों के लिए एक चुनौती थी जो यह सोचते

थे कि विदेशी व्यक्ति आध्यात्मिक रूप से अशुद्ध और किसी तरह से कम या अलग हैं। मैंने अध्याय 11 में विश्वव्यापी मानवीय संबंधों के बारे में अपनी भावनाएं साझा की हैं।

जब भी मुझे उनके चरणों में बैठकर उन्हें सुनने का अवसर मिलता था, मैं अपने पिताजी से सीखता था। खासतौर से जब वे अपने श्रोताओं व अन्य लोगों को संबोधित करते थे, जो उनसे उनका संदेश व ज्ञान प्राप्त करने के लिए आते थे। एक बार मैंने उनके एक कार्यक्रम को उस समय संबोधित किया जब मेरी उम्र केवल 4 वर्ष थी। उस दिन मेरा संदेश बहुत सरल था—शांति तब संभव होती है, जब आप अपने से शुरू करते हैं। मैंने हमेशा उस सच्चाई को अपने हृदय में महसूस किया था और इतनी छोटी उम्र होने के बावजूद अपने सामने बैठे लोगों के आगे खड़े होकर, इस संदेश को देना मुझे पूरी तरह से स्वाभाविक लग रहा था।

दो साल बाद की बात है। एक दिन मैं अपने भाइयों के साथ बाहर खेल रहा था, तभी कोई अंदर से हमारे पास आया और कहा कि आपके पिताजी आप सबको अंदर बुला रहे हैं। "अभी!" हमने सोचा, "अरे हमसे कोई गलती तो नहीं हो गयी?" जब हम अंदर गये तो पिताजी ने पूछा, "क्या तुम ज्ञान लेना चाहोगे?" ज्ञान वह शब्द था जिसे वे और अन्य लोग, आत्मज्ञान से जुड़ी विधि को बताने के लिये इस्तेमाल करते थे। बिना सोचे हम सब ने कहा "जी हाँ।"

पिताजी के साथ हमारा वो सत्र बहुत लम्बा नहीं चला। पर आगे आने वाले समय में मुझे यह बात अच्छी तरह समझ में आ गई कि उन्होंने मुझे क्या दिया है और यह वही है जो मैं आपको दूंगा।

मुझे एहसास हुआ कि मैंने जीवन के बारे में और बेहतर नजरिया हासिल करना शुरू कर दिया था, इस बात को अच्छी तरह समझते हुए कि हम केवल जो बाहर से हैं उससे या अपने विचारों से ही नहीं बने हुए हैं। अंदर कुछ और भी चल रहा है, कुछ बहुत सुंदर व शक्तिशाली! मुझे पहले से ही आंतरिक दुनिया का बोध था लेकिन इस समय मैंने यह देखना शुरू किया कि कैसे आत्मज्ञान व्यक्तिगत शांति का मार्ग है और इसका अभ्यास करने से मैं हृदय और सच्चाई से जुड़ा रह सकता हूं। मुझे लगा कि ज्ञान मुझे मजबूती और आत्मविश्वास दे रहा है, जबकि और लोग अक्सर खुद के बारे में दुविधा में दिखते थे। ज्ञान के साथ आपको कहीं

और होने या कुछ और सोचने की जरूरत नहीं है। सिर्फ जीवित होने के मधुर आनंद के अलावा किसी और चीज का ख्याल करने की जरूरत नहीं है। और मैं समझने लगा कि शांति हमारे जीवन में कोई विलासिता नहीं है, यह तो एक आवश्यकता है।

ज्ञान मिलने के बाद एक दिन मैं देहरादून में अपने बगीचे में बैठा था, उस समय मेरे अंदर शांति की एक निराली भावना समा गई। मैंने पहली बार वास्तव में समझा कि अंदर की शांति केवल छूकर चले जाने वाला भाव नहीं है और इसका तार बाहरी दुनिया से भी नहीं जुड़ा हुआ है। मैं इस अनुभव के बारे में अध्याय 3 में और विस्तार से बात करूंगा।

गंगा से ग्लैस्टनबरी तक

जब मैं केवल साढ़े आठ साल का था तब मेरे पिताजी का शरीर पूरा हुआ। जैसा कि आप समझ सकते हैं कि यह मेरे, मेरी माँ, मेरी बहन, मेरे भाइयों और पूरे परिवार के लिए बहुत बड़ा सदमा था। इसने हमारे और उनके अनुयायियों, दोनों के जीवन में बहुत गहरा घाव छोड़ा।

मेरे पिताजी ने मुझे देहरादून के एक रोमन कैथोलिक स्कूल-सेंट जोसेफ अकादमी में भेजा था ताकि मैं अंग्रेजी सीख सकूं। उन्हें उम्मीद थी कि एक दिन मैं उनसे सीखे आत्मज्ञान को विदेशों में लोगों और सच जानिए तो पूरी मानवता के साथ साझा कर पाऊंगा। मेरे पिताजी के गुजर जाने के बाद मुझे अपने जीवन का उद्देश्य, अचानक बिल्कुल स्पष्ट हो गया। मुझे उनका कार्य जारी रखना था, दुनिया भर में जहां भी लोग सुन सकते थे उन्हें यह संदेश देना कि—"शांति संभव है।"

एक बालक के लिए यह एक बहुत ही साहसी महत्वाकांक्षा थी। लेकिन मुझे यह स्पष्ट महसूस हुआ कि मुझे यही करना है। इस कार्य को शुरू करने का एक ही तरीका था कि मैं अपने पिताजी के अनुयायियों को संबोधित करूं। इसलिए मैंने अपने दम पर भीड़ का सामना करने के लिए जरूरी हिम्मत जुटाई और जल्द ही मैं पूरे भारत में लोगों को यह संदेश देने लगा। आजतक, मैं भारतीय लोगों के अद्भुत स्वभाव से बहुत प्रभावित हूं। भारतवर्ष इतने सारे हमलों और चुनौतियों से गुजरा है—लेकिन यह लोगों

के आपसी सद्भाव व विनम्र स्वभाव के कारण बच गया है। मैं भारत में अपने भ्रमण के दौरान बहुत से अच्छे लोगों से मिला हूं।

1960 के दशक में, अमेरिका और यूरोप से बहुत से लोग जीवन के बारे में नए विचारों की तलाश में देहरादून आये और वे मेरी बात सुनने लगे। मैं इस पुस्तक में, बाद में इन विदेशियों के साथ अपनी पहली मुलाकात के बारे में भी बात करूंगा। उनमें से कुछ लोगों ने मेरे संदेश को ध्यान से सुना और कुछ समय बाद मुझसे कहा कि वे मेरे संदेश को अपने देश के लोगों के साथ साझा करना चाहते हैं। इसके लिए उन्होंने मुझे यूके बुलाया। मैं जाने के लिए उत्सुक था। लेकिन उस समय मेरी उम्र केवल 13 वर्ष थी और मेरे स्कूल सेंट जोसेफ के टीचर चाहते थे कि मैं अपनी कक्षा में अनुपस्थित न रहूं। इसलिए मेरा विदेश जाना स्कूल की छुट्टियों के दौरान तय हुआ।

जून 1971 में यूके पहुंचने के कुछ ही दिनों बाद, मुझे कार से लंदन के ग्रामीण इलाके में ले जाया गया। अपनी यात्रा के अंत में, मैंने ग्लैस्टनबरी म्यूजिक फेस्टिवल के पिरामिड स्टेज पर कदम रखा। तब यह केवल दूसरा ग्लैस्टनबरी कार्यक्रम था, जो आज के समय में विश्व प्रसिद्ध कार्यक्रम हो गया है। उस रात मैंने आत्मज्ञान की शक्ति और व्यक्तिगत शांति के बारे में संक्षेप में, बहुत उत्साही लोगों से बात की। ऐसा लगा कि मेरे संदेश ने उनमें से बहुत से लोगों को प्रभावित किया। यूके में मेरे आगमन और ग्लैस्टनबरी में मेरी इस उपस्थिति ने, प्रेस का ध्यान खींचा और लोगों ने मेरे संदेश में दिलचस्पी दिखाना शुरू कर दिया।

उसी साल, पहली बार मैं अमेरिका गया और वहां भी लोगों को अपना संदेश सुनाया। वहां भी लोगों की रुचि बढ़ती हुई दिखाई दी। मुझे अपने स्कूल की नयी क्लास के लिए वापस घर जाना था। परन्तु मैंने वहां कुछ दिन और रुकने का फैसला किया। मुझे याद है, मैंने घर फोन करके अपनी माताजी को बताया कि मैं अभी वापस घर नहीं आऊंगा। मैं उस समय बोल्डर, कोलोराडो में था। मैंने उन्हें बताया कि अमेरिका में बहुत अच्छी चीजें हो रही हैं। वास्तव में मेरी यात्रा का उद्देश्य यह पता लगाना था कि क्या विदेश में भी लोग शांति के इस संदेश में रुचि रखते हैं? उस समय भारत में बहुत सारे लोग गरीब थे, फिर भी उनको आत्मज्ञान रूपी अनमोल उपहार प्राप्त था। लेकिन क्या अमेरिका और अन्य जगहों के

अपेक्षाकृत धनी लोगों को स्वयं अपने आपसे अच्छे तरीके से जुड़ने की जरूरत महसूस होगी? जल्द ही मेरे लिए यह साफ तौर से स्पष्ट हो गया कि पश्चिम के लोगों में भी आत्मज्ञान और आंतरिक शांति की उतनी ही प्यास थी, जितनी भारत के लोगों में।

तो मैं वहाँ था—केवल 13 साल का और अपने घर से हजारों मील दूर लेकिन मेरे सामने भविष्य की संभावनाओं की स्पष्ट समझ थी। और मैं अपने मन को अच्छी तरह जानता था। सारी बात सही तरह से समझाने के बाद मेरी माँ ने अनिच्छा से मुझे कुछ दिन और रुकने की सहमति दे दी। उस समय हम लोगों में से कोई भी यह नहीं जानता था कि मैं जल्द ही अमेरिका में एक नया जीवन शुरू करने वाला था, जहां मैं अमेरिका के साथ कई नई-नई जगहों पर बड़े जनसमूहों को संबोधित करने वाला था और कुछ ही सालों में मुझे अपनी पत्नी, मैरोलिन से मिलना था और अमेरिका में अपना परिवार शुरू करना था।

सही जगह देखना

लंबे समय से, मैं व्यक्तिगत शांति के अपने संदेश के साथ दुनिया की यात्रा कर रहा हूं। जब हम अपने अंदर की शांति को महसूस करते हैं तो हम अपने आसपास के लोगों को प्रभावित करना शुरू कर देते हैं। शांति बहुत सुंदर तरीके से फैलती है। मैंने इसके बारे में हर जगह बात की है—संयुक्त राष्ट्र की बैठकों से लेकर कड़ी सुरक्षा वाली जेलों तक, हाल के संघर्षों (दक्षिण अफ्रीका, श्रीलंका, कोलंबिया, पूर्वी तिमोर और कोटे डी'वॉयर सहित) से लेकर कई अन्य राष्ट्रों के सभागारों और स्टेडियमों तक। मैंने दुनिया के नेताओं से लेकर भूतपूर्व गुरिल्ला लड़ाकों तक, 500,000 के जनसमूह और लाखों के टेलीविजन दर्शकों से लेकर छोटे-छोटे समूहों तक और तमाम लोगों से एक-एक करके बात की है। अब मैं आपसे इस पुस्तक के जरिये बात कर रहा हूं।

मैं जहां भी जाता हूं, आत्मज्ञान और शांति के उस बहुत पुराने संदेश को साझा करता हूं, जिसे सालों से पीढ़ी-दर-पीढ़ी सौंपा गया है। लेकिन मैं हमेशा उस प्राचीन ज्ञान को आज जो घटित हो रहा है उससे

जोड़े रखना चाहता हूं। आप देखेंगे कि हालांकि मैं औद्योगीकरण और तकनीकी विकास के व्यक्तिगत और सामाजिक असर से चिंतित हूं परन्तु मैं आधुनिकता के फायदों का भी आनंद लेता हूं।

टेक्नोलॉजी निश्चित रूप से मेरे दैनिक जीवन में एक महत्वपूर्ण भूमिका निभाती है। उदाहरण के लिए—उड़ान मेरे लिए बहुत जरूरी है। जब मैं छोटा था, हमेशा हवाईजहाज के बारे में सोचता था और उसे उड़ाने का सपना देखता था। मैं असल में ऊपर, बादलों के बीच में होना चाहता था। अमेरिका पहुंचने के बाद, मैंने पायलट बनने के लिए ट्रेनिंग लेने का फैसला किया। तब से ही उड़ान भरने से मुझे अपनी यात्राओं को कंट्रोल करने और अपना संदेश साझा करने के लिए, दूर-दराज के स्थानों तक पहुंचने में मदद मिली है। हवाईजहाज उड़ाना मेरे जीवन का बहुत ही लाभदायक हिस्सा रहा है।

कई दशकों से मैं जो यात्रा करते हुए यह संदेश दे रहा हूं, इसमें मैंने देखा है कि दुनिया भर में लोगों के जीवन स्तर में विशेष रूप से उन्नति हुई है। परन्तु इस उन्नति का लाभ समाज के सभी वर्गों को नहीं मिला है। यदि आप अमेरिका के सबसे गरीब हिस्सों में जायें तो यह अंतर आपको निश्चित रूप से दिखाई देगा। आमतौर पर भौतिक सफलता का बहुत विकास हुआ है। फिर भी मैं जहां कहीं भी जाता हूं, उन लोगों की संख्या ज्यादा नहीं दिखाई देती है जो अपनी परिस्थितियों से संतुष्ट महसूस करते हों, खुद से पूरी तरह से जुड़े हुए हों और अपने उद्देश्य के बारे में स्पष्ट हों। लोग अक्सर मुझसे कहते हैं कि उन्हें लगता है कि उन्होंने स्वयं को कहीं खो दिया है। पर वास्तव में वे गायब नहीं हैं—बल्कि वे केवल उसे गलत जगह खोज रहे हैं।

हम जो खोज रहे हैं उसे खोजने के लिए, बाहर की दुनिया में जाना अच्छा लग सकता है—और हां! यह हमें बड़े-बड़े अनुभव भी करा सकता है—लेकिन सच्ची तृप्ति हमें तभी मिलती है, जब हम अपने ध्यान को अंदर की तरफ मोड़ते हैं। जिस क्षण हम पैदा होते हैं, उसी पल से हमारे अंदर शांति पूरी तरह से स्थापित हो जाती है लेकिन जब हम जीवन की बाधाओं का सामना करते हैं तो हम इसके साथ संपर्क खो देते हैं। लोग आत्मज्ञान और शांति को हर जगह खोजते हैं। परन्तु जिस चीज को आप खोज रहे हैं, यदि वह आपके पास ही है तो उसे खोजने की कोई जरूरत नहीं है।

हमें वास्तव में यह महसूस करने की जरूरत है कि हम कौन हैं। और यही वह अद्भुत चरित्र है जिसका मैंने पहले जिक्र किया था, जो इन सब बातों के केन्द्र में है। वह व्यक्ति जिसे आपको किसी भी और से बेहतर जानने की जरूरत है, वह हैं—आप। मेरा विचार है कि आपके पास वह सबकुछ है, जिसकी आपको जरूरत है—अपने आपको सही मायने में जानने के जरूरी सभी साधन। आपमें स्पष्टता, संतोष और दया है। अँधेरा आपमें है तो उजाला भी आपमें है। जब आप उदास होते हैं, तब भी खुशी आपमें ही रहती है। वे सारे एहसास कहीं और से नहीं आते हैं। वे आपका ही हिस्सा हैं। हालांकि हो सकता है, आप उन्हें भूल गए हों। अंत में, मैं जो करता हूं वह है—आपको एक आईना देना, ताकि आप अपने अंदर खुद को स्पष्ट रूप से देखना शुरू कर सकें।

आपकी क्या कहानी है?

मेरे घर में बचपन में बहुत दिनों तक टेलीविज़न नहीं था। और उस समय रेडियो स्टेशन केवल कुछ घंटों के लिए ही चलता था। लेकिन हमारे घर में कहानी सुनाने वाले बहुत थे। भारत में मौखिक कहानी सुनाने की एक बहुत पुरानी परंपरा है जिसमें शिक्षक बच्चों को किस्से सुनाते हैं, बच्चे उन्हें दूसरों को सुनाते हैं। कहानी के माध्यम से बात को कहना हमेशा आज की चिंताओं और घटनाओं को समाहित करता है, इसलिए वे कथाएं आज भी प्रासंगिक हैं। प्राचीन काल के प्रसिद्ध ऋषि वेदव्यास ने मौखिक परंपरा की सराहना की लेकिन यह भी महसूस किया कि कुछ कहानियां समय के साथ खो रही हैं, इसलिए उन्होंने उन्हें लिखना शुरू कर दिया। उन्हें अब संस्कृत महाकाव्य "महाभारत" के लेखक के रूप में जाना जाता है। उन्हें अक्सर वेदों, पुराणों जैसे भारतीय शास्त्रों व अन्य प्रसिद्ध संग्रहों को लिखने या संकलित करने का श्रेय भी दिया जाता है। मौखिक और लिखित दोनों कहानियों ने हमारे घरों में सभी का मनोरंजन किया और हमने उनसे सीखा भी। अब एक वक्ता के रूप में, मैं उन कहानियों को सुनाता हूं, जो वर्षों से मैंने सुनी हैं—जिसमें दुनिया भर की कहानियां शामिल हैं—और मैंने इस पुस्तक में अपनी पसंदीदा कहानियों में से कई कहानियों को शामिल किया है।

पारंपरिक कहानियां आमतौर पर "एक समय की बात है" से शुरू होती हैं लेकिन जो बड़ी कहानी मैं आपको सुनाना चाहता हूं, वह थोड़ी अलग तरह से शुरू होती है—"एक बार, इस समय में आप रहते हैं।" आपके पास एक कहानी है जो आप पैदा होने के बाद से लिख रहे हैं। इस कहानी में यह आवश्यक है कि आप खुद को, जो कुछ हो रहा है उसके बीचों-बीच रखें। आपको इस बात को जान लेने की जरूरत है कि आप कौन हैं। यदि आप सावधान नहीं हैं तो हर कोई आपके जीवन के नाटक में मुख्य पात्र बन सकता है—साथी, परिवार, दोस्त, साथ काम करने वाले, मशहूर लोग, राजनेता, यहां तक कि अजनबी भी—लेकिन आपको, अपने आपको बीचों-बीच रखना होगा। "क्या यह अपने प्रति बहुत स्वार्थी होने जैसा नहीं है?" ऐसा आप सोच सकते हैं। इसके बिल्कुल विपरीत, मैं आपको बताऊंगा कि आप जब स्वयं से शुरुआत करते हैं, तब वह वास्तव में सबसे अच्छी चीज है जो आप दूसरों के लिए कर सकते हैं।

अपने आपको जानो

मानव इतिहास में एक समय पर लोगों को यह एहसास होना शुरू हुआ कि दिन-प्रतिदिन जीवित रहने के लिए, आवश्यक समझ से परे भी मनुष्य में चेतना का एक स्तर होता है। हम ठीक से नहीं जानते कि यह समझ कब सामने आई। हम जो जानते हैं वह यह है कि आत्मज्ञान के संकेतों को कई महानतम् संस्कृतियों और सभ्यताओं को जोड़ने वाले एक सुंदर धागे की तरह समझा जा सकता है। उन्होंने इसे उस तरह से अपनाया जैसा उनके समय में उनको समझ में आया।

उन प्रसिद्ध शब्दों के बारे में सोचें जो अक्सर जाने-माने यूनानी दार्शनिक सुकरात ने कहे थे, "अपने आपको जानो"! इन्हीं शब्दों को डेल्फी में, अपोलो के मंदिर में पत्थर पर लिखा हुआ है। कुछ इतिहासकारों का मानना है कि उन शब्दों को यूनानियों ने प्राचीन मिस्रवासियों से अपनाया होगा। मिस्र के लक्सर में आंतरिक मंदिर की बहुत मान्यता थी क्योंकि वहां पत्थर पर लिखा था "हे मनुष्य! अपने आपको जानो और तुम उस परमसत्ता को जान जाओगे।" उनके बारे में बाद में बात करेंगे। यहां मुद्दा यह है कि वाक्य ये नहीं है कि "अपने इतिहास को जानो"

या "अपनी संस्कृति को जानो" या "अपने समाज को जानो"—वाक्य है, "अपने आपको जानो।"

क्या आप अपने आपको जानते हैं?

जब मैं वह प्रश्न पूछता हूं तो ज्यादातर लोग बस मुस्करा देते हैं और "शायद" या "मुझे पता नहीं है" जैसा कुछ कहते हैं। आप कौन हैं? यह सरल प्रश्न है जिसका उत्तर देना कठिन हो सकता है, कुछ तो इसलिए क्योंकि हम आमतौर पर भावनाओं के बजाय, शब्दों से इसका जवाब देने का प्रयास करते हैं। शब्द कुछ बोलने के लिए तो अच्छे हैं लेकिन अपने आपको जानना, हम जो अनुभव करते हैं उसके बारे में है न कि हम खुद को कैसे परिभाषित करते हैं, उसके बारे में। मैं यहां आपको यह बताने के लिए हूं कि सदियों से लोगों ने आत्मज्ञान से मिलने वाली संतुष्टि का अनुभव किया है और आप भी कर सकते हैं।

मेरे काम का एक हिस्सा है, आपको एक ऐसी दुनिया के प्रभावों का मुकाबला करने में आपकी मदद करना, जो आपको आसानी से इस बात से भटका सकती है कि आप कौन हैं। बहुत से लोग खुशी-खुशी आपको बताएंगे कि आप क्या नहीं हैं। मैं यहां आपकी मदद करने के लिए हूं, यह जानने में कि आप क्या हैं। बहुत से लोग खुशी-खुशी आपको वह सबकुछ बता देंगे, जो आपके साथ गलत है। मैं यहां आपकी हर उस चीज की सराहना करने में मदद करने के लिए हूं, जो आपके साथ सही है। बहुत से लोग यह कहने की जल्दी में होंगे कि आपको ऐसा या वैसा होना चाहिए; मैं यहां यह कहने के लिए हूं कि आपके अंदर पूर्णता है। इस मार्ग में आगे जाकर आप अपने लिए खुद जवाब दे पायेंगे कि "मैं कौन हूँ" और शायद यह भी कि "मैं यहां क्यों हूँ?"

आजतक मेरा संदेश इस बुनियादी सत्य से शुरू होता है कि बिना किसी अपवाद के हम सभी के अंदर शांति मौजूद है। यह हमारी दुनिया में इतने भ्रम, सनक, भय और निराशा के बीच में एक महत्वपूर्ण बयान की तरह लगता है। आप मेरे तरीके को सरल, व्यावहारिक और लागू करने में आसान पाएंगे। यह सालों-सालों तक पढ़ने के बारे में नहीं है—अभी आपके अंदर वह है जो आपको चाहिए। लेकिन आत्मज्ञान वास्तव में तभी शुरू हो सकता है जब आप अपनी भलाई की जिम्मेदारी खुद लेते हैं और अपने भीतर खोजने का चयन करते हैं। मेरे अनुभव से, शांति तभी

संभव है जब आप खुद से शुरुआत करें।

प्राचीन यूनानी दार्शनिक अरस्तू ने कहा, "स्वयं को जानना सारी बुद्धिमता की शुरुआत है।" आत्मज्ञान और शांति से आनंद, स्पष्टता, तृप्ति, प्रेम, लचीलापन और कई अन्य चीजों की एक मधुर सी भावना बहती है—ऐसी संवेदनाएं जिनका अपने आपमें स्वयं के लिए आनंद लिया जा सकता है और जो किसी और व्यक्ति से या किसी और चीज से जुड़ी नहीं हैं। बस इस विचार को एक पल के लिए अपने अंदर बैठने दें। आपके पास आंतरिक शांति का जीवन भर का भंडार है जो अन्य लोगों या चीजों पर निर्भर या उनके द्वारा परिभाषित नहीं है। यह आपका और केवल आपका है। यह पूर्ण है और ठीक आपके हृदय में बसता है। यही वह जगह है, जहां हम अब जा रहे हैं।

अंदर की ध्वनि को सुनो

15वीं शताब्दी के संत कवि कबीर ने कहा, "यदि आप सत्य को जानना चाहते हैं तो मैं आपको बताऊंगा कि—उस गुप्त ध्वनि को सुनिए, उस वास्तविक ध्वनि को जो आपके भीतर है।" आत्मज्ञान संगीत की तरह है—जैसे ही आप खुद को समझना शुरू करते हैं, आप कई सुंदर आवाजें सुनना शुरू कर देते हैं जो यह जीवन आपके लिए पैदा कर सकता है। यह ऐसा है जैसे आपके कान अधिक से अधिक आंतरिक आवाजों को सुनना सीख रहे हैं। अंत में, शोर के ऊपर आप स्वयं को सुनने लगते हैं। आप एक संगीतकार की तरह बन जाते हैं और अद्भुत धुनें बनाते हैं जो आपको तब आनंद देंगी जब आप उन्हें सुन पायेंगे। और फिर आप उनसे मिलाकर कुछ धुनें भी रच सकते हैं। लेकिन किसी भी संगीतकार की तरह, आपको अपने अंदर के साज को बजाना सीखना चाहिए और उसका बार-बार अभ्यास करना चाहिए।

मुझे देहरादून का वह समय याद है, जब लोग सिर्फ आनंद के लिए अपने घर में गाया बजाया करते थे। उनमें से बहुत कम ही लोग, शायद सही संगीतकार रहे होंगे लेकिन वे अक्सर घर के अन्य लोगों के साथ और अपने पालतू जानवरों का सारा काम करते हुए, संगीत गाते और

बजाते थे। किसी के पास डफली होती थी और किसी के पास एक तार वाला एक साज, जिसे एकतारा कहा जाता है। आमतौर पर वह आवाज बहुत ही बुनियादी थी लेकिन उनको बजाने वाले इस अनुभव में शानदार तरीके से लीन हो जाते थे।

मेरे पिताजी कभी-कभी इसे सुनने के लिए बाहर खड़े हो जाते थे। "चुप!" वे इशारा करते "उन्हें यह मत बताना कि हम यहाँ खड़े हैं, नहीं तो वे गाना बंद कर देंगे!" वे चाहते थे कि वे उस क्षण में रहें और बिना सोचे-समझे, दूसरों के लिए गाने की चिंता किए बिना और तकनीकी रूप से सही होने का प्रयास किए बिना, खुद को व्यक्त करें। यह वास्तव में आत्मज्ञान के अभ्यास के समान है। यह साज कैसा बज रहा है या सुनने वाले क्या कहेंगे इसकी बात नहीं है, यह बजाने वाले की भावना की बात है जो वह महसूस कर रहा है।

जरा सोचिये कि कैसे शांति का अनुभव आपके द्वारा जिये जाने वाले हर एक कीमती क्षण को बदल सकता है। जरा सोचिये कि आपके आसपास मौजूद हर व्यक्ति इस बात को गहराई से महसूस कर सके कि वह असल में कौन है। जरा सोचिये जब हर कोई आत्मज्ञान का संगीत सुन सके और बजा सके। जरा सोचिये! व्यक्तियों, परिवारों, समुदायों, राजनीति, युद्ध और हमारी दुनिया पर इसके असर के बारे में सोचें।

यह एक समय में एक व्यक्ति से शुरू होता है—यहां वो हैं आप।

चलिए शुरू करते हैं।

अध्याय 1

अपने कानों के बीच के शोर से दूर रहें

हमारा समय बहुत कीमती है—किसको पता है कि हमारे पास कितना समय है? हर दिन हम इस जीवन रूपी खूबसूरत उपहार को प्राप्त करते हैं। अपने प्रति हमारी सबसे बड़ी जिम्मेदारी यह है कि हम हर एक क्षण को जितना हो सके, उतना बढ़िया तरीके से जिएं। जब ऐसा होता है तब मानो जैसे जीवन अपनी पूरी सुंदरता के साथ, खिल उठता है। यहां तक कि अपने कठिन समय में भी हम अपने जीवन के असली आनंद का अनुभव कर सकते हैं। लेकिन अपने समय का ज्यादा से ज्यादा लाभ उठाने के लिए हमें अपने ध्यान को केन्द्रित करना चाहिए, इसे केवल वहीं लगाना चाहिए जो हमारे लिए सबसे ज्यादा महत्वपूर्ण हो और हमें संतुष्टि प्रदान करे, बाकी सब शोर है।

हर दिन का मेरा उद्देश्य स्पष्ट होना चाहिए। आज का उद्देश्य है आनंद में रहना। आज का उद्देश्य है दयालुता, संतुष्टि और प्रेम में रहना। और सबसे महत्वपूर्ण उद्देश्य है कि मेरे जीवन में शांति हो। अन्य कई चीजें बीच में आ सकती हैं—वे सभी व्यावहारिक या आवश्यक चीजें हो सकती हैं लेकिन उनमें से किसी को भी मुझे पूरी तरह जीवन का आनंद लेने की प्राथमिकता से, दूर नहीं करना चाहिए।

लोग अक्सर अपना ध्यान केंद्रित करने की आवश्यकता के बारे में बात करते हैं। मेरा सुझाव यह है कि हम सबसे स्पष्ट तरीके से तब देखते हैं, जब हम अपने अंदर से मजबूत होते हैं तथा अंदर और बाहर दोनों को देख रहे होते हैं। हमारी दुनिया में आनंद लेने के लिए अद्भुत अवसर मौजूद हैं लेकिन अगर हम केवल जो बाहर हो रहा है, उसी को देखते

रहें और हमारे भीतर क्या हो रहा है, उससे संपर्क खो दें तो हम अपना सही नजरिया खो देते हैं और असंतुलित महसूस करना शुरू करते हैं।

जब मैं "हमारे भीतर" कहता हूँ तो मैं उस सबसे गहरे हिस्से की बात करता हूँ, जो हमारे अंदर है। मैं इसे मन के बजाय, हृदय के रूप में देखता हूँ। कितनी आसानी से हम अपना सारा समय, मन की बेचैन दुनिया में खर्च कर देते हैं—विचारों, ख्यालों, आशाओं, अनुमानों, चिंताओं, आलोचनाओं और बाहर की चीजों की कल्पनाओं में। और फिर एक दिन हम खुद से पूछते हैं—"क्या बस इतना ही है? क्या मैं बस इतना ही हूं? क्या मैं इन लगातार आने वाले विचारों का जरिया मात्र हूँ?" जबकि मन और विचारों से परे, खुद के महत्व का एहसास और पूर्ण महसूस करने की यह प्यास हमारी संस्कृतियों से अलग हट कर है।

अच्छा क्या यही सबकुछ है? क्या हम सब बस यही हैं? या फिर हम अपने शरीर के अंदर मन से कहीं अधिक हैं? सच्चाई यह है कि विचारों से परे, हमारे जीवन और हमारे लिए और भी बहुत कुछ है। असल में, हमारा मन ही हमें अपने आपसे एक गहरा संबंध रखने से दूर करता है। कई लोगों के लिए चुनौती यह है कि वे बाहरी आकर्षण के बीच बड़े हुए हैं लेकिन उन्हें यह कभी नहीं दिखाया गया कि वे अपने अंदर विचारों से परे, अपने आपसे जाकर कैसे जुड़ें।

अपने आपसे उस गहरे संबंध के बिना, हम अच्छी तरह से महसूस कर सकते हैं कि हमारा एक हिस्सा गायब है—वह हिस्सा जो शायद सबसे महत्वपूर्ण है! लेकिन हम यह नहीं जानते कि क्या गायब है या इसे कहां खोजना चाहिए। जो गायब है, वह है हमारे हृदय में बसी हमारी आंतरिक शांति के साथ हमारा नाता, जिसका मूल है कि हम कौन हैं। जब हम शांति से जुड़े होते हैं तो हमारे जीवन का अनुभव स्पष्टता से भर जाता है और तब हमें पता चलता है कि हमारे लिए क्या महत्वपूर्ण है। जब हम अपने आपको जानते हुए हर दिन की शुरुआत उस शांत जगह से करते हैं, तब हम बाहरी दुनिया में रहते हुए भी उस बात पर ध्यान दे सकते हैं जो हमारे लिए सबसे ज्यादा जरूरी है और हम जिसे अनुभव करना चाहते हैं।

शांति, संतुष्टि और इस जैसी कई अन्य अद्भुत चीजें हमारे लिए उपलब्ध हैं लेकिन हमें यह सुनिश्चित करने की जरूरत है कि हम उसे

सही जगह पर तलाश कर रहे हैं। इससे पहले कि हम आगे बढ़ें, शोर के बारे में थोड़ा और समझना बेहतर होगा।

जीवन की व्यस्तता

शायद, आप इसे आसानी से समझ पायेंगे—आप नींद से जागते हैं, धीरे-धीरे अपनी आँखें खोलते हैं, जम्हाई लेते हैं और अंगड़ाई लेते हैं। वे आने वाले दिन के बारे में सभी विचार, वे सभी लक्ष्य जिन्हें आपको प्राप्त करना है और जिन योजनाओं पर आपको काम करना है, वे तुरंत आपके ऊपर कूद पड़ते हैं। परिवार, दोस्तों और साथ काम करने वालों की सभी उम्मीदें और उनकी सलाह। घर की या काम की, सभी समस्याएं। कल जो हुआ या कल जो हो सकता है, वे सभी चिंताएं। अतीत और भविष्य, एकसाथ शोर का हिस्सा बन जाते हैं।

यह ऐसा है, जैसे कि आपकी दुनिया में कई ध्यान भटकाने वाली चीजें आराम से आपके बिस्तर पर पांव की ओर बैठी हुई, नींद से आपके जागने का इन्तजार कर रही थीं। और अब वो आपके जीवन का हिस्सा बन जाती हैं। कभी-कभी ये भटकाने वाली चीजें इतनी बेसब्र होती हैं कि वे बस आती हैं और आपको सुबह-सुबह बहुत जल्दी जगा देती हैं। "उठने का समय हो गया!" वे चिल्लाती हैं "हमारा भी पेट भरो!"

मुझे अपने कुछ दोस्तों से ढेरों शिकायतें सुनाई देती हैं—

"मेरा समय बड़ा कीमती है!"

"मुझे अपने लिए एक मिनट भी नहीं मिलता है!"

"ये मेरे लिए कभी नहीं रुकता है!"

लोग कई बार ऐसे बोलते हैं, जैसे वे जीवन की इस व्यस्तता के गुलाम बन गए हैं। कई बार हम बहुत आसानी से इन भटकावों को अपना एजेंडा तय करने देते हैं और तब ऐसा लगता है, जैसे समय हवा में गुम हो गया हो। जब ऐसा होता है तब हम संतुष्टि और आनंद जैसे उन सुंदर आशीर्वादों को खो देते हैं जिनका हम अपने जीवन में अनुभव कर सकते हैं। इस तरह से शोर हमें जीवन के सुंदर अनुभवों से दूर करता है।

तकनीक के चमत्कार और चुनौतियां

तकनीक, हमारी व्यस्तता की समस्या को हल करने में हमारी मदद करने वाली थी। हमें बताया गया था कि यह उबाऊ और समय लेने वाले कार्य को आसान कर देगी ताकि हम जो करना पसंद करते हैं, उसे करने के लिए आजाद होंगे। पर इसने उस तरह से काम नहीं किया।

मुझे टेक्नालॉजी पसंद है। इसलिए ऐसा ना समझें कि मैं ये कह रहा हूं कि हमें जीवन में तकनीकी रूप से कम उन्नत तरीके पर वापस लौट जाना चाहिए। आविष्कारों और नई-नई खोजों ने हमारे जीवनकाल में मानव और मानव जाति के लिए अद्‌भुत चीजें की हैं। मेरे लिए भी की हैं। तकनीकी प्रगति ने लाखों लोगों के लिए समृद्धि, स्वास्थ्य और आराम के स्तर को बढ़ाने में मदद की है। इसके कारण हम पहले से कहीं अधिक दूर तक, तेज और सुरक्षित तरीके से सफर कर सकते हैं। इसके कारण हम अपने उन प्रियजनों के संपर्क में रह सकते हैं, जो मीलों दूर हैं। यह हमारे घरों में नई सेवाएं, सूचना और मनोरंजन लाया है। मुझे आशा है कि तकनीक भविष्य में बहुत कुछ लाने वाली है, खासकर संसार के उन लोगों के लिए जो गरीब हैं।

तकनीकी परिवर्तन का मेरा अपना अनुभव तब शुरू हुआ, जब मेरे माता-पिता ने एक रेफ्रिजिरेटर खरीदा। उस समय वास्तव में भारत, तकनीकी उन्नति के मामले में काफी पीछे था, इसलिए जब यह महंगी चीज हमारे घर में आई तो हम सब थोड़ा चकित थे। इसे रसोई से अलग कमरे में रखा गया था और हमें सही में नहीं पता था कि इसमें क्या रखा जाए। कुछ दिनों तक उसमें केवल ठंडे पानी के जग रखे गए। फिर किसी ने कहा—"आप इसमें सब्जियां और फल रख सकते हैं।" और फिर उन्होंने हमें दिखाया कि ये क्या-क्या कर सकता है।

क्योंकि मैं एक बच्चा था, मेरे अंदर बड़ी जिज्ञासा थी और मैं सचमुच में यह जानना चाहता था कि जब दरवाजा बंद होता है, तब क्या रेफ्रिजिरेटर के अंदर की रोशनी भी बंद हो जाती है? तो फिर मैं उसके अंदर घुस गया और दरवाजा अंदर से बंद कर लिया। लगभग दो मिनट बाद कोई आया और उन्होंने दरवाजा खोला। रेफ्रिजरेटर के अंदर मुझे देखकर वे बिल्कुल हैरान रह गए! परंतु हाँ, मुझे अपना जवाब जरूर

मिल गया था।

उसके बाद टेलीफोन आया। उस समय नंबर नहीं लगाने पड़ते थे, बल्कि लोग रिसीवर उठाते थे और वहां पर ऑपरेटर रहते थे, जो लोगों का फोन कनेक्ट करके देते थे। अगर यह लोकल कॉल होती थी तो लोग केवल नाम बताते और वे बात करवा देते थे।

बाद में, जब हम दिल्ली आए तो वहां हमारे एक परिचित थे जिनके पास शहर में टीवी सेट था। उन दिनों बहुत कम लोगों के पास टीवी सेट हुआ करता था। हम उनके यहां फोन करके यह पता करते थे कि क्या वह आज की शाम अपना टीवी खोलेंगे। हम हमेशा वहां जाकर उनके साथ टीवी देखना चाहते थे। क्या अद्भुत यात्रा है—किसी के यहां जाकर टीवी देखने से लेकर, अब बिल्कुल नई पिक्चर अपने टैबलेट पर या फोन पर देखने तक की।

हम प्रौद्योगिकी के, टेक्नोलॉजी के फायदों की तारीफ कर सकते हैं और नयी चीजों को अपना सकते हैं लेकिन चमत्कारों के साथ चुनौतियां भी आती हैं। हमें हमेशा यह ध्यान रखना चाहिए कि टेक्नोलॉजी हमारे फायदे के लिए काम करे। यह बात मुझे पसंद नहीं है कि टेक्नोलॉजी मुझे नियंत्रित करे। मैं कंट्रोल अपने हाथ में रखना चाहता हूं और वे निर्णय खुद लेना चाहता हूं, जो मुझे प्रभावित करते हैं। मैं खुद टेक्नोलॉजी को नियंत्रित करना चाहता हूं।

ये समय भी चला जाएगा

कई बार मैं देखता हूं कि लोग अपने उपकरणों से भावुक रिश्ता बना लेते हैं, यह बात मुझे बड़ी अजीब लगती है। मैं कुछ साल पहले कंबोडिया में था, जहां मैं विद्यार्थियों को संबोधित कर रहा था। जब प्रश्न पूछे जा रहे थे एक लड़की खड़ी हुई, जो बहुत दुःखी लग रही थी। "मैंने आपके वीडियो देखे हैं" उसने कहा, "और आपने कहा कि हमें कल में नहीं जीना चाहिए, हमें आज में जीना चाहिए।" और मैं उसी समय सोचने लगा कि शायद वह लड़की किसी बड़ी दुःखद घटना से गुजरी है—शायद उनके यहां किसी का निधन हो गया है। मुझे ये बात अच्छी लगी कि कम

से कम वह मेरे सामने, अपने दुःख के बारे में खुलकर कुछ कह रही है और तब उसने कहा—"जी, कल मेरा फोन गुम हो गया। मुझे अभी तक बहुत अफसोस हो रहा है और मैं बहुत दुःखी हूं, मैं ऐसा क्या करूं कि मैं फिर से सुखी हो जाऊं?"

मुझे बिल्कुल किसी ऐसी चीज की उम्मीद नहीं थी। इसमें दुःख की कोई बात ही नहीं थी, फिर भी यह लड़की वाकई बहुत दुःखी लग रही थी। मैंने उसे इस तरह से उत्तर दिया, "क्या आप फोन के साथ पैदा हुई थीं? नहीं। आप अपनी जिंदगी के पलों को एक फोन से नहीं माप सकतीं। क्या जिंदगी जीने के लिए आपको सेलफोन चाहिए? क्या आपको पता है कि फोन आने के कितने-कितने सालों पहले से, कई सभ्यताएं मौजूद रही हैं? हजारों-हजारों, हजारों साल तक लोगों के पास टेलीफोन नहीं थे तो क्या वे सभी लोग दुःखी थे? सभी चीजें आएंगी और जाएंगी। आपका आनंद इन चीजों से जुड़ा नहीं हो सकता। क्या आपको चिंता होनी चाहिए? जरूर। क्या आपको दुःखी होना चाहिए? नहीं।"

जब हवा सचमुच बहुत जोर से चलती है तो वे पेड़ जो झुकना नहीं जानते, टूट जाते हैं। परंतु, जो यह जानते हैं कि हवा के साथ कैसे झूमना है, बचे रहते हैं। यह बस एक तूफान है, यह भी गुजर जाएगा। लेकिन आपको इन सबसे ऊपर उठना है तभी आप बिल्कुल ठीक रहेंगे।

टेक्नोलॉजी का सदुपयोग

जब मैं ये देखता हूं कि तकनीकी विकास चारों तरफ, तमाम सकारात्मक तरीकों से दुनिया को बदल रहा है तो मुझे बहुत खुशी होती है। लेकिन जब बात आती है हमारे अंदर की दुनिया की, तब मेरी भावनाएं थोड़ी उलझ जाती हैं।

तकनीक, खासकर संचार के क्षेत्र में, हमारे जीवन में शोर को कई गुना बढ़ा देती है जिससे हमारा ध्यान और भटकने लगता है। लोग बताते हैं कि उन्हें रोजाना इतने ईमेल, टेक्स्ट, नोटिफिकेशन, पोस्ट आदि मिलते हैं कि वे परेशान हो जाते हैं। साथ ही हम उन संदेशों के बारे में भी चिंतित रहते हैं, जो अभी तक हमें मिले ही नहीं हैं और उन लोगों के लिए भी

जिन्हें हम जानते तक नहीं हैं।

मनुष्य बदलती हुई परिस्थितियों में स्वयं को बहुत जल्दी ढाल लेता है पर कुछ लोग ऐसे भी हैं जो अपना रास्ता ढूढ़ने के बजाय सिर्फ नए-नए आविष्कार की धारा में ही बहे चले जा रहे हैं। तकनीक इसलिए है कि हम एक-दूसरे के संपर्क में रहें, पर आज हम, खुद अपने आपसे ही अपना संपर्क खो रहे हैं। कभी-कभी ऐसा लगता है, जैसे हमारे साधन ही हमारे ऊपर हावी हो रहे हैं। यह ठीक वैसा ही है, जैसे हमने एक जगह से दूसरी जगह ले जाने के लिए एक घोड़ा खरीदा है लेकिन हम खुद ही घोड़े को लादकर ले जा रहे हैं!

जब हम तकनीक को अपनाते हैं तो हमें खुद से पूछना चाहिए—क्या मैं इस क्षण में आजाद महसूस कर रहा हूँ? या तकनीक के साथ लगातार संपर्क में रहने के लिए मैंने खुद का एक हिस्सा खो दिया है? हमें बताया जाता है कि यह हमेशा चलते रहने वाली दुनिया है—क्या इससे लाभ हो सकता है? पर यदि हम पॉज बटन दबाए रखें तो क्या हमारे लिए ये ज्यादा फायदेमन्द नहीं हो सकता है?

एक चुनौती यह है कि सोशल मीडिया के नए रूप जानकारी से भरे हुए हैं। यह रोमांचक और फायदेमंद हो सकता है लेकिन जो नया है उसको समझने के बजाय हम हमेशा इस उधेड़बुन में पड़ जाते हैं कि अब इसके आगे क्या है। तब हम किसी महत्वपूर्ण चीज को खोने के बारे में चिंतित हो जाते हैं। इस भावना का एक संक्षिप्त नाम है—FOMO—फियर ऑफ मिसिंग आउट, किसी चीज को खो देने का डर।

अब हम देख रहे हैं कि तकनीक की एक नई लहर हमारी जिंदगी में आ रही है, ऐसे आविष्कार जो हमारे लिए बहुत बड़ी-बड़ी चीजें कर सकते हैं। लेकिन हमें उनके परिणामों के बारे में भी बड़े ध्यान से सोचने की जरूरत है। आर्टिफिशियल इंटेलिजेंस, ऑगमेंटेड रियलिटी, वर्चुअल रियलिटी ये सभी बड़ी आकर्षक संभावनाएं हैं, किंतु हमें यह भी सुनिश्चित करना चाहिए कि टेक्नोलॉजी हमारे जीवन को बेहतर करने में मदद कर सके। मुझे अर्थशास्त्री जॉन कैनेथ गेलब्रेथ के द्वारा की गई टिप्पणी याद आ रही है—"संयुक्त राज्य अमेरिका का जटिल टेक्निकल उपलब्धियों की ओर बढ़ना ये दर्शाता है कि क्यों ये देश अंतरिक्ष से संबंधित संसाधनों में इतना अच्छा है और गरीब बस्तियों की समस्या के बारे में इतना खराब।"

मुझसे कभी-कभी पूछा जाता है, "कृत्रिम बुद्धिमत्ता (AI) आने पर क्या होने वाला है?" मैं कहता हूं ठीक है! तुम तब भी तुम ही रहोगे और मैं भी मैं ही रहूंगा। इंसान भी इंसान ही रहेगा। समय के साथ कुछ तकनीकें क्षीण नहीं होती हैं, वे अपना मूल्य बरकरार रखती हैं।

महान विज्ञान कथा लेखक और विचारक आइजैक अजिमोव ने कहा—"अभी जीवन का सबसे दु:खद पहलू यह है कि समाज जितनी तेजी से विवेक इकट्ठा करता है उससे ज्यादा तेजी से विज्ञान ज्ञान इकट्ठा करता है।" लेकिन हम इसे बदल सकते हैं। हमें हमेशा ये याद रखना चाहिए कि हमारे अंदर एक असलियत है, जो विवेक से भरी है।

आनंद का अभाव

हम जिस बोझ से दबे हैं वो सिर्फ तकनीक का ही नहीं है बल्कि इससे भी कहीं अधिक है। कई बार हमसे लोगों की उम्मीदें भी हमारे दबाव को और अधिक बढ़ा देती हैं। और फिर, हमारी अपनी उम्मीदें हैं, अधूरी इच्छाएं और उनको पूरा करने की कोशिशें हैं, जो लगातार चाहती हैं कि हम कभी भी पूरी तरह से उनसे आजाद न हों। अभिलाषा अच्छी बात है लेकिन तब नहीं जब यह हमें अपने जीवन का पूरी तरह से आनंद लेने से रोके। हममें से कुछ लोग सफल होने की कोशिश में इतने व्यस्त हो गये हैं कि बनाने वाले ने जो हमें पहले से ही दिया है, हमारे पास उसका आनंद लेने का समय ही नहीं है। और, हममें से कुछ लोग कहीं और पहुंचने की कोशिश में इतने व्यस्त हैं कि उन्हें यह पता ही नहीं है कि वे अभी इस समय कहां हैं। तकनीकी दुनिया की तरह हमारा दिमाग भी "हमेशा चलते" रहने वाली दुनिया जैसा हो जाता है।

हर पीढ़ी किसी चीज को पाने की कभी पूर्ण न होने वाली इच्छा को पूरा करने की कोशिश करती है। ऐसा लगता है जैसे रोमन फिलॉस्फर सेनेका ने फोमो (FOMO) "किसी चीज को खो देने के डर" को समझ लिया हो। उन्होंने अपने निबंध ON THE SHORTNESS OF LIFE "जीवन क्षणभंगुर है" में लिखा—

लोग उस चीज का आनंद लेने के बजाय जो उनके पास है, दूर-दूर

तक यात्रा करते हैं, विदेशी तटों पर घूमते हैं और, पृथ्वी पर और समुद्र में घूमकर अपनी बेचैनी को दूर करने का तरीका ढूंढ़ते हैं। पर वो बेचैनी हमेशा उस चीज से नफरत करती है जो मनुष्य के पास पहले से मौजूद है। वो कहता है, "चलो अब हम कैम्पानिया चलते हैं", फिर जब वो उस शानो-शौकत से ऊब जाता है तब—"चलो हम लोग अब जंगल की सैर पर चलते हैं, आओ हम ब्रुटियम और ल्यूकेनिया के जंगलों की ओर चलें।" लेकिन उन जंगलों के बीच में भी मनुष्य खुश नहीं हो पाता है और उसे आनंद का अभाव महसूस होता है। वो एक यात्रा के बाद दूसरी यात्रा जारी रखता है और दृश्य बदलते रहते हैं। जैसा कि लुक्रेसियस कहते हैं, "इस तरह से हर व्यक्ति हमेशा अपने आपसे भागता रहता है।" पर वो कब तक अपने आपसे भागता रहेगा?

आधुनिक जीवन रूपी जंगल में भी, आनंद का अभाव है। आज लोगों से जुड़ने के लिए और नई चीजों का अनुभव करने के अद्भुत अवसर मौजूद हैं। संचार की तकनीक ने इस दिशा में बहुत अच्छा काम किया है। लेकिन हम असल में जो खोज रहे हैं, वह हमारे अंदर है। मैं लोगों से ये पूछता हूं कि आपके अंदर की सोशल मीडिया की दुनिया क्या है? क्या आप अपने आपको पसंद करते हैं? क्या आप अपने आपसे दोस्ती करना जानते हैं? अगर आप खुद के दोस्त नहीं हो सकते तो क्या आप वाकई किसी और के दोस्त बन सकते हैं?

कभी-कभी हमें, अपना उपकरण नीचे रखकर उस व्यक्ति के साथ बैठना चाहिए जो हमारा सबसे बड़ा प्रशंसक है और वो हैं स्वयं हम। जैसा कि प्राचीन चीनी दार्शनिक लाओ जू ने कहा था, "अपने दोस्तों को जानना, अच्छी बुद्धिमानी है लेकिन खुद को जानना, सच्चा विवेक है।"

खुशखबरी

क्या आप बाहर की दुनिया और अपने अंदर की दुनिया में एक बेहतर संतुलन बनाना चाहते हैं? क्या आप अपने जीवन में भटकाव को कम करना और संतोष को प्राप्त करना चाहते हैं? इस पल में खुश और पूर्ण होने का, उस सुंदर भावना का अनुभव करना चाहते हैं? शोर को कम

करके, अपने आपको सुनना चाहते हैं? यह सब बिल्कुल संभव है। इसके लिए हमें ये समझने की जरूरत है कि बाहरी दुनिया का शोर, अपने अंदर की शांति को महसूस करने के लिए कोई बाधा नहीं है। दूसरे शब्दों में—हमें केवल अपने कानों के बीच के शोर से निपटना है।

शोर से बचने के लिए लोग तरह-तरह के तरीके अपनाते हैं। वे कंबल से अपने आपको ढक लेते हैं और कानों के ऊपर तकिए रख लेते हैं। वे पहाड़ों पर चढ़ते हैं, वे जंगलों में जाते हैं, वे दौड़ते-भागते हैं। वे 30,000 फीट तक की ऊंचाई तक ऊपर जाते हैं और समुद्र की लहरों के नीचे गहराई में जाते हैं। वे तीर्थयात्रा पर जाते हैं और दूर-दराज के शांत विश्राम स्थलों का भ्रमण करते हैं। वे मंदिर, चर्च, मस्जिद, शॉपिंग मॉल, बार या मेले में जाते हैं। लेकिन शोर फिर भी वहां मौजूद है। यह शोर उनके कानों के बीच में है, ये कहीं और नहीं है। जैसा कि अमेरिकी लेखक राल्फ वाल्डो इमर्सन ने कहा है—

हम सुंदरता को खोजने के लिए दुनिया भर की यात्रा करते हैं,

हमें इसे अपने साथ ले जाना चाहिए, वरना हम इसे नहीं पायेंगे।

इस प्रकार प्रत्येक व्यक्ति हमेशा अपने आपसे भागता रहता है—लेकिन उससे क्या फायदा, अगर वो उससे बच ही न पाये? जबतक हम अपने अंदर शांति का अनुभव नहीं कर लेंगे, शोर हमेशा हमें ढूंढ़ लेगा।

आपके लिए एक खुशखबरी है!

शोर सिर्फ हमारे अंदर, हो नहीं रहा है—हम इसे अपने साथ होने दे रहे हैं। हम चुन सकते हैं कि अपने यंत्रों को हमें कब बन्द करना है। हम चुन सकते हैं कि हमें कौन-सी बातें अपने दिमाग में रखनी चाहिएं और कौन-सी नहीं। हम चुन सकते हैं कि हम किसको सुनें, किस पर ध्यान दें और किसका जवाब दें।

मैंने कहा था कि लोग 30,000 फीट की ऊंचाई पर शोर से बचने की कोशिश करते हैं। मैं आपको एक बात बताता हूं। एक पायलट होने के नाते, मैं बहुत सारे कॉकपिट के अंदर रहा हूं और मैंने विभिन्न प्रकार के विमान उड़ाए हैं। अब बहुत सारी अपने आप चलने वाली चीजें हैं, जिसकी मदद से कंप्यूटर निर्णय लेते हैं। असल में जैसे-जैसे तकनीक में सुधार हुआ है, पायलट विमान को उड़ाने की परवाह न करके उस

तकनीक की ज्यादा परवाह करने लगे हैं, जो अक्सर उनके लिए विमान उड़ाती है। आखिर विशेष रूप से किसी आपात स्थिति में, वह एक मनुष्य ही है जो विमान उड़ाता है; न कि कंप्यूटर। जब मैं प्रशिक्षण ले रहा था—मेरे प्रशिक्षक अक्सर मुझसे कहते थे, "अगर टेक्नोलॉजी में कोई समस्या है तो बस सब बंद कर दें और वही करें जो आपने हमेशा किया है—विमान को उड़ाएं!"

　　ठीक यही हमें अपने जीवन में भी करना चाहिए, जब हमारे जीवन में शोर बहुत तेज हो जाता है तब अन्य चीजें बंद कर दें और खुद उड़ान भरें। और यह हम अपने द्वारा किए गए सही चयन के माध्यम से कर सकते हैं।

　　सिर्फ एक पल का सकारात्मक चयन जिंदगी बदल देने वाली यात्रा की शुरुआत साबित हो सकती है। आत्मज्ञान के माध्यम से, जब हम आंतरिक शांति, ध्यान, संतोष और शांति को चुनते हैं तो हम आंतरिक शांति की ओर बढ़ते हैं। अपना ध्यान अंदर की ओर मोड़ने के लिए भी हम ही चुनते हैं। एक बार जब हम पूरी तरह से अपने अंदर से जुड़ जाते हैं तो शोर एक घुसपैठिया बनना बंद कर देता है और वह हमारा दोस्त बनना शुरू कर देता है, एक ऐसा दोस्त जो बहुत व्यस्त रहता है, जोरदार है, जीवंत है और हम उससे तभी मिलते हैं जब हम उससे मिलना चाहते हैं।

　　वाक्य "अपना ध्यान अंदर की ओर मोड़ने के लिए भी" में "भी" को नोट करना जरूरी है। यह, तकनीक और आंतरिक शांति के बीच, शोर और संतोष के बीच, बाहरी और आंतरिक दुनिया के बीच विकल्प के रूप में नहीं होना चाहिए। लोग कभी-कभी यह मान लेते हैं कि उन्हें या तो आधुनिकता के ही सारे फायदे मिल सकते हैं या आंतरिक शांति के, जैसे कि वो परस्पर विरोधी हों। हमें एक के लिए दूसरे को छोड़ने की जरूरत नहीं है, हमें बस यह तय करना है कि यह हम चुनें कि हमारा ध्यान कहाँ जाता है।

चोरों का गिरोह

आइए, अब ये जानते हैं कि सकारात्मक चयन को हम कैसे अपने जीवन

में लागू कर सकते हैं। बहुत से लोगों को ऐसा लगता है कि हम खुद से अपना समय चुरा रहे हैं। क्या यह सच है? शायद कुछ नई सोशल मीडिया तकनीक "हमारे ध्यान को चुराती हैं" (कुछ हैं जो इसी तरह से डिजाइन की गई लगती हैं) और सच पूछिये तो हम सभी ये जानते हैं कि हमारी चाहतें, हमारी इच्छाएं, हमें संतुष्टि से भटका सकती हैं।

लेकिन चोरों के लिए दरवाजा कौन खोलता है? हम खोलते हैं! हम बाहरी दुनिया को अपने अंदर आने देते हैं। अक्सर, नई चीजें, नए लोग और नई जानकारियां रोमांचक और फायदेमंद होती हैं—सच पूछिए तो यह सीखने का ही हिस्सा है। लेकिन हमें अपने मन और अपने हृदय के द्वार का प्रहरी बने रहना होगा। जब हम किसी को या कुछ भी अपने अंदर आने देते हैं तो हम स्वयं ही अपने समय की चोरी के भागीदार बन जाते हैं। दूसरे लोग बढ़ावा दे सकते हैं लेकिन अपनी परेशानी के मुख्य कारक हम स्वयं ही हैं। हम खुद अपनी दुविधा के मुख्य कारण हैं। हम अपने असंतोष के मुख्य स्रोत हैं। हम अपनी व्याकुलता के मुख्य स्रोत हैं। लेकिन हम उन सभी शक्तिशाली सकारात्मक गुणों के मुख्य स्रोत भी हैं, जो हमें आनंद, स्पष्टता, तृप्ति, ध्यान और आंतरिक शांति की ओर ले जा सकती हैं।

जब हम हमेशा "अब आगे क्या है" की तलाश में रहते हैं, जब वह चीज जो हमें मनुष्य बनाती है गायब होने लगती है, जब हम किसी चीज पर इतना भरोसा करना शुरू कर देते हैं कि हम खुद से ही संपर्क खो बैठते हैं, तब हमें बाहरी दुनिया के दरवाजे को कुछ देर के लिए बंद करने और अंदर अपने आपसे फिर से जुड़ने की जरूरत होती है। वहीं पर हमें अपनी असली आजादी मिलती है।

इस तरह से फिर अपने आपको मालिक बना लेना, बहुत ही आजादी महसूस करा सकता है। यह हमें उस इंसान को ढूंढ़ने, उसकी सराहना करने और पूरी तरह से वह इंसान होने में मदद करता है, जो अब यहां जीवित है और सांस ले रहा है। हमारे पास हमेशा यह विकल्प मौजूद है कि हम दुनिया के शोर को अपना काम करने दें और अपना ध्यान अंदर लगाए रखें। मैं अपने लिए यह कर सकता हूं; ये आप अपने लिए कर सकते हैं। आपके आंतरिक वॉल्यूम कंट्रोल का बटन सिर्फ आपके ही पास है।

शोर से शोर पैदा होता है। लोग अधिक शोर से शोर को छुपाते हैं, और यह और बढ़ता चला जाता है। लेकिन एक चीज है जो शोर को जीत लेती है, वह है तुम्हारे अंदर की शांति। यहाँ कुछ शब्द हैं, तेरहवीं सदी के कवि रूमी के—

आप गीत हैं,
एक सुंदर पसन्दीदा गीत!
उस गीत को सुनो।
वह गीत तुम्हें,
ऐसे स्थान तक ले जायेगा,
जहां आकाश-हवा-सन्नाटा है!
वहाँ सबकुछ जानना है।

जब हम मन के शोर को शांत करते हैं तब हृदय की आवाज सुनी जा सकती है। तब हम एक बहुत ही मधुर और कोमल आवाज को सुनना शुरू करते हैं; एक पुकार, शब्दों में नहीं बल्कि एहसास में। वह एहसास क्या है? यह "मैं हूँ, मैं हूँ, मैं हूँ" की आंतरिक अभिव्यक्ति है। हृदय का यह गीत हमें इस अवसर का पूरी तरह से आनंद लेने के लिए बुलाता है और यह अवसर कुछ और नहीं बल्कि जीवन ही है।

स्पष्टता और हम

आप सोच रहे होंगे, यह सब तो बहुत अच्छा है लेकिन जब चीजें मेरा ध्यान खींचेंगी तो क्या होगा? जब जीवन के शोर को नज़र-अंदाज़ नहीं किया जा सकेगा? हां, हमेशा ऐसे मामले होते हैं, जिन्हें हमें सुलझाने की जरूरत होती है लेकिन ऐसी कई, दिन-प्रतिदिन की चिंताएं भी तो होती हैं, जो हमारी नकारात्मक कल्पना के कारण जरूरत से ज्यादा बड़ी हो जाती हैं। जरा उस कंबोडियाई लड़की और उसके खोए हुए फोन के बारे में सोचें, जिसकी वजह से वो अपने जीवन से निराश हो गई थी। मोबाइल फोन का खो जाना कोई बड़ी बात नहीं थी लेकिन यही छोटी-छोटी चीजें एकसाथ मिलकर विकराल रूप धारण कर लेती हैं और हमारे जीवन में समस्याओं का कारण बन जाती हैं।

जब हम दर्द और पीड़ा का अनुभव करते हैं तब हम कारण की तलाश करते हैं। फिर कारण की तलाश भी एक समस्या बन सकती है। जब मेरे सामने कोई गम्भीर समस्या आती है तब मैं कारण की तलाश नहीं करता बल्कि सबसे पहले जो काम करता हूं, वह है—अंदर मुड़ना और अपने लिए सबसे जरूरी चीज को पहचानना कि "मैं जीवित हूँ। मैं हूँ। मैं जीवित हूँ।" जो भी समस्या आई है उसे समझने के लिए यह मुझे सबसे बढ़िया और सबसे अच्छा तरीका दिखाई देता है। आत्मज्ञान इस समझ से शुरू होता है कि आपके जीवन में एक चीज है जो बिल्कुल सही है और वो है कि आप जीवित हैं। आप यहां हैं, श्वास ले रहे हैं, उन सभी संभावनाओं के साथ जो वह श्वास ला रही है। इस श्वास के लिए आपको बधाई हो!

जब समस्याएं हमारे सामने आती हैं—और वे निश्चित रूप से आयेंगी, हम हमेशा उन्हें इस तरह देखना चुन सकते हैं कि ये समस्या आखिर है क्या? क्या इसका कोई सीधा समाधान है या कोई तरीका है सुलझाने का या हमें उसे छोड़ कर आगे बढ़ना चाहिए। एक पायलट के रूप में, आप कॉकपिट में बैठे हैं और सबकुछ ठीक चल रहा होता है, जबतक कि आप हवा के तूफानी वेग से टकराते नहीं हैं। आप इस हलचल को देखते नहीं हैं—आप सिर्फ इसे महसूस करते हैं। यह आमतौर पर धीरे-धीरे शुरू होता है और अक्सर यह अपने आप ही निकल जाता है। लेकिन कभी-कभी यह बेहद खराब हो जाता है और आपको कुछ करने की जरूरत होती है। अब समय आ गया है उस ऊंचाई को छोड़ने का और बेहतर ऊंचाई पर जाने का। ऊपर जाओ, नीचे जाओ, बाएं जाओ, दाएं जाओ, जो भी करना है आपको करना पड़ेगा। तूफान के साथ भी ऐसा ही है लेकिन उसमें अच्छी बात यह है कि आप उसे पहले से देख सकते हैं।

हमारे दैनिक जीवन में अशांत पल भी आयेंगे, कभी-कभी हम उन्हें आते हुए देख लेंगे और कभी-कभी नहीं। तब हमें चुनना होगा—या तो मैं इस बारे में कोई चिंता नहीं करूंगा या मैं खुद को एक अलग ऊंचाई पर ले जाऊंगा। बिना कोई विकल्प चुने तूफान के बीच में उड़ने से बेहतर है कि एक विकल्प चुन लें, क्योंकि बिना इसके कठिनाई होती है। जब हम विकल्प नहीं चुनते हैं तब हम हवा के वेग को छोड़ कर बाकी सबकुछ भूल जाते हैं, जबकि संभावना ये थी कि हम यात्रा का आनंद ले सकते

थे। और तब हम खिड़कियों से बाहर के खूबसूरत नजारों को देखकर उसका आनंद लेना भूल जाते हैं। हम अपने साथी यात्रियों से बात करना बंद कर देते हैं।

समस्याओं के बीच, हम कमल के फूल से प्रेरणा ले सकते हैं। इसकी जड़ें भले ही गंदे पानी में हों, कमल का फूल फिर भी खिल सकता है। नीचे कितनी भी गंदगी क्यों न हो, कमल का फूल हमेशा सुंदर दिखाई देता है। जब हम चुनौतियों से घिरा हुआ महसूस करें तो हम यह चुन सकते हैं कि परिस्थिति रूपी गंदगी, हमें अपने जीवन के सरल आनंद को लेने से रोक ना पाये।

यदि ऐसा हो?

अतीत के बारे में पछतावा और भविष्य के बारे में चिंता—अगर हम खुद को इन दोनों के बीच फंसने देते हैं तो जीवन में उन्नति करना मुश्किल हो जाता है। यादें हमें सताती हैं। आने वाले कल की चिंता हमें सताती है। यदि ये नहीं हुआ होता? अगर ऐसा हुआ तो क्या होगा? हमारी नकारात्मक कल्पना हमें दोनों तरफ से जकड़ लेती है। कुछ लोगों का अतीत इतना खराब होता है कि वे अपने अतीत के बारे में सोचना भी नहीं चाहते इसलिए वे अपने भविष्य को सुरक्षित बनाने में लगे रहते हैं। कुछ लोग बीते हुए कल के बारे में, पुरानी यादों की काल्पनिक दुनिया में रहते हैं, क्योंकि वे आने वाले कल से डरते हैं। क्या हो अगर? क्या हो अगर? यदि ऐसा हो? यदि ऐसा हुआ तो?

स्पार्टा, प्राचीन ग्रीस के प्रमुख शहरों में से एक था और यहाँ के लोग बहुत सख्त होने के लिए प्रसिद्ध थे। दक्षिणी ग्रीस पर चढ़ाई करने के बाद, मैसेडोनिया के राजा फिलिप द्वितीय ने अपना ध्यान स्पार्टा की ओर लगाया। यूनानी लेखक प्लूटार्क का एक कथन हमें बताता है कि फिलिप ने एक संदेश भेजकर स्पार्टन्स से पूछा कि वह उनके यहां एक दोस्त की तरह आयें या दुश्मन की तरह?

"कैसे भी नहीं" उन्होंने जवाब दिया।

फिर फिलिप ने एक और संदेश भेजा—"मैं आपको सलाह देता हूं

कि बिना देर किये आत्मसमर्पण कर दें, यदि मैं आपकी धरती पर अपनी सेना लेकर आया तो मैं आपकी फसलें बरबाद कर दूंगा, आपके लोगों को मार डालूंगा और आपके नगर को नष्ट कर दूंगा।"

एक बार फिर, स्पार्टन्स ने केवल एक शब्द के साथ उत्तर दिया—"यदि।"

फिलिप ने फिर कभी भी स्पार्टा पर कब्जा करने का प्रयास नहीं किया।

क्या हो अगर? क्या हो अगर? क्या हो अगर? हो सकता है, इस मोड़ पर, हमें वह रुख अपनाना चाहिए जो स्पार्टन्स ने अपनाया और अपने डर को दूर किया। हमारी नकारात्मक कल्पना और दुविधा के घने बादल जिस सच्चाई को छुपा देते हैं, हम उस जिन्दगी को भी जी सकते हैं।

यहाँ दुविधा और उनके प्रभाव के बारे में एक कहानी है।

एक बार एक रानी थी और उसके पास एक बहुमूल्य हार था। एक दिन, वह बालकनी पर अपने बाल सुखा रही थी। उसने हार को उतारकर एक हुक पर टांग दिया। एक कौवा उड़ रहा था, उसने हार को धूप में चमकते देखा, उसे उठा लिया और उड़ गया। इससे पहले कि वह बहुत दूर जाता, कौवे ने हार को एक पेड़ पर गिरा दिया और यह हार एक गंदी नदी के ऊपर खड़े उस पेड़ की एक टहनी पर अटक गया।

जब रानी अपने हार की जगह पर पहुंची और उसे गायब पाया तो उसने हल्ला मचाना शुरू किया। "किसने चुराया मेरा हार?" वो रोने लगी। उसने सभी को हार की तलाश में लगा दिया लेकिन हार नहीं मिला। उसने राजा से कहा—"जबतक मुझे अपना हार नहीं मिलेगा मैं खाना नहीं खाऊंगी।"

राजा को बहुत चिंता हुई और उसने अपनी सेना और अन्य लोगों को हार की तलाश के लिए भेजा लेकिन वह नहीं मिला। राजा ने अंत में ऐलान किया—"जो कोई हार ढूंढ़कर लायेगा, उसे मैं अपने राज्य का आधा हिस्सा दूंगा।" फिर लोग सचमुच हार की तलाश करने लगे।

अगले दिन सेनापति पेड़ के पास से गुजरा तो उसे लगा कि उसने नीचे नदी में हार देखा। वह तुरंत गंदे पानी में कूद गया, क्योंकि उसे आधा राज्य चाहिए था। मंत्री ने सेनापति को कूदते हुए देखा और उसे

भी लगा कि उसने हार देखा तो उसने भी छलांग लगा दी। राजा ने अपने सेनापति और अपने मंत्री को नदी में कूदते हुए देखा और वह भी कूद गया, क्योंकि राजा अपना आधा राज्य किसी को नहीं देना चाहता था। इतने में और सैनिक और गाँव वाले आ गये और वे सभी पानी में उतर गए।

अंत में, एक बुद्धिमान व्यक्ति ने कहा, "तुम सबलोग क्या कर रहे हो? हार नीचे नहीं है; वो तो ऊपर पेड़ पर है। तुम लोग सिर्फ उसकी परछाई को देखकर पानी में कूद रहे हो।" राजा ने कहा "ये हार तुमने पाया, मेरा आधा राज्य तुम्हारा हुआ।" बुद्धिमान व्यक्ति ने कहा, "धन्यवाद, लेकिन मैं जैसा हूँ वैसा ही खुश हूँ।"

हम अपने भ्रम की ओर भागते हैं। सबसे बड़ा भ्रम यह है कि हमारे जीवन में जो भटकाव हैं, हम वही चाहते हैं। हमारे अंदर की सच्चाई, हमारी उम्मीदों से अधिक सुखद और आश्चर्यजनक है जिसकी हम कभी कल्पना भी नहीं कर सकते हैं। और उस असलियत से जुड़ना हमारे लिए संभव है।

दर्पण

हमारा सारा जीवन आज में ही बीतता है। अभी भी, इस सेकंड में। और इस सेकंड में। हम बीते हुए कल में नहीं जी सकते, हम आने वाले कल में नहीं जी सकते। इसके अलावा, आज वह जगह है, जहां जादू होता है। आज वह जगह है, जहां हम असल में शांति, आनंद और प्रेम को महसूस कर सकते हैं। यह वह जगह है, जहाँ हमें वर्तमान में मौजूद होना चाहिए। आज का अनुभव करने के लिए, हमें बीते हुए कल और आने वाले कल को हटाना होगा और फिर जो वास्तविक है, वह हमारे पास रह जाएगा। केवल एक FOMO फियर ऑफ मिसिंग आउट—किसी चीज को खो देने का डर, जिसके बारे में हमें चिंतित होना चाहिए वह है—जीवित रहते अपनी सच्चाई को खो देना।

आज एक दर्पण है। यह हमें हमारी सच्चाई से रूबरू करवाता है। यह सत्य और निष्पक्ष है और यह न केवल हमारे चेहरे, बालों और कपड़ों को बल्कि हमारे बारे में सबकुछ दिखाता है। यह हमारी स्पष्टता या भ्रम

को दिखाता है। यह हमारे आत्मविश्वास या अनिश्चितता को दिखाता है। यह हमारी दया या क्रोध को दिखाता है।

अगर आप शीशे के सामने खड़े हों तो आप क्या देखेंगे? आप किसे देखेंगे? आपकी परछाईं आपको क्या दिखाती है? क्या आप खुद को अपनी आंखों से देख रहे हैं? आप देखते हैं कि आपका चेहरा पहले से बदल गया है लेकिन क्या आप अपने बारे में कुछ ऐसा महसूस कर सकते हैं, जो कभी नहीं बदला?

आपकी दुनिया

हम अपने हृदय में शांति के साथ पैदा हुए हैं और यह हमेशा से हमारे अंदर रही है वहीं, हमारी दुनिया के केंद्र में। हमारी कठिनाइयों और भटकाव के बावजूद, हमारी समस्याओं और संशयों के बावजूद, हम सभी शांति का अनुभव अपने हृदय में कर सकते हैं, यह संभव है।

हमारे जीवन में चाहे जो कुछ भी हुआ हो, हमारे पास उन सारी चीजों से दोबारा जुड़ने का एक अवसर हमेशा मौजूद है जो हमें पूरा बनाता है। जैसे-जैसे बाहर की दुनिया में हमारी व्यस्तता बढ़ती जाती है, उस चीज से हमारा नाता टूट सकता है जो हमारे लिए सबसे महत्वपूर्ण है। लेकिन हमारे बाहर जो भी है वह सब आएगा और जाएगा, वह बस गुजर रहा है। अपने जीवन में शोर को दूर करें और तब केवल एक ही चीज बचेगी और वह हैं—आप। अपने हृदय की गहराई में आप हमेशा मौजूद हैं।

शांति से जुड़ने के अलग-अलग रास्ते हैं लेकिन इस यात्रा की एक ही मंजिल है—अंदर। कुछ लोग अपना पूरा जीवन एक आध्यात्मिक खोज में बिता देते हैं। वे इस उम्मीद में, हर जगह का भ्रमण करने के लिए जाते हैं कि उन्हें वहां शांति मिल जायेगी। मेरी सलाह है कि खोजना बंद करें। शांति कोई विचार नहीं है। यह कोई सिद्धान्त नहीं है। यह कोई सूत्र नहीं है। यह एक प्राचीन किताब के पन्ने में लिखे गए एक अंश से, खोजी जाने वाली कोई चीज नहीं है, जो एक अजीब सी इमारत में, एक गुप्त शेल्फ में छिपी हुई है, जो धुंध से ढके पहाड़ के ऊपर एक धुंधली सी जगह में है। शांति लोगों में है, चीजों में नहीं। यह आपमें है। आप इसको

महसूस कर सकते हैं, इसका एहसास कर सकते हैं, इसका अनुभव कर सकते हैं, आप इसको ग्रहण कर सकते हैं और इसका आनंद ले सकते हैं। इसके बारे में कबीरदास जी ने कहा है—

अपने मन, इंद्रियों और शरीर से शांत रहो।

फिर, जब ये सब शांत हों तो कुछ भी न करें।

उस अवस्था में सत्य, स्वयं आपके सामने प्रकट हो जाएगा।

आत्मज्ञान प्राप्त करने और हृदय में शांति का अनुभव करने की प्रक्रिया सरल है लेकिन यह जरूरी नहीं है कि यह आसान हो। कुछ लोगों को पल भर में स्पष्टता मिल सकती है; और दूसरे लोग हो सकता है जीवन भर कोशिश करते रहें। आगे आने वाले अध्याय के पन्नों में हम यह पता लगाएंगे कि शांति पाने के लिए क्या जरूरी है और यह आपके जीवन में कौन से अद्भुत खजाने लेकर आयेगा? लेकिन पहले हमें इस पर विचार करने की जरूरत है कि यह सब इतना अधिक महत्व क्यों रखता है और वह चीज क्या है, जिसे हम जीवन कहते हैं?

अध्याय 2

अपने अंदर की लय को पहचानें

एक शक्ति है जो ब्रह्मांड को अरबों सालों से चला रही है। वह हमसे पहले भी थी और हमारे बाद भी रहेगी। यह शक्ति, हर एक परमाणु में है और इस शक्ति ने हमारे जीवन में, प्रकृति जैसी एक बहुत ही सुंदर चीज़ प्रदान की है। इसमें वह सबकुछ भी शामिल है, जिसकी रचना मनुष्य ने की है।

हर चीज़ जो हम देखते हैं, छूते हैं, सुनते हैं, सूँघते हैं और चखते हैं, सब इसी शक्ति की अभिव्यक्ति है। यह पहाड़ों में और घाटियों में है और गुफाओं की गहराई में है। यह जंगलों में है, रेगिस्तान के हर रेत के कण में है और समुद्री तट पर भी है। यह अथाह समुद्र में है, झीलों और तालाबों में है, गरजती हुई नदियों में है, झरनों में है और शांत नदियों में भी है। यह बारिश, धुंध, कोहरे में है, बर्फ़ में है, सूर्य की हर किरण में है और हवा के हर झोंके में है। और यह हर एक शहर, गाँव और घर में है। यह हर उस चीज़ में है जहां हम श्वास लेते हैं, जो खाते हैं और पीते हैं। यह हमारे अंदर है और हमारे चारों ओर है—यह सब जगह है।

मैं उस जीवन शक्ति को इसी तरह समझता हूँ, जो सभी जीवित प्राणियों को जोड़े रखती है। कुछ लोग इस शक्ति को बनाने वाले की संज्ञा देते हैं; कुछ किसी और नाम से बुलाते हैं। मुझे इससे कोई फर्क नहीं पड़ता है कि इस शक्ति को हम किस नाम से बुलाते हैं या किस शब्द से जोड़ते हैं; यह तो विद्यमान है।

आप एक चमत्कार हैं

यह शक्ति कई रूपों में प्रकट होती है, यह ब्रह्मांडीय धूल से लेकर—हमारे ब्रह्मांड की हर उस छोटी चीज़ में है जिससे यह बना है—अनगिनत प्रजातियों तक, वो सब जो विकास करते हैं, अपना वंश बढ़ाते हैं और अपने को स्थिति के अनुकूल बनाते हैं। मनुष्य के विकास की कल्पना कीजिए, समुद्र के अंदर एक-कोशिका वाले जीव से लेकर, पृथ्वी पर चलने वाले प्राणी और फिर चाँद पर चलने वाले प्राणी तक।

एक पल के लिए, हर उस जीवित चीज़ की कल्पना करने की कोशिश कीजिए, जो इस पृथ्वी पर मौजूद रही। लाखों-लाखों सालों में, उनके जीवन के स्तर और विस्तार की कल्पना कीजिए। उन जानवरों और पौधों की अविश्वसनीय विभिन्नता के बारे में सोचिए जो जीवित रहे हैं। 'नेचर' पत्रिका में प्रकाशित एक शोध के अनुसार आज के समय में हमारी आकाश गंगा में तीस खरब से भी अधिक सितारे हैं पर उनसे भी अधिक इस पृथ्वी पर पेड़ हैं। यह सिर्फ आज की बात है। जब से यह पृथ्वी बनी है, तब से सोचिए उन खरबों, खरबों और खरबों पेड़ों के बारे में जो इस पृथ्वी पर आए और गए।

उन जंगली गुलाबों के बारे में सोचिए जो आए और गए, वे कीड़े जो आए और गए, वे पहाड़ जो आए और गए, वे लहरें जो आईं और गईं, वे लोग जो आए और गए। प्रकृति द्वारा बनायी गयी उन संरचनाओं के पैमाने के बारे में सोचिए जो हमसे पहले आकर चले गए, फिर समझिए कि इन सबके बाद आप आए। इस क्षण में आप यहाँ उस परम शक्ति की अभिव्यक्ति के रूप में जीवित, श्वास लेते हुए मौजूद हैं। ब्रह्मांड से आ रही वह शक्ति, अब आपके अंदर श्वास के रूप में आ रही है, जिसकी वजह से आप जीवित हैं। आप यहाँ हैं, इस अद्भुत रचना की लहरों में घूमते हुए। इस पल को बनने में करोड़ों साल लग गए।

क्या आप ऊर्जा के उस महान प्रवाह के अंदर अपने आपको समझ सकते हैं, जो बहुत पहले शुरू हुई थी और कौन जानता है कि वह कब तक चलेगी? आप उस प्रकृति की धड़कती लय का हिस्सा हैं, जो यह जीवन दे रही है, जीवन ले रही है, जीवन दे रही है, जीवन ले रही है।

एक बीज गिरता है और एक पेड़ पैदा होता है। एक और बीज गिरता है, वह भोजन बन जाता है। एक और बीज गिरता है, वह सड़ जाता है। एक पल के लिए प्रकृति की उस सुंदर भावना की सराहना कीजिये जहां वो किसी भी चीज़ को बिना किसी भेदभाव के बनाने और बिगाड़ने का अचरज भरा कार्य सम्पन्न करती है।

कहीं इस समय, सितारे पूरी शक्ति के साथ विस्फोटित हो रहे हैं। यहाँ पृथ्वी पर लोग जन्म ले रहे हैं और दूसरी ओर आप हैं, जो इस हमेशा बढ़ते हुए और हमेशा बदलते हुए ब्रह्मांड में, खुद के 'होने' की पूर्णता का अनुभव कर रहे हैं।

आप सफलता की एक चलती-फिरती कहानी हैं

इस समय, "अब" की रचना करने के लिए, ब्रह्मांड की शक्ति ने थोड़ी देर के लिए बीते हुए कल और आने वाले कल को अलग कर दिया है—यह जो थोड़ा सा समय 'अब' मिला है इसी में सारे कार्य घटित होते हैं, यही है वह समय जिसमें हम जीवित हैं। वो कौन सी समस्या या अपेक्षा हमारे जीवन में इतनी महत्वपूर्ण हो सकती है जो हमें वर्तमान की त्रुटि रहित सुंदरता का अनुभव करने से वंचित कर सके?

जब भी आप एक पेड, एक फूल, घास की एक पत्ती को देखें—तो समझिए कि वह सफल हुआ है। वह बच गया, वह बड़ा हुआ, वह खिल गया, वह जीवित है। और आप भी इस जीवन रूपी चमत्कार के एक गवाह हैं। आप सफलता की एक चलती-फिरती कहानी हैं। एक मनुष्य होना कितनी अद्‌भुत बात है। हमें अपने जीवित होने का उत्सव मनाना चाहिए।

कुछ लोग कहते हैं कि हम सिर्फ एक दुर्घटना या विकास के परिणाम हैं। आखिर, हम 99 प्रतिशत ऑक्सीजन, हाइड्रोजन, कार्बन, कैल्शियम, नाइट्रोजन और फॉस्फोरस से बने हैं। यदि हम इन सारे तत्वों को एक बोतल में मिलाएं, उसमें 0.85 प्रतिशत पोटैशियम, सल्फर, सोडियम, क्लोरीन, मैग्नेशियम और मिला दें फिर उसमें 0.15 प्रतिशत

थोड़े और तत्व मिला दें—क्या इनसे एक मनुष्य बन जाएगा? हाँ, ये हमारे शरीर की संरचना का वर्णन जरूर हो सकता है, पर क्या इसके अलावा हम कुछ और नहीं हैं? क्या आप उस बोतल के अंदर जो तत्व हैं उनसे प्यार कर सकते हैं? क्या आप उस बोतल के तत्वों से सुंदरता, परिवार और दयालुता की बात कर सकते हैं? क्या वे अपने अद्भुत अस्तित्व की सराहना कर सकते हैं?

हम अपने शारीरिक तत्वों के योग से कहीं अधिक हैं, कम नहीं। क्योंकि हम सचेत रूप से अपने आपसे और अपने चारों ओर सभी जीवित चीज़ों से जुड़ सकते हैं। हर एक पल, हमें जीवन को समझने और उसके प्रति आभार व्यक्त करने का, अवसर प्रदान करता है। अब हम उस अवसर को चुनते हैं कि नहीं, यह और बात है।

हमारे श्वास की शानदार लय

वे मनुष्य जो अपने जीवन का उद्देश्य समझने के लिए चमत्कार की तलाश करते हैं, वे भूल गए हैं कि यह चमत्कार उनके अपने जीवन में प्रतिदिन होता है—वे श्वास लेते हैं। हम पैदा होते हैं और उसी दिन से हमारे जीवन में मनुष्य होने की कथा शुरू हो जाती है—हमारे आसपास और हमारे अंदर। हर श्वास के साथ हमें अवसर मिलता है कि हम अपना किरदार चुनकर अपनी भूमिका निभायें और अपनी कहानी पूरी करें।

इस दुनिया में शोर बहुत है, पर एक गीत भी गाया जा रहा है—इस श्वास के आने और जाने का गीत जीवन-पर्यन्त चल रहा है। इस दुनिया में बहुत सारी लय हैं—और वे अक्सर एक-दूसरे से मेल नहीं खाती हैं, पर एक लय ऐसी है जो आपके साथ बिल्कुल मेल खाती है—यह लय है जीवन-पर्यन्त इस श्वास के आने और जाने की। हर एक श्वास जो हमारे अंदर आती है और बाहर जाती है, यह एक आशीर्वाद है!

जिस दिन आपने जन्म लिया, कमरे में हर कोई केवल एक ही चीज़ पर ध्यान दे रहा था। यह नहीं कि आप एक लड़का हैं या एक लडकी हैं। सिर्फ एक चीज़ पर ध्यान था, क्या आप श्वास ले रहे हैं? यदि आप

श्वास नहीं ले रहे होते तो डॉक्टर आपके अंदर श्वास लाने की हर वह कोशिश करते, जो वे कर सकते थे। एक नई माँ को ये सुनकर कि उसका बच्चा श्वास ले रहा है, कितना अच्छा लगता है! अपने बच्चे के श्वास की लय कितनी अच्छी लगती है, जो बार-बार कान में फुसफुसा कर कहती है "सब ठीक है, सब ठीक है, सब ठीक है।"

इस सफर के अन्तिम पड़ाव पर, जब आप वापस अस्पताल पहुँचते हैं तो उन्हें कैसे पता लगता है कि आप नहीं रहे? वे देखते हैं कि आप श्वास ले रहे हैं कि नहीं। और उनके पास वह अद्भुत मशीन भी होती है जो उन्हें बताती है कि आप जीवित हैं या नहीं। तो क्या होता है जब मशीन यह कह देती है कि आप जीवित नहीं हैं, पर वे देख सकते हैं कि आप अभी भी श्वास ले रहे हैं? क्या डॉक्टर आपको थप्पड़ मारेगा या मशीन को? वह मशीन, आपके पास यह कहने के लिए नहीं आएगी कि "आप मर गए हैं"! श्वास ही जीवन है।

सोलहवीं शताब्दी के संत और कवि तुलसीदास जी ने लिखा है—
मनुष्य शरीर भवसागर से पार उतरने का एक साधन है,
इसमें इन श्वासों का आना-जाना ही, ईश्वर की कृपा है।

अपनी कल्पना में, मैं अपने आपको उस भवसागर में देखता हूँ, जिससे पार उतरने की मैं कोशिश कर रहा हूँ। मैं अपनी नाव को चलाने की कोशिश कर रहा हूँ। लहरें हैं—अच्छाई और बुराई की, सही और गलत की, हर उस चीज़ की जो हमारे लिए बदलाव लेकर आती हैं। ये लहरें हैं—प्यार और नफरत की, आशा और निराशा की, पश्चाताप और चिंता की। हमें इन सबसे ऊपर उठने की जरूरत है और इस यात्रा को पूरा करने के लिए हमें जिस चीज़ की जरूरत है, वह पहले से ही हमारे अंदर है। आपको बस अपना पाल तैयार करने की जरूरत है और उस हवा का पता लगाने की जरूरत है जो आपके लिए बह रही है, जो आपको इस अशांत समुद्र से दूर और स्पष्टता के शांत सागर की ओर ले जाएगी।

जब हम अपने जीवन में "माया" से मोहित हो जाते हैं तो हम भ्रम के समुद्र में गुम हो जाते हैं। माया—वह भ्रम है, जो बाहरी दुनिया में मौजूद है, और वह हमेशा हमारे मन के अनुसार बदलती रहती है। यही वास्तविकता है। पर मूल रूप से, हमारी असली सच्चाई हमारे अंदर है,

उसको जानना ही बुद्धिमानी है।

मैंटिस फूल का एक कीड़ा है, जो उसी फूल का आकार ले लेता है, जिस पर वह बैठता है। एक दूसरा कीड़ा जो वहाँ से गुजरता है, वह उस फूल को देखता है, न कि उस खतरनाक मैंटिस को। जब मैंटिस हिलता है और अपनी असलियत दिखाता है तब पहचान के उस क्षण में उसका शिकार समझ जाता है कि वो फूल नहीं है। पर जीवन सचमुच में क्या है, हम यह कब समझते हैं? अगर हम सच्चाई को देखते भी हैं तो क्या हम भी माया की तरफ नहीं चले जाते हैं—उस कीड़े की तरह जो सिर्फ फूल को देखता है? हम अपने जीवन का कितना समय "माया" में विश्वास करने में लगा देते हैं? जबकि इस श्वास का आना और जाना एक आशीर्वाद है, यह उस सच्चाई की ओर इशारा करता है जो प्रत्येक श्वास के आने और जाने की प्रक्रिया में समाहित है।

ऐसा लगता है कि लोगों ने सदियों से श्वास और अपने अंदर के नाते को महसूस किया है—जो हमारे शरीर के भौतिक तत्वों से कहीं अधिक है। उदाहरण के लिए—यहूदी भाषा में 'रूह' का अर्थ—"आत्मा", "श्वास" और "हवा" भी है और यह बाइबल के पुराने अंश में भी कई बार आया है। इस तरह के और शब्द या इनसे मिलते-जुलते शब्द आपको दूसरी भाषाओं और धार्मिक किताबों में भी मिल सकते हैं। एक विशेष उदाहरण देता हूं जहां शब्द का अर्थ बदलता रहता है और ये भी कि कैसे हम किसी अत्यधिक महत्वपूर्ण चीज़ को नज़र-अंदाज़ कर देते हैं। शुरुआत में अँग्रेज़ी शब्द "साइकी" दो शब्दों को मिलाकर बना था—"जीवन" और "श्वास", पर "साइकी" का एक और अर्थ सामने आया—"आत्मा, भावना और स्वयं।" वैसे हाल के दिनों में साइकी को नज़दीकी रूप से मन के साथ जोड़ा गया है जैसे "मनोविज्ञान" (साइकोलॉजी) और कुछ लोग अब इसे श्वास के साथ जोड़ते हैं। इसी तरह, आज हम लोग काफी हद तक सोचने पर ही ध्यान देते हैं और श्वास को आसानी से भूल जाते हैं। हम मन की जटिलताओं को अपनाने में लग जाते हैं, जबकि श्वास की सरलता को नज़र-अंदाज़ कर देते हैं।

हर श्वास का उत्सव मनाएं

हमारे जीवन में श्वास का आना शर्तों पर निर्भर नहीं है। दिन-प्रतिदिन यह हमारे अंदर बिना किसी निर्धारित समय के, बिना कुछ सोचे आता रहता है। यह तब भी आता है, जब हम अच्छे होते हैं या जब हम बुरे होते हैं। यह तब भी आता है, जब हम इसके बारे में सोचते हैं या इसके बारे में नहीं सोचते हैं। इससे ज्यादा कीमती चीज़, मेरे और आपके लिए और कुछ भी नहीं हो सकती है। कितना भी धन हो, हमारे श्वास लेने की क्षमता को नहीं खरीद सकता। तो सोचिए, यह हमें कितना धनवान बनाता है? हमारे पास यह अनमोल धन है।

श्वास एक उपहार है, हमें इसे अपनाना चाहिए, समझना चाहिए और संजोना चाहिए। और हमें यह भी समझना चाहिए कि जीवन का शोर—विशेषकर वे सारे विचार जो हमारे मन में चलते रहते हैं, हमें जीवन के लय की उस सुंदरता से दूर हटाते हैं जो आ रही है और जा रही है। जैसे पश्चाताप और चिंता हमारी स्पष्टता को धूमिल कर देते हैं। स्पष्टता क्या है? यह एक स्पष्ट सराहना है कि हम धन्य हैं कि हमें जीवन का उपहार मिला है।

स्पष्टता के विपरीत है भ्रम और भ्रम चिंता का एक सबसे बड़ा स्रोत है। चलिए एक बार फिर भाषा के बारे में सोचते हैं। अँग्रेजी शब्द "वरी" का ऐतिहासिक आधार एक पुराने अँग्रेजी शब्द "विरगैन" से आया है, जिसका मूल अर्थ है—"गला घोंटना।" बाद में इसका अर्थ और विकसित हुआ, "गले से पकड़कर मारना", जैसे भेड़िए शिकार करते हैं। भय हमारा गला दबाता है—हमारे शरीर के उस हिस्से को जहाँ से श्वास हमारे अंदर आता है। हम चिंता करके अपने जीवन के आनंद को गँवा देते हैं, जबकि हमें प्रत्येक श्वास के साथ जीवन का उत्सव मनाना चाहिए। स्पष्टता को अंदर लाइए—और एक बार फिर, हम ठीक उसी तरह जीवन को अपनाएं, जिस तरह जीवन हमें अपनाता है।

इच्छा करना शुरू कीजिए

हममें से कुछ ऐसे लोग हैं, जो हर एक पल का महत्व समझते तो हैं, पर भय के कारण बहुत आसानी से विचलित हो जाते हैं। और फिर ऐसे भी लोग हैं जिनका ध्यान कभी इस बात पर जाता ही नहीं है कि वे श्वास ले रहे हैं। ऐसे लोगों ने अपने अस्तित्व के बारे में, अपने आप एक धारणा बना ली है। जीवन को ऑटो पायलट पर छोड़ दिया है। जब आपने अपने आपसे नाता तोड़ दिया है तो आपने हकीकत से भी नाता तोड़ दिया है।

अक्सर लोगों का ध्यान मरने के डर के कारण इस बात पर जाता है कि जीवन अनमोल है। किसी से कहिए कि उनके पास जीवन का सिर्फ एक सप्ताह बचा है तो अचानक उनके लिए हर श्वास का मूल्य बढ़ जाता है। जीवन के उपहार को समझने के लिए संकट की प्रतीक्षा करने की बजाय, हमें रोमन बादशाह और दर्शनशास्त्री मार्कस ऑरेलियस की सलाह माननी चाहिए-"हर काम को इस प्रकार कीजिए, जैसे आपके जीवन का यह आखिरी कार्य है।"

अलादीन और उसके चिराग की कहानी को याद कीजिए। जब वह चिराग को रगड़ता है, एक शक्तिशाली जिन्न आता है और उसकी इच्छाओं को पूरा करता है। कल्पना कीजिए कि मैं आपको अलादीन का चिराग देता हूँ और कहता हूँ, "दो घंटों के लिए यह चिराग आपका है। इसे आप रख लीजिए, इन दो घंटों में आप जो कुछ भी चाहते हैं, इससे माँग सकते हैं। पर उसके बाद, यह चिराग मेरा है।" आप क्या करेंगे? क्या आप यह सोचते हैं, "ओह! यह चिराग मेरे पास सिर्फ दो घंटे ही रहेगा। यह तो बहुत बुरी बात है। अगर यह मेरे पास ढाई घंटे या तीन घंटे और रहता तो मैं इससे बहुत कुछ कर सकता था। और सचमुच में मुझे, उसे अपनी इच्छाएँ बताना शुरू करने से पहले, दूसरे कामों को समाप्त कर लेना चाहिए। सच कहूँ, चिराग लेने के लिए यह बहुत अच्छा समय नहीं है। क्या मैं अगले बुधवार को चिराग ले सकता हूँ?"

आपका अपना जीवन ही वह चिराग है। अपने कीमती समय को बरबाद करना बंद कीजिए और चिराग को रगड़ना शुरू कीजिए! एक के बाद एक अपनी इच्छाएँ पूरी कीजिए। जीवन के अवसर को अपनाइए

और उस जिन्न को आप जितना अधिक और जितने लंबे समय तक व्यस्त रख सकते हैं, रखिए।

अब मैं आपको अवसर का लाभ उठाने के विषय में एक कहानी सुनाता हूँ। एक बार एक व्यक्ति था, जो अपनी आजीविका पुराना लोहा बेचकर चलाता था। वह इस कार्य को बहुत अच्छी तरह कर रहा था लेकिन वह बड़ा कंजूस था। दरअसल वह इतना कंजूस था कि उसने अपने घर के भी सारे लोहे बेच दिए थे और उनकी जगह लकड़ी, पत्थर और कागज़ की बनी हुई चीजें रख ली थीं। उसके घर में कहीं कोई भी चीज़ लोहे की नहीं थी।

एक दिन अचानक उसके दरवाज़े पर एक व्यक्ति आया और उससे कहा—"इस पत्थर को देख रहे हो? यह किसी भी पुरानी लोहे की चीज़ को सोने में बदल देगा। तुम जिस तरह भी इसका प्रयोग करना चाहते हो कर लो, पर मैं एक सप्ताह के बाद वापस आकर इसे ले जाऊँगा।"

उस लोहे के सौदागर को याद आया कि उसने अपने घर का सारा लोहा बेच दिया था और उसे और लोहा खरीदना था। तो जैसे ही वह व्यक्ति वहाँ से गया, उसने बाज़ार में फोन लगाया और लोहे और सोने का भाव पूछा। सोना लोहे से बेशक कहीं अधिक कीमती था, पर उसे लगा कि लोहे का भाव भी बहुत अधिक था। "हम्म!" उसने सोचा, "मेरे पास पूरा सप्ताह है, मैं इंतज़ार कर लूँगा।"

और उसने पूरा सप्ताह इंतज़ार किया। हर बार जब वह लोहे का भाव पता करता, उसे बहुत महंगा लगता। यहाँ तक कि जब भाव गिरने भी लगा तो भी उसे बहुत ज्यादा लगा। दिन-प्रतिदिन वह लोहे की खरीदारी को टालता रहा। वह किसी भी तरह इतना अधिक भाव देने के लिए तैयार नहीं था। और फिर ठीक एक सप्ताह बाद, वह व्यक्ति उसके दरवाज़े पर आ गया।

"मैं अपना पत्थर वापस लेने आ गया हूँ", उसने कहा।

लोहे का सौदागर हैरान रह गया, उसे तो समय का ध्यान ही नहीं रहा था। अब वह परेशान होकर अपने घर में इधर-उधर लोहा खोजने के लिए दौड़ने लगा, पर हर चीज़ जो वह उठाता, वह लकड़ी, पत्थर या कागज़ की थी। अचानक, वह व्यक्ति उसके पास आया और उसने

उसके हाथों से पत्थर ले लिया।

"समय पूरा हो गया", उस व्यक्ति ने कहा।

दो दीवारों के बीच में

25,550—क्या आप जानते हैं यह अंक क्या दर्शाता है? यह दर्शाता है कि यदि हम 70 साल जियेंगे तो हमें इतने ही दिन मिलेंगे। ये बहुत नहीं हैं, है न? अगर आप 100 साल भी जियेंगे तो सिर्फ 36,500 दिन ही मिलेंगे। काफी गंभीर बात है!

अब हमें एक और हिसाब करना होगा। अभी तक आपने जितने दिन जी लिए हैं, उन्हें घटा दीजिए। अब आपका नया अकाउंट कैसा लग रहा है? मैंने अपना हिसाब कर लिया है और मैंने गिनती बंद करने का फैसला किया है!

अगर सारी चीज़ें प्लान के अनुसार चलीं और आपने अपनी पूरी ज़िंदगी जी भी ली तो भी समय बहुत कीमती है। अब हमें इसमें अनिश्चितता को भी जोड़ना पड़ेगा, क्योंकि हममें से सचमुच कोई भी निश्चित रूप से नहीं जानता है कि हमारे पास कितना जीवन बचा है।

हम यह अच्छी तरह जानते हैं कि एक दिन था, जब हम इस दुनिया में आए थे और एक दिन आएगा, जब हमें यहाँ से जाना होगा। आप इसे बदल नहीं सकते हैं, पर इन दो बिंदुओं के बीच आप इस दुनिया में हर एक दिन जो महसूस करते हैं और जो अनुभव करते हैं, इसे बदल सकते हैं। इसको कहते हैं पूरी तरह जीना। आपको यह समझना होगा कि यह हर दिन पूरी तरह आप पर निर्भर करता है कि जो समय आपके पास है, उसका आनंद आप कैसे लें। और कोशिश कीजिए कि टैक्सों के बारे में बहुत ज्यादा शिकायत मत कीजिए।

अपने जीवन के बारे में सोचने का एक तरीका यह है कि एक दीवार के दरवाजे से निकलकर आप इस जीवन में आए और एक दूसरी दीवार के दरवाजे से निकलकर आप वापस चले जाएँगे। कुछ लोग "दूसरी दीवार के उस ओर क्या है" इस बात से आकर्षित रहते हैं। और मैं दोनों

दीवारों के बीच में जो है उससे मंत्रमुग्ध रहता हूँ।

आप दूसरी ओर गये लोगों से, उधर का वर्णन करने के लिए कह सकते हैं कि वह कैसी जगह है, पर इस विषय पर, कम-से-कम मेरे अनुभव से, कोई भी वहां से वापस फोन नहीं करता, यहाँ तक कि हुडीनी भी नहीं। उस महान जादूगर ने अपनी पत्नी से वादा किया था कि वह उन्हें अपनी कब्र से एक गुप्त संदेश भेजेंगे, पर ऐसा लगता है कि वे भी मौत की अंतिम परिणति से बच नहीं पाए।

तो क्या होता है, जब दूसरी दीवार के उस ओर से कोई बातचीत नहीं होती है? हम अनुमान लगाते हैं "जीवन के बाद ऐसा होता है", या "स्वर्ग ऐसा होता है" और हम किसी ऐसी चीज़ की तस्वीर बनाने की कोशिश करते हैं, जो हमारी कल्पना से परे है।

हम नहीं जानते हैं, दूसरी दीवार के उस ओर हमारा जीवन संभव है या नहीं पर हम एक चीज़ अच्छी तरह जानते हैं, हम अभी यहाँ मौजूद हैं, इस समय में। जिस भी कार्य को हम महत्वपूर्ण समझते हैं, उसे पूरा करने का मौका हमारे पास है। मेरे लिए, मेरा कार्य सरल है। मैं अपना जीवन आनंद में बिताना चाहता हूँ और मैं पूरे विश्व में अपना यह संदेश देना चाहता हूँ कि शांति संभव है।

हमारा जीवन एक लंबा आज है, न कि एक लंबा बीता हुआ कल या आने वाला कल। वर्तमान पल 25,550 दिन लंबा है—या फिर जितने भी दिन हममें से हर एक को कृपा से मिले हैं। हम बीते हुए कल से सीख सकते हैं, पर हम उसमें जी नहीं सकते हैं। हम आने वाले कल की कल्पना कर सकते हैं, पर उसमें जी नहीं सकते हैं। वह एकमात्र पल जिसमें हम सचमुच अनुभव कर सकते हैं, वह है अब। अब में एक श्वास एक बार में आता है। हमारा जीवन श्वासों द्वारा ही नापा जाता है।

पहली दीवार से आने के बाद और दूसरी दीवार तक पहुँचने के दौरान हममें से हर एक में बहुत बदलाव आएंगे। अच्छा या बुरा जो भी हो हमें हर परिस्थिति में यह बात समझनी है कि सचमुच समय मूल्यवान है। हमारी सबसे बड़ी सफलता यह है कि हम हर पल को पूरी तरह से जियें, चाहे हमारे पास कितनी भी समस्याएँ क्यों न हों। एक रोमन कवि होरेस ने इस पल को एक मुहावरे 'कार्पे डियम' के माध्यम से व्यक्त किया था। इसका शाब्दिक अर्थ है "दिन को तोड़ लो।" पर इसे ज्यादातर

"एक दिन को बचा लो" कहा जाता है। मुझे दोनों ही अभिव्यक्ति पसंद हैं, पर "तोड़ना" भी मुझे अच्छा लगता है, जो आज को एक प्यारे से फूल के रूप में दर्शाता है, जो खिल रहा है और इस बात के लिए तैयार है कि हम उसकी सुगन्ध का आनंद लें। यह मुझे सत्रहवीं शताब्दी के जाने-माने ब्रिटिश कवि रॉबर्ट हेरिक की कुछ पंक्तियों की याद दिला रहा है—

तुम जब तक चाहो तब तक
गुलाब की कलियों को
इकट्ठा कर सकते हो।
पर पिछला समय अभी भी उड़ रहा है;
और वही फूल जो आज मुस्कुरा रहे हैं,
कल मुरझा जाएंगे।

आत्मज्ञान एक सुंदर धागा है, जो न जाने कितने सालों से बुना जा रहा है और इतने वर्षों के बाद भी शब्दों में व्यक्त होकर, आज भी हमारे लिए गूंज रहा है।

अपने जीवन को खिलने दें

कभी-कभी हम लोगों का ध्यान, आने वाले कल और बीते हुए कल के बारे में सोचने में चला जाता है और इसी उधेड़बुन में हम इस पल को पाने में सफल नहीं हो पाते हैं। और कभी-कभी हमें यह महसूस होता है कि आज के पास हमें देने के लिए बहुत कम बचा है कि इकट्ठा करने के लिए हमारे पास सुंदर गुलाब की कलियाँ नहीं हैं। बहुत से लोग, इसी तरह के निराशा के भाव में जी रहे हैं।

हो सकता है, जीवन कभी-कभी एक वीरान रेगिस्तान की तरह लगे लेकिन वे बीज जिनमें एक शानदार बगीचा बनने की क्षमता है, धरती के अंदर बस उस दिन के इंतज़ार में मौजूद हैं कि कब उनके उगने के लिए सही समय आएगा। वे हमारे अंदर उस पल से हैं, जब हमने जन्म लिया था। हमारा काम है जमीन को पानी देते रहना और स्पष्टता के प्रकाश को आने देना ताकि हम उस बीज को वह दे पाएँ, जो उस बीज को बढ़ने के

लिए चाहिए। और जब हम ऐसा करेंगे तो रेगिस्तान में फूल खिलेंगे और ये हर रंग में खिलेंगे। शांति भी अपने-आपको प्रकट करना चाहती है। शांति आपको बताना चाहती है कि वह वहाँ है। शांति भी खिलना चाहती है।

मैं यह सोचकर हमेशा हैरान हो जाता हूँ कि हमारे अंदर के बीज में कितना अधिक लचीलापन और धैर्य है। वे फूल बनने के लिए जीवन भर धूप और पानी के लिए इंतज़ार करते हैं। वे कहते हैं, "मैं तैयार हूँ, बारिश और धूप जब भी आए।" और यही हमें याद रखने की जरूरत है, चाहे कितने भी दिन हमने अपने जीवन को रेगिस्तान समझा हो, हमारे पास हमेशा खिलने की एक क्षमता है।

पेड़ों से सीखना

प्रकृति में हर एक वस्तु का अपना एक स्थान है और उनका एक-दूसरे के साथ अपना एक रिश्ता भी है। उसका एक उद्देश्य है और वह उसे पूरा करने की कोशिश करती है। फिर भी कभी-कभी हम अपना उद्देश्य और अपने खिलने की क्षमता को भूल जाते हैं।

शायद हम पेड़ों से कुछ सीख सकते हैं। क्या आप जानते हैं कि हाल ही में किए गए वैज्ञानिक अनुसंधानों से पता चला है कि कुछ पेड़ों के अंदर "हृदय की धड़कन" होती है? वे रात में अपनी टहनियों को ऊपर-नीचे करते हैं, जिससे उनके शरीर से पानी की धीमी नाड़ी बहने लगती है, वे ठीक हमारी ही तरह अस्तित्व के मास्टर रणनीतिकार हैं। वे समझ जाते हैं कि उन्हें अपनी प्रजाति को बचाने के लिए क्या करना है। वे अपने बीजों को इस तरह सँभालते हैं, ताकि वे खूब अच्छी तरह बढ़ें। अपने इस रूटीन पर उन्होंने सालों साल काम किया है, इसी कारण से उनकी संख्या तीस अरब से भी अधिक है—यद्यपि हममें से कुछ लोग अपने स्वार्थ के लिए पेड़ों की संख्या कम कर रहे हैं।

पेड़ अपने आपको उस वातावरण के हिसाब से ढाल लेते हैं जिसमें वे रहते हैं, ताकि वे एक सफल पेड़ बन सकें। मैंने पहाड़ों में ऐसे बहुत से स्थान देखे हैं, जहाँ चट्टानों में छोटी-सी दरार होती है और वहाँ पर

किसी पेड़ के उगने की कोई संभावना नहीं होती है, फिर भी वहाँ पेड़ उगे हैं—ठीक उन्हीं दरारों में। जो यह पेड़ ढूँढ़ रहा था, वह उसे मिल गया और उसने उस अवसर को पकड़ लिया।

चाहे हमारी जो भी परिस्थिति हो, जो भी हमारा वातावरण हो, हमें अपनी आंतरिक प्रकृति को पूरी तरह अभिव्यक्त करने के लिए, रास्ता ढूँढ़ने की जरूरत है। ऐसा करने के लिए हमें किसी भी अवसर को टालना या नज़र-अंदाज़ नहीं करना चाहिए, किसी भी अवसर को कल पर नहीं छोड़ना चाहिए। भले ही हमारे आसपास की ज़मीन बंजर भी लगे तो भी उसके अंदर एक अद्‌भुत दुनिया है, जिसमें उपजाऊ बनने की पूरी क्षमता है। अगर हम अपने जीवन में स्पष्टता की धूप और समझ के पानी को लाएँ तो हमारा रेगिस्तान भी खिल उठेगा।

पूरी तरह जागना

हमारे जीवन के फलने-फूलने में बाधाएं क्यों आती हैं, यह शोर क्यों जीवन के संगीत को अक्सर मिटा देता है? क्योंकि, हम भूल जाते हैं कि हमारे लिए महत्वपूर्ण क्या है। शांति के सफर की शुरुआत होती है उस चीज की सराहना से जो सबसे सरल लेकिन महत्वपूर्ण है और वह है हमारा अस्तित्व—कि हम जीवित हैं। आत्मज्ञान की शुरुआत, यहां से होती है। हमारे पास हमेशा अवसर होता है, इस जीवन के लिए आभार व्यक्त करने का, हर एक श्वास के लिए धन्यवाद देने का, बजाय इसके कि हम अपने ध्यान को इधर-उधर लगायें।

जीवित होने के लिए, आखिरी बार कब आपने दिल से आभार महसूस किया? मैं सिर्फ उन विचारों की बात नहीं कर रहा हूँ, जो किसी अरथी को देखकर आपके मन में आते हैं—"मैं बहुत खुश हूँ कि मैं उस अरथी में न होकर जीवित हूँ।" मेरा मतलब पूरी तरह दिन और रात के प्रति सचेत रहना, सचमुच में अपने अस्तित्व को 'महसूस' करना।

मनुष्य होना जीवन का एक उत्सव है। कितना अच्छा होता है, जब हम जीवित होने के लिए आभारी होते हैं—आभारी उन लोगों के लिए

जिनसे हम प्रेम करते हैं, आभारी सूरज की किरणों और बारिश की बूंदों के लिए, आभारी मौसम के लिए, आभारी जीवन के मधुर संगीत के लिए, आभारी जीवन के उपहार के लिए। आभार के बिना, जीवन एक ऐसी सामाजिक व्यस्तता है, जिसमें हम नहीं होना चाहते हैं—"हेलो, मुझे आमंत्रित करने के लिए धन्यवाद! बाय।" पर अगर हृदय में आभार है तो हम इस पार्टी की जान और आत्मा बन जाते हैं, जिसे जीवन कहते हैं।

याद रखने वाली बात

दो दीवारें हैं—जन्म और मरण—और जब हम उस दूसरी दीवार के नज़दीक पहुँचने लगते हैं, जो हमने अपनी कल्पना से बनाई है तो हमारे मन में डर सा बैठ जाता है। मृत्यु की चिंता बहुत बड़ी, बुरी और ध्यान को भटकाने वाली चीज हो सकती है—शायद सभी समस्याओं से बड़ी। अगर हम सावधान नहीं रहेंगे तो अपना जन्मदिन तो हम साल में एक बार मनाएंगे, पर मृत्यु के बारे में हर दिन सोचेंगे। और यह सबसे बड़ी विडम्बना है। मृत्यु की चिंता में बिताया हर पल, इस अनमोल जीवन की बर्बादी है। हमारी हमेशा जीने की इच्छा, इतनी प्रबल होती है कि हम आज को ही जीना भूल जाते हैं।

चाहे हम जितनी भी कोशिश कर लें, एक समय के बाद उस दूसरी दीवार के पार जाने से बच नहीं सकते हैं। यहाँ तक कि हममें से सबसे अधिक समझदार—या शायद मुझे यह कहना चाहिए कि अक्सर हममें से सबसे सयाना—भी इस प्राकृतिक सत्य से विचलित हो जाता है कि हम यहां हमेशा, रहने वाले नहीं हैं, सबको एक दिन जाना है।

इसके बारे में एक पुरानी कहानी है, जो मुझे बहुत पसंद है। एक बार एक डॉक्टर था, वह सचमुच में बहुत ही बुद्धिमान था—सचमुच, सचमुच बुद्धिमान और सबलोग उसे बुद्धिमान मानते भी थे। उसने अपने जीवन के काफी साल लोगों का इलाज करने में लगाए थे, पर अब उसे लगने लगा था कि मृत्यु उसके करीब है और वह जाना नहीं चाहता था। तो उसने एक योजना बनाई।

वह जानता था कि मौत सिर्फ उस अकेले को ही ले जाएगी, दो को नहीं। तो उसने बिल्कुल अपने जैसा ही एक और पुतला बना लिया। वह बिल्कुल उसके ही जैसा था और उसे अपने बनाए हुए पुतले पर, बहुत गर्व था।

एक दिन बिना किसी सूचना के मृत्यु आई और उसने दो डॉक्टरों को बिस्तर पर लेटे हुए देखा। उस डॉक्टर को यह आभास हो गया था कि उसकी मृत्यु होने वाली है, इसलिए वह पहले से ही अपने बनाए हुए पुतले के बगल में जाकर लेट गया। उसने बहुत चालाकी दिखाई। यह पुतला सचमुच में हूबहू उसकी नकल था तो मौत हैरानी में पड़ गई "मैं तो सिर्फ एक को ही ले जा सकती हूँ; किसे ले जाऊँ?" उसने सोचा।

उसने एक मिनट के लिए सोचा, फिर वह बोली, "डॉक्टर साहब, बधाई हो! आपने इतना अद्भुत काम किया है, ठीक अपने जैसा एक और पुतला बना लिया, पर आपने एक गलती कर दी।"

डॉक्टर वहाँ लेटा हुआ था और मृत्यु के शब्द बार-बार उसके मन में घूमने लगे। उसने अपने मन में सोचा—क्या गलती? मैं गलती कैसे कर सकता हूँ? ऐसा हो ही नहीं सकता है।

थोड़ी देर बाद डॉक्टर से रहा नहीं गया और उसने कहा, "पर मैंने कोई गलती नहीं की है!"

तब मृत्यु ने कहा, "यही! यही गलती की!"

डॉक्टर अपने घमंड के कारण चला गया। हम लोग परफेक्ट प्राणी नहीं हैं—माफ कीजिएगा, अगर यह आपके लिए नई खबर है—और हम अपनी मृत्यु से बच नहीं सकते हैं। बुद्धिमानी यही समझने और पहचानने में है कि हम हर एक दिन को पूरी तरह आँखें खोलकर, साफ देखकर और आनंद व संतुष्टि के हर एक अवसर को अपनाकर जियें।

नदी को पार करना

कबीर का एक भजन है जिसमें वे कहते हैं—"आप नदी में बहने वाली

कागज़ की सिर्फ एक छोटी सी नौका हैं।" कितनी अच्छी बात कही उन्होंने, क्योंकि जैसे-जैसे आप जीवन की नदी में बह रहे हैं, आपके साथ क्या होगा? कागज़ भीगता जा रहा है और घुलता जा रहा है, मतलब धीरे-धीरे उसका रूप बदल रहा है और वह पानी में मिल रहा है और इस तरह एक दिन इसका अंत हो जाता है।

साथ ही, आपको यह भी पता होना चाहिए कि इस जीवन का आनंद लेने के लिए आप आज़ाद हैं। आपके पास वो हर एक चीज़ उपलब्ध है, जो अपने अस्तित्व के उद्देश्य को पूरा करने और जीवन के असली आनंद को लेने के लिए जरूरी है। ये सब तभी शुरू होता है, जब आप अपने हृदय के अंदर आभार से शांति तक और शांति से आभार तक का निरन्तर संबंध स्थापित करते हैं।

मैं दूसरी दीवार की सच्चाई को इसी तरह देखने की कोशिश करता हूँ। मैं कहता हूँ—"कोशिश करो" क्योंकि हम लोगों में किसी के पास हर समय स्पष्टता नहीं रहती है। अपने अंदर की शांति से जो आनंद मिलता है, मैं उसके हर पहलू को महसूस करके पूरी तरह उसे जीना चाहता हूँ। जब मैं उस अवस्था में होता हूँ, मैं हमेशा ऐसे खुश रहूँगा जैसे वह दिन कभी समाप्त ही न हो। पर मैं ये भी जानता हूँ कि कभी-न-कभी रात भी आएगी।

मैं मृत्यु से नहीं डरता हूँ। इससे मुझे हर एक पल को अच्छी तरह अनुभव करने की प्रेरणा मिलती है और इसके महत्व का भी पता लगता है। मेरे लिए, किसी भी और तरीके से जीना काफी नहीं है; यह उस सामान्य धन का आनंद लेने जैसा नहीं है, जो हमें मिला हुआ है। मेरे लिए किसी भी और तरीके से जीना एक समझौता है।

सभी चीज़ें अस्थायी हैं

मैं यह जानता हूँ कि एक दिन यह शरीर नहीं रहेगा। और जब मेरा शरीर नहीं रहेगा, मेरे सारे विचार और अनुभव इसके साथ चले जाएंगे। फिर क्या रह जाएगा? इस दुनिया में ऐसा कुछ भी नहीं है, जो मेरा है। हो

सकता है कि कभी मैं कहूँ, "ओह! वह मेरा है और यह मेरा है", पर ये सब अस्थायी हैं। हर चीज़ जिसे मैं अपना कहता हूँ, वह एक दिन मेरी नहीं रहेगी।

इस बात पर मुझे एक कहानी याद आ रही है जो मुझे बहुत पसंद है। यह मैसेडोनियन शासक और सेना के कमांडर सिकंदर की है। हालांकि इसके काल्पनिक होने की काफी संभावना है। इस कहानी के अनुसार, अपनी मृत्युशय्या पर पड़े सिकंदर ने कहा, "मेरी तीन इच्छाएं हैं—मेरे ताबूत को सिर्फ मेरे डॉक्टर ही उठाएंगे। कब्रगाह तक के मेरे रास्ते में सोना, चांदी और नग बिखेरने होंगे। मेरे हाथ, मेरे ताबूत से बाहर लटकते रहेंगे।"

वहाँ उपस्थित उसके सभी मित्र और सलाहकार दुविधा में पड़ गए। उनका सबसे प्रिय सेनापति आगे आया और उसने पूछा कि "ये सब इतना जरूरी क्यों हैं?" सिकंदर ने कहा, "मैं चाहता हूँ कि लोग यह जानें कि अंत में डॉक्टर भी कुछ नहीं कर सकते और न ही वे हमें मृत्यु से बचा सकते हैं। मैं चाहता हूँ कि लोग यह समझें कि सारा जीवन हम जिस धन को कमाने में लगे रहते हैं, वह कीमती समय की बर्बादी है। और मैं चाहता हूँ कि लोग यह जानें कि हम सभी इस दुनिया में खाली हाथ आए थे और खाली हाथ जाएँगे।"

हां, हम सभी को खाली हाथ ही जाना है। और इस जीवन में जो सचमुच मेरा है, वह सिर्फ शांति और आत्मज्ञान है। यही मेरी असलियत है। एक बार यह जीवन चला गया तो सिर्फ लोगों के दिलों में मेरी जो यादें हैं, वे रह जाएंगी।

याद करें, जब आप किसी के घर में जाते हैं और आपका समय वहाँ बहुत अच्छा बीतता है। हो सकता है वहाँ भोजन और कमरे की सजावट बहुत ही अच्छी रही हो। पर कुछ देर के बाद जब आपका भोजन पच जाता है और आप यह भी भूल जाते हैं कि कमरे की सजावट कैसी थी तब भी एक चीज आपके पास हमेशा रह जाती है और वह है वहाँ आनंद में बिताये हुए पल। आप उसी अनुभव को वहाँ से ले जाते हैं और वही काफी है।

अनंत को एक निमंत्रण

अरबों साल तक, मैं और आप कुछ भी नहीं थे। भविष्य में भी अरबों साल तक हम लोग कुछ भी नहीं रहेंगे। यहाँ जो हमारा समय है, वह विशेष है। हमारा काम है—इन मिनटों, घंटों और दिनों को सफलतापूर्वक जीना।

आपको मेरा निमंत्रण यह है, इस शाश्वत आज में आप आंतरिक शांति का अनुभव कीजिए। आपका जीवन यहाँ सीमित है, पर आपके पास यह अवसर है कि उससे आगे बढ़कर, कुछ दिनों के लिए आप उस असीम से जुड़ सकें—जो इस अस्तित्व का आनंद है। उस सर्वव्यापक शक्ति का सचेत होकर अनुभव करने का यह वो तरीका है, जिसका वर्णन मैंने पहले किया था।

यह अवसर हम नश्वर प्राणियों के लिए है कि हम अविनाशी के साथ मिल सकते हैं। अगले अध्याय में हम इसी शाश्वत दुनिया के अनुभव की बात करेंगे।

अध्याय 3

अनंत शांति में अपने आपको जोड़ें

बचपन में, जब मैं देहरादून में रहता था तो सर्दी शुरू होने से पहले के कुछ दिन बड़े जादुई होते थे, तब आसमान खूब गहरा नीला होता था और हिमालय की हवा बहुत साफ होती थी। हर सुबह, घास और पौधों पर ओस की बूंदों की चमक होती थी और सूरज की पहली किरण, हवा में मौजूद पानी को रोशन कर देती थी, जिससे ओस की बूंदें हीरों की तरह चमकने लगती थीं। वो ओस की बूंदें बहुत ही नन्हीं सी होती थीं, पर वे छोटे से सूरज की तरह चमकती थीं।

जैसे ही सूरज हवा में गर्मी पैदा करता था, ओस की बूंदें अपने पीछे ताज़गी भरे सवेरे का दृश्य छोड़कर सूख जाती थीं, आकाश बिल्कुल स्वच्छ हो जाता था, आप आसमान में जैसे अनंत तक स्पष्ट देख सकते थे। ऐसा महसूस होता था, मानो उन दिनों समय रुक जाता था। धीरे-धीरे, दोपहर में लहराते बादल मानो चांदी के किनारों के साथ निकल आते थे।

मेरे घर के सामने वाले बगीचे में मैगनोलिया के दो पेड़ थे। मैं प्रायः उन पेड़ों के नीचे बैठता था। हमारी दीवार पर स्वीट पी की बेल थी, जिसमें हर एक बेल पर प्यारा छोटा सा फूल रहता था और उसकी खुशबू इतनी प्यारी और सुगंधित होती थी, मानो लैवेंडर हो। वहां वे फूल भी थे, जिन्हें हम डॉग फ्लावर्स कहते हैं—कुछ लोग इन्हें स्नैपड्रेगन के नाम से जानते हैं—और हम उनके सिर को दबाते थे तो ऐसा लगता था, मानो वह अपना मुंह कभी खोल रहे हों या बंद कर रहे हों और हमारी ओर देखकर चुपचाप भौंक रहे हों। मुझे वहां बैठना, बहुत अच्छा लगता था।

एक दिन मैं इस इच्छा के साथ बाहर बगीचे में गया कि मैं उस पल की यादों को हमेशा के लिए पकड़कर रख लूं। मुझे याद है कि मेरा हृदय, उस दिन के लिए पूरी तरह से खुला हुआ था और मैं वहां घूमता हुआ, हर चीज जो वहां उग रही थी, उसे देखकर खुश हो रहा था। कुछ देर बाद, मैं एक मैगनोलिया के पेड़ के नीचे बैठ गया और बादलों और फूलों को देखने लगा। उस समय मेरे अंदर, एक प्रबल भावना उत्पन्न हुई कि जिस भी शक्ति ने मुझे बनाया, उसी ने इन मैगनोलिया के पेड़ों को भी बनाया, इस महकते फूल और बगीचे में ओस की बूंदें डालीं, सूरज को क्षितिज से क्षितिज तक ले गया और उन घने बादलों को नीले आकाश में तैरने के लिये बनाया। उस क्षण, वह शक्ति जिसने मुझे बनाया—चाहे वो पुरुष हो या नारी या वो जो भी हो, उसने बहुत संवेदना से कहा—"बस अनुभव करो!"

यह एक सुंदर भाव था, उस उत्तम क्षण के लिए। बस महसूस करो।

उसके बाद से, मैं उस मैगनोलिया पेड़ के नीचे बैठ जाता था और उस एक एहसास में जा सकता था—जहाँ मेरी कोई चाहत नहीं, कोई ख्वाहिश नहीं, अंदर से कुछ करने की जरूरत नहीं। बस वहां होना ही अच्छा लगने लगा।

तब से एक आवाज मुझसे कहती आयी है, "यह दिन तुम्हारे लिए है।" और इसका मतलब है उस दिन वहां उस बगीचे में, जैसा मैंने महसूस किया। आज के दिन भी जिसमें मैं जीवित हूँ, उस भावना को मैं वैसा ही महसूस कर सकता हूं।

भावना में बने रहना

मेरा वह अहसास नहीं बदला। यह सचमुच नहीं बदला। पर मैं जानता हूँ कि कई बार, उस अनुभव के ऊपर मैं कई चीजों की परत लगा देता हूँ। आप शायद जानते हैं कि मैं क्या कह रहा हूँ—"मुझे यह चाहिए, मुझे वह चाहिए। इसे ऐसे होना चाहिए और इसे वैसे होना चाहिए। मैं यह हूँ और मैं वह हूँ। और फिर, मुझे यह करना चाहिए, मुझे वह करना चाहिए।"

कभी भी, बाहर जाकर उस ताजी नयी सुबह को पकड़ने के बजाय,

मैं अपने आपको समस्याओं और चिंताओं से परेशान पाता हूँ। यह मुझे बताता है कि मेरे जीवन की समस्याएं, मेरे जीवन पर हावी होने का खतरा पैदा कर रही हैं। हाँ, कोई ऐसा जो चार साल की उम्र से शांति की बात कर रहा है, वह भी कभी-कभी अपने अंदर की स्पष्टता से जुड़े रहना मुश्किल पाता है। यह शोर और अज्ञानता का अँधेरा, इतना शक्तिशाली हो सकता है।

वह दिन, उस बगीचे में मेरे लिए था और मैं यह समझ गया था कि मुझे कभी भी वह भावना छोड़नी नहीं है। मैंने वह गहरा सम्बन्ध, बार-बार अपने जीवन में महसूस किया है। यह मेरी सच्चाई है—पूर्ण शांति की भावना और उसके अलावा सबकुछ शोर है। कभी-कभी यह शोर आनंददायक होता है, कभी-कभी यह परेशान कर देने वाला होता है। पूर्णता केवल बचपन के उस पल को याद करना ही नहीं है, बल्कि उस भावना को हर पल अपने जीवन में जीता जागता अनुभव करने में है।

शांति में सभी आशीर्वाद शामिल हैं

मैंने बगीचे के अपने अनुभव पर कई बार विचार किया है। मैंने यह जाना है कि हमारे अंदर जो शांति है, वह किसी अन्य चीज के बारे में नहीं है, वह बस शांति है। शांति वहां कोई और काम करने के लिए नहीं है, वह बस वहां होने के लिए है। शांति अपने मकसद और महत्व के लिए किसी बाहरी चीज पर निर्भर नहीं है, वह बस सरल रूप से वहां है। यह कुछ ऐसा है, जो सिर्फ आपके लिए है। यह किसी के बारे में, किसी चीज पर या किसी और व्यक्ति पर निर्भर नहीं है। जैसे कि मैं अपने बचपन में उस पेड़ के नीचे बैठा हुआ, उस एहसास में रहा—यह शांति है।

ये वही अनुभव है, जिससे मैं तब जुड़ना चाहता था और ये वही है, जिसे मैं हमेशा अपने जीवन में जानना चाहता हूँ। वह शांति का अनुभव मेरा सबसे गहरा एहसास है। पर शांति का अनुभव मुझसे या आपसे ज्यादा किसी और चीज का भी हिस्सा है। मेरे चले जाने के बाद, आपके चले जाने के बाद भी शांति की सम्भावना हमेशा जीवित रहेगी, ब्रह्मांड के हर एक कण में, हमेशा। यह अनंत है। जब हम महसूस करते है, तब हम

उस अनंत शांति से जुड़ते हैं।

सभी अच्छी भावनाएं, जो आंतरिक शांति से प्रवाहित होती हैं वे अपने आपमें भी पूर्ण हैं। आपके अंदर जो आनंद है, वह किसी अन्य चीज से जुड़ा नहीं है, वह तो बस आनंद है। वह प्रेम जो आपके अंदर है, वह किसी पर निर्भर नहीं है या किसी और के बारे में नहीं है, वह असली प्यार है। आपको स्पष्टता चाहिए ताकि आप अपने अंदर मौजूद शांति का अनुभव कर सकें और अपने आसपास का संसार देख पायें। पर एक स्पष्टता ऐसी भी है, जो असली स्पष्टता है—जिसे जैसी वो है, वैसे ही महसूस करने और आनंद लेने की जरूरत है, न कि वह जो कर सकती है उसके लिए।

यहाँ एक जरूरी बात है—शांति के अंदर सारे आशीर्वाद शामिल हैं—पर किसी भी चीज में वह शांति शामिल नहीं है। शांति में वह आनंद है, पर केवल वह आनंद ही शांति नहीं है। शांति में दया है, पर केवल दया ही शांति नहीं है। शांति में वह स्पष्टता है, पर केवल स्पष्टता ही शांति नहीं है। यह सिर्फ एक ही चीज के पहलुओं को बताने के लिए अलग-अलग शब्द हैं। शांति में होना एक अनोखी स्थिति है।

बिना सोये कैसे सोएं ?

एक बार किसी ने मेरे पिताजी से पूछा, "अपने भीतर उस गहराई में जाकर शांति के साथ जुड़ना कैसा लगता है?" उन्होंने जवाब दिया, "यह ऐसे है मानो नींद में हैं, पर सोये नहीं हैं।"

जब पहली बार मैंने यह बात सुनी, मैं गाड़ी चला रहा था और मुझे गाड़ी सड़क के किनारे रोकनी पड़ी। मुझे यह बहुत गहरी बात लगी। उस स्थिति में होने की कल्पना करें—जैसे बिना सोये सो जाना। उन दो स्थितियों का एक हो जाना। कल्पना करें कि बिना सोये वह नींद, कितनी गहराई से तरोताजा कर देने वाली होगी।

जब हम अपने भीतर से कुछ और होने की जरूरत को हटा देते हैं, तब हम स्वतंत्र होने का जबरदस्त एहसास कर सकते हैं। हमारे कन्धों से लगाव का बोझ उतर जाता है। क्या हम मनुष्य, यह क्षमता रखते हैं

कि हम किसी चीज को जैसी वो है वैसे ही अनुभव कर पाएं? सिर्फ यह नहीं कि वह हमें क्या कर पाने में समर्थ बनाती है? हो सकता है कि यह हमारी कामकाजी दुनिया के विपरीत हो, पर मुझे लगता है कि हम सक्षम हैं। शांति हम सभी के लिए संभव है, पर इसके लिए हमें उसे अनुभव करने का विकल्प चुनना पड़ेगा, न कि उस शांति को बनाने की कोशिश।

स्पष्टता को अनदेखा करना

शांति हमारे ही अंदर है, पर फिर भी बहुत से लोग इसे कभी महसूस नहीं कर पाते। यह सब जगह है फिर भी दिखाई नहीं देती। एक तरह से देखें तो यह रोशनी की तरह है। खिड़की से बाहर देखिये, आप एक दीवार देख सकते हैं। यदि आप करीब से देखें तो आप उस दीवार में ईंट देख सकते हैं और यहाँ तक कि ईंटों के बीच गारे को भी देख सकते हैं। यदि आपके पास पैनी नजर है तो आप ईंटों पर मौसम का असर भी देख सकते हैं, परछाईं का चिह्न भी और वे कई रंग भी आप देख पाएंगे जो सूरज की रोशनी या चाँद की रोशनी या गली की रोशनी से उभरते हैं। और उस दीवार पर दूसरी सतहों से भी रोशनी की कुछ झलक दिखायी देती है। हर एक झलक जो उस दीवार पर पड़ती है, उस रोशनी में छाया जोड़ती है। हम दीवार तो देखते हैं पर वो रोशनी नहीं देखते हैं, क्योंकि रोशनी हर जगह है।

प्राकृतिक रोशनी हमारी ओर से संसार को रोशन करने के लिए नहीं है—यह रोशनी की सिर्फ एक अद्भुत और जीवन देने वाली कृपा है कि वो रोशनी है। आंतरिक शांति के साथ भी यही बात है, हम अपने आसपास के संसार पर उस रोशनी के प्रभाव की सराहना कर सकते हैं, पर हमें उस रोशनी के मूल तत्व की भी सराहना करनी चाहिए जो स्वयं अपने आपमें कुछ है।

कभी-कभी जो सबसे बढ़िया चीज हम कर सकते हैं वो है—सिर्फ होना। अक्सर हमारी रोजमर्रा की जिंदगी की परेशानियां हमारे ध्यान को हमारे अंदर की दुनिया को महसूस करने से दूर हटा देती हैं। अपने अंदर की सच्चाई को जाने बिना हम अपने जीवन को बाहरी दुनिया के रंगों से

प्रभावित होकर जीते हैं। जब हम स्वयं को इस प्रकाशमान अस्तित्व के हिस्से के रूप में पहचानने लगते हैं और यह समझने लगते हैं कि हम आगे भी रहेंगे तो ये समझ जीवन के बारे में हमारे अनुभव को बदल देती है।

समय से परे का आज

हम अपने बचपन की तस्वीर देखते हैं या अपने बच्चों की तस्वीर देखते हैं, जब वे छोटे थे और उन पुराने दिनों के बारे में सोचते हैं, जो बीत गए हैं। जब हम अपने पुराने दोस्तों से मिलते हैं, हम अक्सर ये कहते हैं, "कितना समय बीत गया?" उन पलों में हम ये महसूस करते हैं कि समय की नदी, अनंत के समुद्र की ओर तेजी से बढ़ रही है।

जब भी हम उन भ्रमित करने वाली चीज़ों के बारे में सोचते हैं, जिनके द्वारा हमारा समय बरबाद हुआ है तो यह चौंका देने वाला हो सकता है और यह अक्सर पछतावे और चिंता की भावना पैदा करता है। पर फिर हम अपनी रोजमर्रा की जिंदगी की व्यस्तता में लौट जाते हैं।

इससे पहले कि हमारे कार्यों की सूची, हमारी समस्या और हमारी चिंता हम पर फिर हावी हो जाये, हमें अपने आपसे यह प्रश्न पूछना चाहिए कि हमारे लिए समय का क्या मूल्य है? यदि हमें हर एक श्वास की कीमत का ही नहीं पता फिर हम समय का क्या महत्व समझेंगे? यदि अभी का यह क्षण मेरे लिए महत्वपूर्ण नहीं है तो बीता हुआ कल मेरे लिए कैसे महत्वपूर्ण हो सकता है? यदि यह क्षण मेरे लिए महत्वपूर्ण नहीं है तो आने वाला कल कैसे महत्वपूर्ण हो सकता है?

इससे कोई फर्क नहीं पड़ता कि हम क्या योजना बनाते हैं, इससे कोई फर्क नहीं पड़ता कि हम क्या करते हैं, इससे कोई फर्क नहीं पड़ता कि आने वाले समय में क्या होगा, हम सिर्फ इस समय में रह सकते हैं जिसे "अब" कहते हैं। बस वहीं हैं हम। चाहे हम छह महीने के हों या सौ साल के, इस जीवन यात्रा में हम सभी इस क्षण में जी रहे हैं। हममें से कई लोग यह मानते हैं कि हमारे लिए यहाँ और इसी क्षण में जीना जरूरी है, पर क्या हम इसका सच जानते हैं? क्या हम इस क्षण को गहराई से सराहते हैं? क्या हम इस क्षण के लिए, अपना आभार प्रकट करते हैं?

समय के बारे में सोचने का एक और भी तरीका है, जो हमारी सामान्य सोच से बहुत अलग है जिसके हम आदी हैं। पहली बार में इसे समझना थोड़ा मुश्किल हो सकता है, पर मैं आपके लिए इसे समझाने की कोशिश करूंगा। चलिए सामान्य समय से शुरुआत करते हैं। परंपरा यह है कि हम अपने समय को छोटे-छोटे भागों में बांटते हैं—साल, महीने, हफ्ते, दिन, घंटे, सेकंड्स, पल। बिजनेस, कारोबार समय से चलते हैं। ज्यादा से ज्यादा कर्मचारियों पर बहुत ही नजदीक से नजर रखी जाती है, यह जानने के लिए कि जब वे अपने काम पर होते हैं तो उस समय वह सही रूप से कितना काम करते हैं। कई बार यह पलों के आधार पर भी देखा जाता है। और यदि आपका कभी कोई कानूनी मसला रहा है तो आपने एक वकील की घंटे के हिसाब से लगने वाली फीस की तकलीफ को महसूस किया होगा।

अपने समय को इस तरह से बाँटना काफी सही है। यह समय की कीमत को समझने में उस समय मदद करता है, जब आप रात के खाने पर दोस्तों से मिलने की व्यवस्था कर रहे हैं या फ्लाइट पकड़ने जा रहे हैं या कोई संगीत कार्यक्रम देख रहे हैं। पर कुछ अलग दृष्टिकोण है कि हमें बड़े स्तर पर समय के बारे में कैसे सोचना चाहिए। विज्ञान, धर्म और दर्शनशास्त्र इस बात पर बहस करते हैं कि समय क्या है? और हमें उसे कैसे समझना चाहिए? अपने अनुभव से या ये कहें, जैसे स्थानीय भाषा का उपयोग करें तो—समय आगे बढ़ता रहता है। मैं यह पूरे विश्वास से कह सकता हूँ कि अगर आज मेरी टांग टूट गयी तो यह कल तक तो नहीं जुड़ेगी, पर शायद छह हफ्तों में जुड़ जाए।

हमारे पास समय का एक और दृष्टिकोण उपलब्ध है, जिसे हम तब प्रयोग कर सकते हैं, जब हम किसी गहरी चीज से जुड़ना चाहते हैं। हम समय के इस ढाँचे के अंदर या बाहर, जब भी चाहें आ-जा सकते हैं, पर ये तब होगा जब हमें पता हो कि वहां कैसे पहुंच सकते हैं। आप इसके बारे में इस तरह समझ सकते हैं—बाहरी दुनिया में हम समय के हर एक पल को एक इकाई की तरह देखते हैं, बीतते हुए लम्हों के समूह के रूप में, जैसे एक बहुत लम्बी मालगाड़ी पटरी पर जा रही हो। आंतरिक दुनिया में हम हर एक पल को उसकी संपूर्णता में महसूस कर सकते हैं जो शाश्वत है, अनंत है, समय से परे है। अंदर का समय अपने आपमें

ही एक शुरुआत है और अंत भी है, जैसे शांति, शक्ति और प्रकाश—यह सिर्फ वहां है।

इसे इस तरह सोचिये—आंतरिक पल में समय का आगे बढ़ना, समय के नृत्य में बदल जाता है। बिल्कुल वैसे ही, जैसे मैं समय से परे उस मैगनोलिया पेड़ के नीचे बैठा था। समय से परे, कालातीत आज में आप महसूस करने के लिए आजाद हैं। अपने आपको बेहतर बनाने या सत्य की खोज करने की कोई जरूरत नहीं—आपको वह असीम शांति मिल गई है, जिसे आप ढूंढ़ रहे थे। इस विचार से संबंधित मशहूर अंग्रेजी कवि विलियम ब्लैक के कुछ प्रसिद्ध शब्द हैं—

दुनिया को, एक रेत के कण में देखना।
स्वर्ग को, एक फूल में महसूस करना।
उस असीम को, अपनी मुट्ठी में पकड़ना
और अनंत काल को एक घंटे में।

जब हम असीम के बारे में सोच रहे होते हैं तब यह जानना जरूरी हो जाता है कि इस पल में हम इतने प्रसन्न और तृप्त हो सकते हैं जिसकी कोई सीमा नहीं है। बहुत से लोग दुःख के कारण मर जाते हैं, पर कोई भी व्यक्ति बहुत खुशी महसूस करने से कभी नहीं मरा है। आइए, हम अपने हृदय को आनंद से भरते हैं।

नेति-नेति

मैं जानता हूं कि असीम का विचार उलझाने वाला और निराश कर देने वाला होता है। हम इसे समझने के लिए अपने दिमाग का उपयोग करते हैं, परन्तु उस चीज के बारे में विचार करना मुश्किल हो सकता है, जो हमारी कल्पना में आसानी से फिट नहीं होती है। मेरा सुझाव है—अनंत के विचार को केवल अपनी बुद्धि से न समझें, अपने हृदय को भी प्रयास करके, इसे महसूस करने दें।

यहाँ कुछ है जो अनंत समय को थोड़ा और बेहतर तरीके से समझाने में मददगार हो सकता है। संस्कृत में एक कथन है जो अनुभव, व्याख्या

या परिभाषा से परे की स्थिति को पूरी तरह से व्यक्त करता है—जिसे कहते हैं नेति-नेति। सचमुच, इस शब्द का अर्थ है, "यह नहीं, यह नहीं" और यह दो शब्दों के मेल से बना है, जो हैं "न इति" या "ऐसा नहीं।" कभी-कभी इसका प्रयोग तब किया जाता है, जब कोई अपने ऊपर चढ़ी उन परतों को उतारता है जो वो नहीं है-"यह मैं नहीं हूँ, ना ही मैं यह हूँ, ना ही वो हूं।" जबतक वे अपने असली तत्व को न पा जाएं कि मैं कौन हूं। इस पुस्तक के द्वारा हम अपने अंदर की इस क्षमता को बढ़ाने के सफर में हैं जहां हम जब चाहें, वर्तमान समय और व्यस्त दिमाग को छोड़ कर, उस अनंत में प्रवेश कर सकें ताकि हमें सबसे पवित्र रूप में खुद का अनुभव हो सके।

अक्सर जब किसी को बहुत सुंदर अनुभव होता है तो वह इसे शब्दों में बयान नहीं कर सकता। संभवत: उनको ये भी नहीं पता कि अभी-अभी वे किस चीज से रूबरू हुए हैं। शायद आप जानते हैं यह कैसा महसूस होता है। कभी-कभी, अनुभव का सार उन शब्दों में नहीं समाता, जिनका हम उसे बताने के लिए उपयोग करते हैं। भाषा उपयोगी और सुंदर रूप से व्यक्त करने वाली चीज हो सकती है, पर यह मनुष्य के हृदय के अनुभव को व्यक्त करने में सदा सहायक नहीं हो सकती।

एक आवाज पूछती है, "वह क्या था जिसका तुमने अनुभव किया? क्या वह यह है? क्या वह वो है?"

और आप सिर्फ यह कह सकते हैं, "नहीं यह कुछ ऐसा नहीं या वैसा भी नहीं था।"

"पर उस पल में आप क्या कर रहे थे?"

"कुछ नहीं!"

"आप क्या सोच रहे थे?"

"कुछ नहीं!"

"तो, आपने क्या महसूस किया?"

"सबकुछ!"

अगर हम अनुभव को आसानी से समझा नहीं सकते तो लोग यह सोच सकते हैं कि यह स्वाभाविक रूप से जटिल ही होगा। पर अक्सर

अनुभव को समझाने की कोशिश ही कठिन होती है, न कि अनुभव।
इसके बजाय कि असल में क्या हुआ उसकी एक स्पष्ट और पूरी तस्वीर
दिखाई जाये, कभी-कभी हम केवल क्या हुआ, उसकी एक झलक पेश
कर पाते हैं। और कभी-कभी अनुभव जानने लायक तो होता है पर व्यक्त
करने लायक नहीं होता। यहाँ इस बारे में कवि रूमी द्वारा लिखी कुछ
पंक्तियां हैं—

कोई तो वह स्पर्श है,
जिसे हम अपनी पूरी जिंदगी चाहते हैं।
आत्मा का इस शरीर पर स्पर्श।
समुद्र का पानी,
मोती से सीप को अलग करने की,
गुजारिश करता है।
कुमुद का फूल,
पूरी तरह उत्साहित होकर,
किसी पागल प्रेमी को पाने की,
चाहत रखता है।
मैं रात को खिड़की खोलकर,
चाँद को आने के लिए,
आमंत्रित करता हूँ।
उसे अपने चेहरे से,
मेरे चेहरे को स्पर्श करने का,
निवेदन करता हूँ।
मुझमें साँस ले,
भाषा के दरवाजे बंद कर दे,
और प्रेम का झरोखा खोल दे।
चाँद दरवाजे का प्रयोग नहीं करेगा,
वह तो केवल झरोखे से आएगा।

जब मैं अपने देहरादून वाले घर के उस बगीचे में गया तो मैं यह नहीं
सोच रहा था कि, "अब मुझे एक अद्भुत अनुभव होगा।" मैं बिना जाने
हर एक पल का थोड़ा अधिक आनंद लेने लग गया। और फिर मेरे अंदर
एक अचरज प्रकट हुआ, यह सरल था और मैंने इसे होने दिया। मेरा

झरोखा खुला हुआ था।

ऐसा भी एक समय होता है, जब लोग बगीचे में जाते हैं, उन्हें दृश्य और खुशबू मोहित कर लेते हैं। वे अपने साथ लाई गई कैंची से फूल काटते हैं और घर ले आते हैं, मैंने ऐसा किया है। अपने घर के अंदर, उस बगीचे का थोड़ा सा रंग और खुशबू ले आना अच्छा लगता है। पर कभी-कभी हमारे लिए वह मौका होता है कि हम सरलता से उस सुंदरता को सराह सकें—जैसी वह है वैसे ही, उसे बदलने की कोई जरूरत नहीं। एक फूलदान में प्रकृति का होना अच्छा लग सकता है परन्तु प्रकृति के साथ, जैसी वो है वैसे ही होना, एक शानदार रूप से पवित्र और गहरा अनुभव हो सकता है।

सच्चाई को बाहर लाना

आंतरिक शांति को समझने के लिए, स्वयं के सहज रूप और सुंदरता को प्रकट करने के लिए, हमें अपनी बौद्धिक अवधारणा को हटाना पड़ेगा। आप शांति को बनाते नहीं हैं बल्कि आप सिर्फ उसके ऊपर से परदा हटाते हैं जो आपके अंदर है, ठीक वैसे ही जैसे किसी ऐसी चीज को अलग करना जिसकी जरूरत नहीं है।

लोग बात करते हैं कि वे किसी रहस्य को जानना चाहते हैं, पर यही वह रहस्य है, जिसे हम ढूंढ़ रहे हैं। चीजों को अलग करें ताकि हम अपने असली स्वरूप को उसकी पूर्ण सरलता में देख सकें, समझें और अनुभव कर सकें। फ्रेंच लेखक एंटोन दी सेन्ट-एक्सपेरी ने सरलता की सुंदरता को इन शब्दों में व्यक्त किया है, "पूर्णता तब नहीं है जब उसमें कुछ जोड़ने के लिए न बचा हो बल्कि वह तब है—जब उसमें से कुछ निकालने के लिए न बचा हो।"

एक पल के लिए आप अपनी पसंदीदा शर्ट या ड्रेस के बारे में सोचिये। अपनी कल्पना में अपनी अलमारी की ओर जाइये और उसे बाहर निकालकर बिस्तर पर रख दीजिये। उसकी एक अच्छी तस्वीर अपने दिमाग में रख लीजिये। जब आप वो शर्ट या ड्रेस पहनते हैं तो वह कुछ देर के बाद गन्दी हो जाती है। आप काम कर रहे हैं या खेल रहे

हैं, सफर कर रहे हैं, दौड़ रहे हैं या कुछ खा रहे हैं—तो यह आखिरकार मैली हो जाएगी। फिर आप उसे धोते हैं। धोने की प्रक्रिया क्या है? बहुत सरल। आप मैल को हटा देते हैं। आप सफाई कहीं बाहर से लाकर उसे शर्ट में नहीं डाल देते हैं। आप उसे हटा देते हैं जिसकी जरूरत नहीं है और जो चाहिए उसे रहने देते हैं, वह है साफ कपड़ा। अपने अंदर उस शांति को पाना भी वैसे ही है। आप शांति को अपने अंदर जोड़ते नहीं हैं, आप उसके अलावा हर चीज को अलग हटा देते हैं। आत्मज्ञान मौजूदा क्षण में अपने असली स्वरूप को चमकने देने के बारे में है।

यह मुझे याद दिलाता है एक कहानी की जो माइकेल एंजेलो और एक महान मूर्ति के रहस्य के बारे में है, "तुमने डेविड की यह सुंदर मूर्ति कैसे बना ली?" मूर्तिकार से पूछा गया। उसने उत्तर दिया, "अरे, मैं तो मूर्ति से सिर्फ उस हर चीज को छोटे-छोटे टुकड़ों की तरह छीलकर दूर करता रहा जो डेविड की तरह नहीं लगती थी।"

आत्मज्ञान का रास्ता अपनायें और आप बाकी हर दूसरी चीज को किनारे हटाकर, अपने ऊपर ध्यान देना शुरू कर देते हैं। तब आप स्थिर हो जाते हैं। जब दूसरे लोग हमारे जीवन में महत्वपूर्ण हो जाते हैं तब हम शायद ही कभी अपनी झलक देख पाते हैं। यह तब होता है, जब शोर हमारे जीवन पर हावी हो जाता है। हमें उस शोर को जाने देना चाहिए।

क्या आप उस स्थिति में होने की कल्पना कर सकते हैं जो इन सभी, ध्यान को भटकाने वाली चीजों से आजाद है? बाहर आपका यह शरीर है और निश्चित रूप से यह बदलेगा। पर आपके अंदर कुछ है जो वैसे का वैसा रहेगा, चाहे बाहर कुछ भी हो, चाहे दूसरे लोग कैसे भी हों। वह हैं आप, समय से परे।

न होने से होने की ओर

पर हम कैसे उसे जाने दें जो हमें नहीं चाहिए? हम शोर को कैसे जाने दें? मेरा एक सुझाव है—अपने अंदर नकारात्मक भावनाओं पर ध्यान न दें—बजाय इसके सकारात्मक को शक्तिशाली बनाएं।

होना और न होना सारे ब्रह्माण्ड में होता है। हम दोनों को पहचान

सकते हैं, पर जब बात हमारे जीवन की आती है, हमें यही चुनना चाहिए कि हम किसे सबसे अधिक मौजूद और शक्तिशाली बनाना चाहते हैं। मेरे अनुभव में यह ज्यादा बेहतर होगा कि बिना किसी फेरबदल के हम होने को बढ़ावा दें बजाय न होने के। यदि हममें साहस की कमी है तो डर आगे आ जायेगा। डर से लड़ने का सबसे अच्छा तरीका क्या है? अपने साहस को बाहर लाना और इसे एक बार फिर से स्थापित करना। यदि आप अपनी स्पष्टता के संपर्क में नहीं हैं तो दुविधा होगी। आप अपनी स्पष्टता को आगे लाकर, अपनी दुविधा को दूर कर सकते हैं। आप गलत चीजों को कैसे हटाएंगे? आप खुद से शुरुआत करके, लोगों को एक सचेत जिंदगी जीने में मदद करें। अँधेरे को खत्म करने के लिए, रोशनी को लाएं।

क्या आपको याद है कि स्कूल में टीचर आती थीं और पूछती थीं, "क्या सभी उपस्थित हैं?" यह सुनकर मुझे हमेशा हंसी आती थी। वह लोग जो वहां नहीं हैं, वे नहीं कह सकते, "नहीं, मैं यहाँ नहीं हूँ।" हम उसी के साथ काम कर सकते हैं, जो मौजूद है। हम नफरत से छुटकारा नहीं पा सकते। यदि हम नफरत को हटाते हैं तो वह एक खाली जगह छोड़ देगा। और इस प्रकृति में खाली जगह किसी न किसी चीज से भर जाती है। बजाय इसके, हमें प्यार को चुनना चाहिए। अगर प्यार नहीं है तो यह एक खाली जगह बनाता है, जो बहुत जल्दी नफरत से भर जाती है। प्यार को आगे लाइए और नफरत अपने आप समाप्त हो जाएगी।

जब आप जमीन में एक गड्ढे के बारे में सोचते हैं तो वह कुछ ऐसा है जो है या कुछ ऐसा जो नहीं है? क्या यह कोई ऐसी चीज है जिसका अपना कोई आकार है या फिर यह किसी दूसरी चीज का न होना है? गड्ढा केवल इसलिए होता है क्योंकि कुछ और है जो वहां नहीं है। आप गड्ढे को एक जगह से दूसरी जगह नहीं ले जा सकते। है ना? मैं गड्ढों पर अपनी राय आपके साथ इसलिए साझा कर रहा हूँ, क्योंकि यह हमारे अंदर किसी चीज के होने और न होने की स्थिति को समझने में हमारी मदद करेगा। कुछ पंक्तियां देखें—

दुःख क्या है? सुख का न होना।
भ्रम क्या है? स्पष्टता का न होना।
अंधेरा क्या है? रोशनी का न होना।
लड़ाई क्या है? शांति का न होना।

लड़ाई एक गड्ढा है, एक खालीपन, एक इन्कार। तो हम लड़ाई को कैसे रोक सकते हैं? इस गड्ढे को किसी और चीज से भरकर। और सबसे बढ़िया चीज जिससे इसे भर सकते हैं वो है—शांति। हम शांति को कहाँ पा सकते हैं? हर एक मनुष्य के अंदर। और हम लड़ाई रूपी गड्ढा कहाँ पा सकते हैं? हर एक मनुष्य के अंदर।

सरलता का मधुर संगीत

मैं एक बार विएना में एक संगीत के कार्यक्रम में गया। हॉल पूरा भरा हुआ था और वहां उत्साहित लोगों की बातचीत का बहुत शोर था। संगीतकार मंच पर आये और तैयारी करने लगे। फिर बातचीत और तेज हो गयी। कुछ लोग अपनी सीट लेने के लिए, आखिरी समय में आ रहे थे। उनके लिए दूसरे लोगों को उठना पड़ा और फिर बैठना पड़ा ताकि वे निकल सकें। सब गड़बड़ हो रहा था। मुझे सचमुच में यह अच्छा नहीं लग रहा था। असल में मैं महसूस कर सकता था कि मेरा दिमाग कितना अस्थिर हो रहा था। मैं आसानी से उठकर बाहर जा सकता था, पर टिकट बहुत मुश्किल से मिला था।

अचानक संगीतकार की तैयारी रुक गयी, संगीत के मार्गदर्शक बाहर आये, हरेक ने ताली बजाई और फिर सन्नाटा छा गया। एक सुखद, शांत पल था, जब म्यूजिक को कंडक्ट करने वाले संगीतकार ने अपनी छड़ी उठायी और बीच हवा में पकड़े रखी। और फिर संगीत शुरू हुआ। शुरुआती पलों में यह बहुत शांत था और आप उँगलियों की थिरकन के साथ तारों की हर एक गूंज को सुन सकते थे। मेरे लिए यह अद्भुत संवेदनशील अनुभव बन गया।

कभी-कभी हमारे अंदर भी कुछ ऐसा ही होता है। हमारे हृदय में एक संगीत का कार्यक्रम हो रहा है। कुछ लोगों के लिए तैयारी और हल्ला-गुल्ला सालों तक चलता है। दूसरों के लिए, छड़ी ऊपर जाती है और शांति आ जाती है फिर संगीत शुरू हो जाता है। शोर, शांति और संगीत, सबकुछ हमारे अंदर है।

इस अवसर पर, कभी-कभी एक ताल भी हो सकती है जो हमें नृत्य

करने के लिए प्रेरित कर देती है—एक ताल जो जीवन की उन बाकी तालों से अधिक शक्तिशाली है, जो हमारे आसपास बजती रहती हैं। आत्मज्ञान के द्वारा, हम अपने हृदय के अंदर असली धुन का अनुभव करते हैं और हम उस समय को अपना लेते हैं। उसपर केंद्रित होने से ऐसा ही महसूस होता है। इसके अलावा बाकी चीजें छूट जाती हैं। वहां सबकुछ शांत होता है और फिर हमारे हृदय में एक सुंदर संगीत बजने लगता है। उस स्थिति में आप अपने आपको सुनते हैं।

अलगाव, चाहत और चयन

क्या हमें अपने आसपास के संसार से पूरी तरह अलग होने की इच्छा करनी चाहिए? यह वह सवाल है जो अक्सर मुझसे पूछा जाता है। इस पर मेरा नजरिया बिल्कुल सरल है—आप सौ प्रतिशत अलग नहीं हो सकते। कोई भी जो इस रोजमर्रा की बाधाओं के उतार-चढ़ाव से मुक्त होकर जीने का दावा करता है, वह शायद भ्रमित है।

कुछ लोग परेशान होते हैं कि आत्मज्ञान हमारे अस्तित्व को सुस्त, वास्तविकता से दूर तथा काल्पनिक बना देगा। यह बात सही नहीं है। यदि हमें संतुष्टि मिल जाये तो क्या हम सब्जी बन जायेंगे (शायद एक आलू या कोई शलजम) जो एक स्थान पर पड़े रहेंगे? क्या हमारे आलू या शलजम जैसे दिमाग में कुछ भी दिलचस्प नहीं होगा या कोई आकांक्षा नहीं होगी? बिल्कुल नहीं! महात्मा बुद्ध के जीवन के बारे में मैंने कई कहानियां पढ़ी हैं, जिनसे मैंने जाना कि पहले उन्होंने बोधिसत्व, ज्ञान प्राप्त किया और फिर वे गंभीर रूप से महत्वाकांक्षी बन गए। वे अपने जीवन में पूर्णता प्राप्त करने के तुरंत बाद, शांति संदेश को हर जगह ले जाना चाहते थे।

मैं इस बात को बिल्कुल स्पष्ट करना चाहता हूं कि आत्मज्ञान हमारे बाहरी व्यक्तित्व को किसी ऐसे पूर्ण मानव में नहीं बदलता जिसके जीवन में समस्याएं या सवाल नहीं है। यह हमें वह स्पष्टता देता है ताकि हम पहचान सकें कि हमारे पास एक विकल्प है। हम कब जन्म लेंगे इस पर हमारा कोई वश नहीं है और न ही इस पर कि हम कब मरेंगे। इसके अलावा हर एक चीज पर हमारा वश है।

सचेत रूप से जीने का अर्थ है कि आपको यह पता है कि आपके पास विपरीत परिस्थितियों में भी हमेशा एक मौका है, ध्यान से चयन का। हम अचेत होकर जीते हैं, जब हम इस बात से अनजान होते हैं कि हम चुन सकते हैं या हम यह चुनते हैं कि हमें नहीं चुनना। एक आदमी की अज्ञानता दूसरे आदमी को भी अज्ञानता की ओर ले जाती है और अज्ञानता का यह चक्र चलता रहता है। और इसके परिणाम भी हैं। दूसरी तरफ, अपने चयन के अवसरों के बारे में सचेत होना, जबरदस्त रूप से सशक्त बनाने वाला और तृप्त कर देने वाला हो सकता है। अध्याय पांच में, मैं इस विचार पर वापस आऊंगा।

अपनी चिंताओं से ऊपर उठना

यह सोच लुभावनी हो सकती है कि यदि हम अपनी सारी चिंताओं से छुटकारा पा लें तो हमें शांति मिल जाएगी। मैं सिर्फ अपने अनुभव से कह सकता हूँ, अगर मैं खाने के बारे मैं सोचना बंद कर दूँ तो क्या मेरी भूख चली जाएगी? नहीं! और अगर कोई मुझसे कहे, "खाने के बारे में सोचना बंद कर दीजिये!" तो क्या तब मेरी भूख चली जाएगी? नहीं!

जबतक आप जीवित हैं, आप शायद उस समय से कई बार गुजरेंगे जब आप किसी चीज के लिए परेशान होंगे—कभी-कभी थोड़ा और कभी-कभी बहुत ज्यादा। और तब इस अस्थिर मन से शांत हृदय की ओर जाने का चुनाव, अगर आप कर पाए तो बहुत लाभदायक होगा।

मैं ऐसे लोगों को जानता हूँ जो चिंता मुक्त स्थान को खोजने के लिए, संसार के कोने-कोने तक गए हैं। क्या होता है? वे अंततः वहां पहुंच जाते हैं और अपनी कुर्सी पर बैठ जाते हैं। फिर वे अपनी आँखें बंद कर लेते हैं और सोचते हैं, "आखिरकार मैं यहाँ आ ही गया हूँ, अब मैं सचमुच शांति का अनुभव कर सकता हूँ।" सबकुछ एक पल या दो पल के लिए शांत हो जाता है। और फिर वे झींगुर की आवाज सुनते हैं या हवा की पेड़ों में सरसराहट की या किनारों से टकराती हुई लहरों की या किसी अकेली चिड़िया की दूर जंगल में गाती हुई आवाज को। और फिर अपने घर के बारे में उनके विचार उनके मस्तिष्क को फिर से भरना

शुरू कर देते हैं—उस सामान की तरह जिसे एयरपोर्ट पर रोका गया था और अब उसे वापस दे दिया गया है।

इस तरह से हर एक व्यक्ति लगातार अपने आपसे भागने की कोशिश करता है—पर किस हद तक भागेंगे जब वे अपने आपसे नहीं भाग पा रहे हैं। जब हम अपने अंदर अशांत हैं तो प्राकृतिक सुंदरता भी, हमें शोर की तरह लगती है। जब हम अपने स्वयं के अंदर स्थित घर में हैं तो लगभग हर चीज एक संगीत बन सकती है। जबतक हमारे चिंता रूपी शोर का समाधान नहीं मिलेगा, यह चिंता हमेशा हमारे साथ सफर करेगी। हमारा सबसे बड़ा बचाव है हमारी वह क्षमता, जिसे हम हर जगह लेकर जाते हैं और वो है इस बात को जानना कि हम हमेशा आंतरिक शांति की ओर जाने वाले आत्मज्ञान का रास्ता चुन सकते हैं।

कबीरदास जी कहते हैं, "यदि तुम्हें चिंता करनी है तो सत्य की चिंता करो। यदि तुम्हें चिंता करनी है तो आनंद की चिंता करो। यदि तुम्हें चिंता करनी है तो अपने जीवन में शांति की चिंता करो।" यह है, सकारात्मक चीजों को चुनकर अपने जीवन से चिंता को हटाना!

अपने हृदय को सुनो

मेरे लिए, आत्मज्ञान की प्रक्रिया मन से, हृदय के भरने और फिर शांति से भरने तक की है। यह कुछ ऐसा है जैसे किसी रॉकेट को आकाश में भेजना। सचेत होने का मतलब है—मन को शांत करना और ध्यान को केंद्रित करना, रॉकेट को लॉन्च करने वाली पट्टी पर लाना। हम वह सबकुछ पीछे छोड़ देते हैं जो उड़ान भरने के लिए जरूरी नहीं है और हम अपना ध्यान केंद्रित करते हैं ताकि हम उड़ने के लिए तैयार हैं। हृदय का भरना अंदर से पूरी तरह जुड़ना है, ताकि हम पूर्ण होने की सशक्त भावना पैदा करें और वह हमें जमीन से ऊपर उठाना शुरू करे। और शांति में होने का भाव जो हम अपने हृदय में उस समय महसूस करते हैं, जब हम ऊपर और ऊपर जा रहे हैं—धरती की आकर्षण शक्ति से बाहर। और फिर रॉकेट ले जाने वाला यन्त्र दूर गिर जाता है और हम समय और अंतरिक्ष के दायरे से परे, अपने अंदर के विस्तृत ब्रह्मांड में उड़ रहे होते हैं।

मेरा हृदय, मेरे अंदर वो जगह है—जहाँ मैं बहुत खुश हूँ, किसी
चीज के कारण नहीं बल्कि वहां मौजूद खुशी के ही कारण। मेरे हृदय के
अंदर समुद्र हैं जिनमें मैं यात्रा करता हूँ, कहीं जाने के लिए नहीं बल्कि
इसलिए कि यह सफर बहुत ही अद्भुत है । हृदय ही वो जगह है जहाँ
हमें साहस मिलता है, जिससे हम भ्रम की स्थिति में भी स्पष्टता को पा
सकते हैं और उस स्पष्टता का आनंद ले सकते हैं। जब मेरा हृदय तृप्त
होता है तो मैं स्वर्ग में होता हूँ। जब मेरा हृदय इस अस्तित्व के लिए
कृतज्ञता से भर जाता है तब मैं असल में जीवित महसूस करता हूँ। यह
वही भाव है, जिससे मैं उस जादुई सुबह देहरादून में मिला।

हमें यह सुनिश्चित करना है कि हम सचमुच में अपने हृदय से
जुड़ें, उस रूप में नहीं जैसा हमारा दिमाग हमें सोचने के लिए कहता है
कि शायद हमारा हृदय यह चाहता है। हमारा व्यस्त दिमाग हमेशा तैयार
है—हर चीज में घुसने और उसकी अपने तरीके से व्याख्या करने के
लिए। हमारे दिमाग को इस बात के लिए रोक पाना बहुत मुश्किल काम
है कि वह दुनिया के पैमाने से परीक्षण करे कि आगे क्या होने वाला है।
अगर आपके हृदय के बारे में दिमाग के यही विचार हैं तो यह सिर्फ और
अधिक शोर है। हमारा हृदय इसलिए नहीं है कि उसको समझाया जाए
या उसे बताया जाए कि उसे क्या महसूस करना है—हमारा हृदय सरलता
से वह व्यक्त करता है जो वह महसूस करता है।

सिर्फ शांत रहकर ही हम स्पष्टता के साथ अपनी प्राथमिकताओं को
पहचान सकते हैं, अपने ध्यान को सबसे अच्छे तरीके से संचालित कर
सकते हैं। हम अपने आपको सच्चे मायनों में तभी जान सकते हैं जब हम
अपने हृदय में शांति का अनुभव करते हैं। और यह अच्छा समय लगता
है कि हम अपना ध्यान मानने और जानने के बीच के फर्क को समझने
की ओर लगाएं।

अध्याय 4

जानने और विश्वास करने का अन्तर सीखें

हम क्या सोचते हैं, इसका इस बात पर गहरा असर पड़ता है कि हम कैसा जीवन जीते हैं। हम अपनी बुद्धि का इस्तेमाल करके, सामने आने वाली चुनौतियों और मौकों को समझ सकते हैं और ऐसा करके बेहतर फैसले ले सकते हैं। इसके साथ सभी मनुष्यों की समझ इस संसार को, सबके लिए बेहतर बना रही है। हमारे औसत जीवन स्तर की वृद्धि, एक उदाहरण है जो हमारे जीवन पर अच्छी समझ का असर दिखाती है।

तो हमें बुद्धि की शक्ति की प्रशंसा करनी चाहिए, पर इसकी हदों को भी समझना जरूरी है। हम इस दुनिया से कई माध्यमों से बातचीत करते हैं। फिर भी आज के समाज में प्राय: लोगों की अपनी सोच तय करती है कि वे अपना जीवन कैसे जीते हैं। कुछ लोग अपने विश्वासों का एक सांचा बना लेते हैं और जिस भी चीज से उनका सामना होता है, वे उसे उसी सांचे में ढालने की कोशिश करते हैं। पर इस जीवन की समृद्धि, अस्तित्व के सरल प्रवाह, जीवन की सारी उलझनों और जटिल व्यस्तताओं के बारे में व्यवहार करने का यह एक सरल तरीका नहीं लगता है।

मुझे लगता है कि अपने अंदर और बाहर के संसार से संबंध रखने का एक और अच्छा तरीका है। मेरे लिए मनुष्य के अनुभव की सबसे प्यारी जगह वह है जहां हम, जो नया है उसके लिए मन से सचेत रहें, परन्तु पूरी तरह से अपने आपमें केंद्रित होकर। इस तरह हमारा मन किसी भी बदलाव के लिए खुला रहता है, जबकि हमारा हृदय "जो हम असल में हैं" इससे हमें जोड़े रखता है। आत्मज्ञान के जरिये हमारे अंदर जो हो रहा है, हम उसपर अपना ध्यान देना शुरू कर सकते हैं, दुनिया को

छोड़कर नहीं, बल्कि मानने के साथ जानने को भी जोड़कर—उसे जानना जो सच में मायने रखता है। ऐसे समय में जब विचारों को अक्सर सबसे कीमती समझा जाता है, सचेत होकर इस तरह से संतुलन बनाये रखना सबसे बड़ी बात है।

विचारों की सीमा ढूंढ़ना

अपने जीवन के अनुभव पर, अपने मन को हावी होने देने में क्या समस्या है? क्योंकि विचारों और विश्वास को अक्सर जीवन के जरूरी भावों को समझाने और व्यक्त करने में कठिनाई होती है जैसे कि हम कौन हैं।

इस दृश्य की कल्पना करें; आप एक ऐसे व्यक्ति के साथ बैठे हैं, जिसकी आप सबसे ज्यादा परवाह करते हैं और आप उनसे पूछें—"क्या आप मुझसे प्यार करते हैं?" और वे कहें, "मुझे लगता तो है।" वे सोचते हैं कि वे आपसे प्यार करते हैं? क्या हो, अगर वे कहें, "मुझे ऐसा विश्वास तो है।" वे विश्वास करते हैं कि वे आपसे प्यार करते हैं? इससे अच्छा तो वे ये कह देते कि "सवाल ही नहीं उठता!" आप जानते हैं कि आप किसी से प्यार करते हैं या नहीं।

यहाँ एक और सरल सवाल है जो सोच की सीमा को व्यक्त कर सकता है। आप कौन हैं? लोग अक्सर इस सवाल का जवाब देने में हिचकिचाते नजर आते हैं, क्योंकि यह सवाल उन्हें विश्वास से परे, अनुभव में जाने के लिए कहता है। हम केवल अपना नाम, उम्र, लिंग, काम, वैवाहिक स्थिति और मन पसंद रंग बताकर, इसका सही उत्तर नहीं दे सकते। हम तर्क और सिद्धान्त से इसका सही जवाब नहीं दे सकते। यह अपने आपसे एक गहरा और साफ सम्बन्ध रखने की बात है, आपको शब्दों में जवाब देने की जरूरत नहीं है—आप सिर्फ यह जानते हैं।

स्वामी विवेकानंद, एक महान विचारक, संत और वेदांत के अंतर्राष्ट्रीय वक्ता थे, उन्होंने एक बार कहा था "आँख बंद करके विश्वास करना, मनुष्य की आत्मा को नीचे गिराना है। आप भले ही नास्तिक बनें, पर बिना सवाल-जवाब के किसी भी चीज पर विश्वास न करें।" विश्वास करने को अधिकतर लोग इसलिए पसंद करते हैं क्योंकि इस पर उनका

गृह-कार्य किसी और ने कर लिया होता है। ऐसा नहीं है कि हम आंख बंद करके विश्वास करने का फल नहीं समझते। बात सिर्फ इतनी है कि हमें यह जानने के मुकाबले ज्यादा आसान लगता है। पर असल में जानना इतना मुश्किल नहीं है, यह अपने आपको जानने की बात है, किसी चीज या किसी दूसरे को जानने की बात नहीं।

एक आंतरिक ब्रह्मांड

जब सुकरात ने कहा, "अपने आपको जानो" तो यह अपने अंदर के ब्रह्मांड को अनुभव करने का निमंत्रण था। और जब आप अपने अंदर उस जानने की जगह पहुँच जाते हैं तो आप क्या पाते हैं? आपके विश्वासों की लिस्ट नहीं, आपके चरित्र के गुण नहीं, व्यक्तित्व के प्रकार या मनोवैज्ञानिक संकेतक नहीं, आप क्या हैं इसका कोई सिद्धांत नहीं। जो आपको मिलता है—वह है अनंत शांति का एहसास और इस पल में आपके होने की हार्दिक सराहना। यह आपका उस परमसत्ता के साथ पूरा सम्बन्ध है। और इस शोर और व्यस्तता की दुनिया में, वह सबसे दुर्लभ अनुभव है—सिर्फ होने का आनंद।

मन के तर्क, आपके सामने ढेर सारे सवालों की झड़ी लगाते हैं? क्या? कहाँ? कैसे? क्यों? एवं ऐसे ही और प्रश्न। ये सवाल हमारी रोजमर्रा की जिंदगी में बहुत मददगार हो सकते हैं, लेकिन यह हमें उस अनंत तक नहीं ले जा सकते। वह एहसास जो हमारे अंदर की गहराइयों में मौजूद है, उसका अनुभव करने के लिए हमें मन के सांचे से दूर हटना होगा। जब हम अपने प्रश्नों को दूर चले जाने देते हैं, तब हम जानना शुरू करते हैं।

इसीलिए भारत में, आत्मज्ञान को "राजयोग" कहते हैं। योग का मतलब अपने आपको सभी प्रकार के आसनों में मोड़ना नहीं है, इसका मतलब है "जोड़।" राज माने "राजा।" इसलिए राजयोग सब योगों का राजा है जो आपको उस परमसत्ता से मिला देता है, सभी योगों में सबसे महान। और वह परमसत्ता कोई रहस्यमय चीज नहीं है, जो ऊपर किसी पहाड़ पर छिपी हुई है—यह आपके अंदर की शांति है।

मेरा हृदय मुझसे बात करता है, ठीक वैसे ही जैसे मेरा शरीर मुझसे

बात करता है। जब आपके शरीर को भूख लगती है तो यह आपको बताता है। जब आपके शरीर को नींद आती है तो यह आपको बताता है। जब आपके शरीर में दर्द होता है तो यह आपको बताता है। कोई "कृपया" नहीं कहा जाता है और न ही इसकी उम्मीद की जा सकती है। इसका कोई शिष्टाचार या तौर-तरीका नहीं है। यह कहता है, "आप भूखे हैं, आपको कुछ खाना चाहिए।" आत्मज्ञान आपको अपने अंदर की आवाज को स्पष्ट रूप से सुनने में सक्षम बनाता है, ताकि जब आपका हृदय तृप्त है तो आप जानने वाले बन जाते हैं, जब आपका हृदय आनंद से भरा हुआ है, आप जानने वाले बन जाते हैं। जब आपका हृदय प्यार से भरा हुआ है, आप जानने वाले बन जाते हैं। आंतरिक शांति की भाषा स्पष्ट, शक्तिशाली और वर्तमान समय की है। इसके पास अपनी एक सरल कविता है, जिसे सुनने में बहुत आनंद है।

अपना रास्ता ढूंढ़ना

हवाईजहाज उड़ाने वालों के लिए जहाज चलाने का पहला नियम क्या है? जानें कि आप कहाँ हैं। अगर आप यह नहीं जानते कि आप कहाँ हैं तो नक्शा बेकार है, चाहे नक्शा कितना ही सही और विस्तार से बना हो। बिना खुद को जाने विश्वास करना ऐसा है, जैसे नक्शा पास में होना पर यह न पता होना कि उस नक्शे पर आप कहाँ हैं। अगर आप यह नहीं जानते हैं कि आप कहाँ हैं तो आप वहां कैसे पहुँच सकते हैं, जहां आप जाना चाहते हैं?

हवाईजहाज उड़ाने वाले कभी-कभी ऐसा अनुभव कर सकते हैं, जिसे "उड़ान के दौरान अपनी स्थिति को खो देना" कहते हैं। और जब ऐसा होता है तो वे अपना रुख, ऊंचाई या हवा की गति आदि नहीं जानते। वे वहां नहीं होते, जहाँ वे सोचते हैं कि वे हैं। असल में वे खोये हुए और भ्रमित हैं। हम अपनी रोजमर्रा की जिंदगी में भी कुछ ऐसा ही महसूस करते हैं। अपने आपको जाने बिना हमारे पास बहुत विचार और योजनाएं हो सकती हैं, पर हमें इस बात की बहुत कम समझ रहती है कि सचमुच में हमारे लिए क्या मायने रखता है। अपने आपको जाने बिना हमारे पास कभी न खत्म होने वाले सवाल हो सकते हैं, जो हमें एक संतुष्ट कर देने

वाले जवाब से दूर, और दूर ले जायेंगे। अपने आपको जाने बिना हम लगातार शांति को खोजने की जरूरत महसूस कर सकते हैं, बिना अपने अंदर पहले से मौजूद शांति का अनुभव किये।

मैं आपको आमंत्रित करता हूँ यह जानने के लिए कि अभी इस पल में आप कहाँ हैं—यहाँ और अभी अपने अंदर की ओर देखते हुए और अपने अस्तित्व की सराहना करते हुए। इस प्रकार, आत्मज्ञान पूरी तरह इस बारे में है कि आप अपनी वर्तमान स्थिति को जानें। सबसे जरूरी वह चीज क्या है, जिसे हम कभी भी जान सकते हैं? सबसे जरूरी चीज यह जानना है कि हम यह जीवन पाकर धन्य हैं और हम सबके लिये एक मौका है—हममें से हर एक के लिए कि हम हर दिन, हर घंटे, हर मिनट संतुष्टि का अनुभव करें। जब आप अंदर की शांति से जुड़ जाते हैं तो तत्काल आनंद और संतुष्टि अनुभव करके, इस सफर का असली मजा लेते हैं। इसमें आपको मंजिल तक पहुंचने के लिए, कल तक का इंतजार नहीं करना पड़ता।

समझ अंदर से आती है

जो हमारे अंदर है, वह सभी बातों का शुरुआती बिंदु है। हम खिड़की से बाहर देखकर यह सोचते हैं कि, "दुनिया खूबसूरत नहीं है" बिना यह महसूस किये हुए कि खूबसूरती हमसे शुरू होती है। अगर मानव जाति नष्ट हो जाती है तो हमारे साथ सुंदरता भी ख़त्म हो जाएगी क्योंकि सुंदरता हमसे आती है। आपके अंदर सुंदरता का अनंत भंडार है, अभी भी। आत्मज्ञान वह रास्ता है जो हमें उन सभी आश्चर्यों की ओर ले जाता है, जो हमारे अंदर मौजूद हैं इस इंतजार में कि कब हम उन पर ध्यान दें।

एक आम की मिठास के बारे में सोचें। एक अद्भुत स्वाद पैदा करने के लिए जो कुछ भी चाहिए, सब उस फल में है पर यह सब तब प्रकट होता है, जब हम आम खाते हैं और उसका आनंद लेते हैं। हमारे अंदर बिना उस स्वाद की इच्छा और उस रस की प्यास के, आम सिर्फ एक चीज है जिसमें कुछ केमिकल गुण हैं। जब हम अपनी इच्छा और प्यास को उसमें जोड़ देते हैं तो आम खाना एक स्वादिष्ट अनुभव बन

जाता है। आखिरकार, स्वाद लेने के लिए जीवन की शानदार मिठास आपके अंदर है।

मान लो, आप बहुत प्यासे हैं और कोई आपको एक विकल्प देता है, आपको एक ठण्डे पानी का गिलास चाहिए या उस ठण्डे पानी के गिलास के गुणों के बारे में तीस मिनट का भाषण—आप किसे चुनेंगे? जाहिर है, आत्मज्ञान से अपनी प्यास को बुझाने और इसकी कल्पना करने में हम हमेशा आत्मज्ञान का अनुभव करना चुन सकते हैं।

बिना अनुभव के हम जो भी सोचते हैं और विश्वास करते हैं, वह सब कल्पना है। हम कल्पना के आदी हो सकते हैं। हम यह उम्मीद करते हैं कि कल्पना किया हुआ चमत्कार हमें सबकुछ समझा देगा। फिर हम असलियत को अपनी कल्पना और विचारों के अनुसार देखना चाहते हैं। मुझे एक अर्थशास्त्री का एक परिहास याद आया जो मैंने सुना था—कोई भी विचार लागू करने में तो अच्छा काम करता है लेकिन क्या यह सिद्धांत में भी काम करता है?

कल्पना के कई उपयोग हैं—कभी-कभी बहुत ही जरूरी उपयोग भी होता है, पर इसकी अपनी सीमा है। कल्पना कीजिये कि एक आदमी है, जिसने अपने जीवन साथी से वादा किया है कि वह उनकी सालगिरह मनाने के लिए स्वादिष्ट खाना बनाएगा।

"प्रिय, तुमने रात के खाने के लिए क्या बनाया है?"

वह उत्तर देता है, "ओह! मैं तुमसे इतना प्यार करता हूँ, सारा दिन मैं सोचता रहा कि तुम्हारे लिए क्या बनाऊँ?"

"सुनने में अच्छा लग रहा है!"

"पर मैंने असल में आपके लिए कुछ बनाया नहीं।"

"ओह!"

यह बात कुछ दार्शनिक बहस की तरह लगती है। मनुष्य होने के नाते हमारे अंदर ढेर सारी बौद्धिक योग्यताएं हो सकती हैं और उनको मिलाकर साथ में रख लेना अच्छी बात हो सकती है लेकिन कितना अच्छा हो अगर उन सबको फिर अनुभव में बदल दिया जाये तो। मैं सिर्फ यह कह रहा हूँ कि "हम कौन हैं" के बारे में कल्पना और सिद्धांत हमें बस कुछ ही दूर तक ले जा सकते हैं लेकिन जीवन कल्पना नहीं है, उसका

अनुभव जरूरी है।

जानने लायक क्या है ?

हम अपने बारे में कल्पना करने से भटक सकते हैं और खुद को जानने का मौका खो सकते हैं। जानने लायक क्या है? हम जान सकते हैं कि—हम जीवित हैं, ये पल जिनसे हम गुजर रहे हैं, असली हैं। हम हर पल का पूरा आनंद ले सकते हैं। जो आंतरिक शांति हम खोज रहे हैं वो सागर की गहराई जैसी तृप्ति देती है। जब हम शांति में होते हैं, हमारे अंदर और बाहर की दुनिया दोनों ही हमारे लिए कुछ और चमक व अपनी सारी महिमा के साथ और ज्यादा प्रकाशमय हो जाती है। ज्ञान कोई स्पष्टीकरण नहीं है; यह आपके अंदर उस दिव्य-शक्ति का अनुभव करने के बारे में है।

इसका सरल सत्य बिल्कुल हमारे सामने है पर जरूरत से ज्यादा सोचना हमें सरल सत्य से विचलित कर सकता है। जैसा कि प्राचीन ग्रीक नाटककार यूरीपेडीस ने कहा, "चतुराई ज्ञान नहीं है।" कभी-कभी ऐसा लगता है कि लोग एक पन्ने की किताब के लिए, दो हजार पन्नों की गाइड पढ़ रहे हैं और जितना ज्यादा वो पढ़ते हैं, उतना ही कम वो समझते हैं।

इस बारे में एक पुरानी कहानी है जो मुझे पसंद है। एक बार इलाके के सबसे समझदार लोग इकट्ठा हुए, यह पता लगाने के लिए कि कौन ज्यादा जरूरी है—सूरज या चाँद? उन्होंने बहुत सोचा, बहुत सोचा, बार-बार सोचा। आखिरकार, वे इस निष्कर्ष पर पहुंचे कि चाँद ज्यादा जरूरी है। और चाँद क्यों ज्यादा जरूरी है? उन्होंने कहा, "देखो दिन के समय, जब बहुत रोशनी होती है उस समय तो सूरज चमकता है। पर जब रात होती है तो रात के अंधेरे में चाँद चमकता है और रोशनी देता है, इसलिए यह स्पष्ट है कि चाँद ज्यादा जरूरी है।"

पहली बार जब मैंने यह कहानी सुनी तो मैं हंसा और मैंने सोचा, "यह बड़ा अजीब है।" और तब मुझे लगा कि असल में कभी-कभी हम लोग ऐसे ही सोचते हैं। हम अपने जीवन की सबसे आवश्यक चीजों की सराहना करना भूल जाते हैं। सबसे महत्वपूर्ण तत्व जो हमारी आँखों के सामने है, जब हम उसको पहचान लेते हैं और उसकी सराहना करना

शुरू कर देते हैं तो ऐसा लगता है कि जो हमें अद्भुत उपहार मिला है, उसे प्रकाशित करते हुए कोई रोशनी हम पर चमक रही हो।

अपने लिए स्पष्ट मार्ग ढूंढ़ना

एक बार मैं लंदन में ज्यादा ट्रैफिक के समय कार से सफर कर रहा था, तब मैंने देखा कि एक आदमी सड़क पर अलग ढंग से चल रहा था। वह सामान्य रफ्तार से चल रहा था और आगे बढ़ रहा था लेकिन कुछ दूर से भी, मैं बता सकता था कि उसके हाव-भाव आसपास के लोगों से थोड़े अलग थे। जैसे-जैसे मैं पास आया तो स्पष्ट हो गया कि वह आदमी देख नहीं सकता था और छड़ी की मदद से चल रहा था।

मैंने पहले भी बहुत से नेत्रहीन लोगों को छड़ी की मदद से चलते हुए देखा है। तो यह मेरे लिए कुछ अलग नहीं था। अलग यह था कि यह आदमी बाहरी किसी चीज पर कोई ध्यान नहीं दे रहा था, अपने दाहिनी ओर की दीवार पर, अपने बायीं ओर की सड़क पर या अन्य किसी भी रुकावट पर। वह छड़ी से सिर्फ उतनी ही साफ जगह तलाश रहा था जिसपर वह आराम से चलता रहे। वह आदमी एक उद्देश्य के साथ चल रहा था जिससे पता चल रहा था कि वह पास से गुजरते ट्रैफिक से विचलित नहीं हो रहा था—दुकान के बाहर बातचीत करते आदमी-औरतों से, आगे खड़ी गाड़ी में बजते संगीत से, रोड के दूसरी तरफ भौंकते बड़े कुत्ते से, आदि। वह जानता था कि वह कहां है और हर समय अपने से बस वह एक ही स्पष्ट सवाल पूछ रहा था—क्या मेरे आगे रास्ता इतना साफ है कि मैं आगे चल सकूँ?

मैंने सोचा कि हम अपने जीवन में जो अपनाते हैं, उसकी अपेक्षा यह तरीका कितना सही है। कभी-कभी हम हर जगह संभावित परेशानियों और रुकावटों की कल्पना कर लेते हैं। हम वहां खतरा देख लेते हैं जहाँ वो है ही नहीं और जो है, उसे भूल जाते हैं। हम अपने ध्यान को उसपर जाने देते हैं जो हमारे आसपास हो रहा है, बजाय इसके कि हम कहाँ हैं और कहां जाना चाहते हैं। जब हम पहाड़ को देखते हैं तो वह हमें डरा सकता है, पर रास्ता उस पहाड़ के किनारे से भी जाता है। हम अपने

सामने सभी रुकावटों के बारे में सोचकर फँस जाते हैं और सामने के साफ रास्ते की सरलता को नहीं देख पाते।

जब नेत्रहीन आदमी बाधा के पास पहुँचता है तो वह क्या करता है? वह उस बाधा के बगल से साफ रास्ते को महसूस करता है। जब हम बाधा का सामना करते हैं तो हम क्या करते हैं? अक्सर हम उसमें घुसते चले जाते हैं, यह आशा करते हुए कि बाधा किसी तरह से अपने आप ही चली जायेगी।

मैं इस बिंदु पर जोर डालना चाहता हूँ। मेरे अनुभव से आत्मज्ञान जादुई तरीके से आपके रास्ते की रुकावटें नहीं हटाएगा। यह हमें साफ रास्ता दिखायेगा। हम तब चुन सकते हैं कि हमें क्या करना है, अगर हम उसी चीज पर ध्यान दें, जो हमारे लिए जरूरी है और साफ रास्ते को महसूस करें तो हम आगे चल सकते हैं। मैं जानता हूँ कि कभी-कभी हमारी जिंदगी पर रुकावटें हावी हो जाती हैं और यह स्थिति हमें परेशान कर सकती है। मैं यह भी जानता हूँ कि लोग आत्मज्ञान लेने में, आनंद का अनुभव करने में, हृदय में शांति को फलने-फूलने देने में, स्पष्टता होने में और अच्छे चयन करने में बड़ी रुकावटें देखते हैं। पर ये सब मान्यताएं हैं और मैं जानता हूँ कि वहां असल में हमारे लिए एक साफ रास्ता है। जब हम अपने अंदर की शांति से जुड़ना चुनते हैं और वहां से शुरुआत करते हैं तो हमारे सामने एक साफ रास्ता होता है।

हृदय और मन के बीच बातचीत

यदि हम आंतरिक अनुभव पर ज्यादा जोर दें तो क्या हमारी बाहरी दुनिया के प्रति जो जिम्मेदारियां हैं, उनमें बाधा पड़ सकती है? शायद हाँ! हम जानते हैं कि हमारी भावनाएं हमेशा सच्चाई से मेल नहीं खातीं। हम सभी, कभी-कभी नासमझ हो सकते हैं। हमारी भावनाओं को, हमारा मन जिस तरह चाहे वैसे घुमा सकता है। अगर हम खुद को नहीं जानते हैं तो हम किसी भी चीज से बेवकूफ बन सकते हैं। इसमें हमारी भावनाएं भी शामिल हैं। पर आत्मज्ञान से हम अपने अंदर के गहरे अनुभव से जुड़ने का प्रयास करते हैं।

मैंने जिस चीज को वाकई मददगार पाया है, वह है—अपने विचारों और अपने आंतरिक अनुभव, दोनों को ध्यान से सुनना, ताकि वे दोनों संतुलन में रहें। अगर वे दोनों आपस में सहमत नहीं दिखते हैं तो यह अच्छा समय है कि मन और हृदय दोनों को आमने-सामने बैठाकर बात करवाई जाये। और अगर हम ऐसा करने जा रहे हैं तो अपने एक और हिस्से को भी इस बातचीत में शामिल किया जाना चाहिए—हमारी अंतर्दृष्टि और स्वाभाविक बुद्धि—जो हमारे सभी अनुभवों का जोड़ है।

हमारे अंदर की बातचीत में हमारा मन प्राय: सबसे ऊँची आवाज रखता है। हम हमेशा इन शब्दों का कोरस सुन सकते हैं कौन? क्या? कहां? कब? कैसे और क्यों? इसलिए यह समय हृदय की आवाज को साफ सुनने में मददगार होगा। जब हमारा मन हमसे उम्मीदों, योजनाओं, सपनों और चिंताओं की बात करने में व्यस्त होगा, हृदय सिर्फ एक ही सरल चीज को अलग-अलग ढंग से कहेगा-"तृप्त हो जाओ।" और इसलिए मेरे लिए इस प्रश्न, "आप कौन हैं", का सबसे सही उत्तर हृदय में ही मिलेगा।

हमारा मन हमेशा चीजों का अर्थ निकालने की कोशिश करता रहता है, जबकि हमारा हृदय सुंदर तरह से अर्थों से लबालब भरा हुआ है। पहले दिए गए प्यार के उदाहरण को ही ले लीजिये—प्यार के लिए किसी स्पष्टीकरण की जरूरत नहीं है। हमारा मन हमें कारण बता सकता है पर या तो हम इसे महसूस करते हैं या नहीं। हम सचमुच में कभी इसे समझा नहीं सकते कि हम प्यार क्यों महसूस करते हैं—प्रेम सिर्फ है, यह कितना सुंदर है!

शांति के साथ भी ऐसा ही है। यह सिर्फ हमारे हृदय में है। शांति के लिए प्यास भी हमारे हृदय में है और शांति का स्रोत भी हमारे हृदय में ही है। इसीलिए शांति के बारे में किसी से पहली बार बात करना दिलचस्प है। क्योंकि हम दोनों को पहले अपने मन से शुरुआत करनी है। एक-दूसरे को पहले शब्दों से समझना और फिर उस आंतरिक शांति की निराकार सुंदरता की एक झलक देखने का प्रयास करना है। आखिरकार, शांति अनुभव के रूप में समझ में आती है। इस किताब के माध्यम से मैं यह कहने की कोशिश करूँगा कि मैं क्या महसूस करता हूं कि हमारे जीवन में शांति क्या है। पर इसे अपने लिए केवल आप ही महसूस कर सकते

हैं और समझ सकते हैं।

हर चीज पर प्रश्न उठाने की आवश्यकता

हमारा मन उन सभी चीजों से भरा हुआ है जो वर्षों से इसमें डाली गई हैं—जिन्हें हमने स्वीकार किया है और मानने के लिए चुना है। हम अपने विश्वासों को साथ लिए रहते हैं और कभी-कभी वे ऐसे भारी बोझ की तरह लगते हैं, जो हम पर दबाव बना रहे हैं। एक पल के लिए कल्पना कीजिये कि आप उन विश्वासों के बोझ को उतार देते हैं। कल्पना कीजिये कि आप उससे कितना हल्का महसूस करेंगे, नए अनुभवों और विचारों के लिए कितना स्वतंत्र।

यह सोचने लायक है कि हम कैसे सीखते हैं, क्या जानते हैं और किस पर विश्वास करते हैं। उदाहरण के लिए—रट के सीखना, बार-बार दोहराकर याद करना—यह एक तरीका है जिससे हम अपने माता-पिता से जानकारी हासिल करते हैं। हम इसे बड़े होकर भी इस्तेमाल करते हैं। जब पहली बार मैं जापान गया तो मैं सचमुच सीखना चाहता था कि वहां धन्यवाद कैसे कहते हैं तो मैंने कुछ दोस्तों से पूछा।

"अरिगताओ गोजाइमासू" उन्होंने कहा।

"क्या?" मैंने कहा।

"अरिगताओ गोजाइमासू"

"क्या?" यह मेरे कानों के लिए बहुत कठिन था।

"अरिगताओ गोजाइमासू"

"हम्म"

धीरे-धीरे उन्होंने इसे आसान करने में, समझने में और इसका अभ्यास करने में मेरी मदद की जबतक मेरे लिए इसका कोई मतलब नहीं बन गया और फिर मैं बातचीत में इसे बोलने लगा। और ऐसा ही उन्होंने कुछ और शब्दों के साथ किया। यह ऐसे था जैसे मैं शब्दों को अपना रहा था।

तो रटकर सीखना मददगार हो सकता है पर हमें सावधानी बरतने

की जरूरत है कि कहीं हम हर चीज जो हमें बताई जाये, उससे चिपक न जाएं। जब हम बड़े हो रहे थे तो हमारे माता-पिता और शिक्षकों ने संसार के बारे में अपनी समझ हमसे साझा की। आत्मनिर्भर होने का एक भाग है—उन चीजों के बारे में फिर से सोचना, जो हमें सिखाई गयी हैं। जीवन के बारे में हम जो मानते हैं और प्रश्न पूछते हैं; क्या वो हमारी सोच और हमारे प्रश्न हैं? हमारे कानों के बीच का बहुत सा शोर असल में दूसरे लोगों की आवाजें हैं, पर हमारे पास हमेशा यह विकल्प रहता है कि हम उनकी आवाजों को धीमा कर दें, ताकि हम अपने आपको सुन सकें।

आपके माता-पिता ने हो सकता है कि अच्छी नियत के साथ आपको बातें बताई हों पर जरूरी नहीं कि वे सही हों। पीढ़ी-दर-पीढ़ी बहुत से गलत विचार, टूटी विरासत की तरह दे दिए गए और हम दिए गए इन गलत विचारों को, अपने भारी बैग में उठाये रखते हैं। हम सभी लोग शायद उन बातों के बारे में सोच सकते हैं जिन्हें सत्य मानकर, उसपर विश्वास करके, हमारे माता-पिता ने जीवन बिताया और जो अब बिल्कुल गलत साबित हुए। हमें हमेशा उन चीजों पर प्रश्न उठाते रहना चाहिए जो हमने सीखी हैं, ताकि हम इस दुनिया को स्पष्ट तरीके से देखते रहें—दूसरे लोगों की आँखों से नहीं, बल्कि खुद अपनी आँखों से।

एक दिन हमारे स्कूल की साइंस क्लास में टीचर ने कहा, "अपनी फिजिक्स की किताब के पेज 132 पर जायें। तो हम गए और कुछ मिनट पढ़ाने के बाद टीचर ने कहा कि वहाँ परमाणु की गलत परिभाषा बताई है कि उसे और विभाजित नहीं किया जा सकता। वह जोर से बोले, "इसे काट दीजिये" और मुझे हैरानी हुई—हर किसी ने जिसने पिछले साल यह किताब पढ़ी, उनके दिमाग में परमाणु अभी भी विभाजित नहीं किया जा सकता। अब मुझे यह नहीं मालूम कि ऐसा मानने से उन्हें क्या फर्क पड़ा होगा, पर इस पूरी घटना से मैंने यह सीखा कि किसी भी सिद्धांत पर टिके रहना ठीक नहीं।

पिछले कुछ सालों में मैंने देखा है कि विरासत में मिले विचार, कई बार कुछ नया सीखने के लिए बाधा बन जाते हैं, जबकि जो भी हम अनुभव से सीखते हैं, वह हमें संभावनाओं के नए संसार के प्रति खुले रहने के लिए उत्साहित करता है। शायद हम अनुभव से ज्यादा आत्मविश्वास हासिल करते हैं, बजाय कल्पना के।

हमारे पास यह अद्भुत मौका है जीवन को सचेत रूप से जीने का, अपने माता-पिता और शिक्षकों के विश्वासों को बिना सोचे समझे, नहीं मानने का। इसलिए मैं आपसे कहता हूँ कि आप जानें कि मेरे शब्द कैसे आपके साथ जुड़े हैं। उन पर केवल विश्वास मत कीजिये, उनकी जांच कीजिये, अपनी कल्पना से नहीं बल्कि अपने अनुभव से।

बस शांत हो जाएं

जब कोई हमारे विश्वासों पर सवाल उठाने लगता है तो यह हमारे अंदर डर पैदा करता है। विश्वास और डर एक-दूसरे के साथ ऐसे लिपट जाते हैं, जैसे पास-पास उगने वाली दो कांटेदार झाड़ियां। उन्हें अलग करना मुश्किल हो जाता है। अगर आप डर में जीते हैं तो विश्वास का सहारा लेना आकर्षक लग सकता है, पर विश्वास कभी-कभी और डर की ओर ले जाता है।

जैसा मैंने पहले बताया, मुझे कुछ भी सीखने के लिए मन और हृदय का संतुलन बनाये रखना उपयोगी लगता है। मेरा मन लगातार बदलाव के लिए खुला रहना चाहिए लेकिन मेरा हृदय कभी नहीं बदलता। यह मुझे मेरे मूल में शक्ति देता है, पर दूसरों के दृष्टिकोण को सुनने की इच्छा भी देता है। यहां एक पुरानी कहानी है जो मुझे याद आती है, यह कहानी नए विचारों और दूसरों से सीखने के लिए दिमाग को खुला रखने के बारे में है।

एक बार एक जवान आदमी ज्ञान लेना चाहता था तो वह किसी ज्ञानी आदमी को ढूंढ़ने लगा। वह ढूंढ़ता रहा, ढूंढ़ता रहा जबतक उसे वह व्यक्ति नहीं मिला, जो उसके हिसाब से सही था। वह उस ज्ञानी आदमी के पास गया और कहा, "क्या आप मुझे ज्ञान दे सकते हैं?"

पहले तो वे सिखाने के लिए तैयार नहीं थे।

"क्या तुम सचमुच में सीखने के लिए तैयार हो?" उन्होंने पूछा।

"बिल्कुल", आदमी ने कहा। "मैं सालों से आपको ढूंढ़ रहा था। मैंने बहुत दूर-दूर तक सफर किया है और मैं तैयार हूँ।"

ज्ञानी व्यक्ति ने एक पल के लिए सोचा और कहा, "ठीक है, मैं

तुम्हे सिखाऊंगा पर पहले मुझे अपनी फसलों में पानी डालना है। कृपया मेरे साथ आओ, कुएं तक चलो और मेरे पानी निकालने तक इंतजार करो। मेरी एक शर्त है—कुछ भी हो जाये, बस शांत रहना और कुछ बोलना नहीं। जब मैं अपने पौधों में पानी डाल लूँगा, तब मैं तुम्हें ज्ञान दूंगा।"

शिष्य ने मन ही मन सोचा, "यह तो बहुत अच्छा है, मुझे तो बस शांत रहना है, इन्हें अपने पौधों में पानी डालते देखना है और फिर ये मुझे ज्ञान दे देंगे।"

वे कुएँ तक गए और ज्ञानी आदमी ने बाल्टी कुएँ में डाली। थोड़ी देर के बाद उन्होंने बाल्टी ऊपर खींची और वह छेदों से भरी हुई थी, जिससे सारा पानी बह गया और बाल्टी खाली हो गयी। तुरंत ज्ञानी आदमी ने खाली बाल्टी उठायी और वापस उसे कुएं में डाला।

शिष्य सोचने लगा, "यह तो बड़ा अजीब है। क्या ये सचमुच में ज्ञानी हैं? क्या ये नहीं जानते कि इनकी बाल्टी छेदों से भरी है? ये कैसे अपने पौधों को पानी डालेंगे, क्योंकि जब भी यह पानी ऊपर लाएंगे, बाल्टी खाली हो जाएगी।" पर उसने सोचा, ठीक है मुझे तो बस चुप रहना है और ये मुझे ज्ञान दे देंगे।

ज्ञानी आदमी ने बाल्टी फिर खींची। एक बार फिर पानी छेदों से बाहर निकल गया और वह जल्दी ही खाली हो गयी। शिष्य को अपने अंदर शंका महसूस हुई, पर उसने खुद से कहा, "तुम सिर्फ चुप रहो और तुम्हें ज्ञान मिल जायेगा।"

तीसरी बार, बाल्टी ऊपर आयी और छेदों से फिर पानी बह गया और बाल्टी तुरंत खाली हो गयी। फिर भी ज्ञानी आदमी ने इसे तुरंत कुएं में वापस डाल दिया। शिष्य को अब वाकई शक होने लगा। ये क्यों नहीं देख रहे हैं कि बाल्टी लीक हो रही है और यह छेदों से भरी हुई है? क्या यह आदमी सचमुच में गुरु हो सकते हैं?

चौथी बार, बाल्टी फिर कुएं से बाहर आयी और छेदों से पानी बह रहा था। ज्ञानी आदमी ने इसे फिर से कुएं में डाल दिया। शिष्य सोच रहा था, "इनके साथ क्या समस्या है? क्या ये सचमुच में मुझे कुछ सिखा सकते हैं?"

पांचवी बार, जब ज्ञानी आदमी ने बाल्टी ऊपर खींची तो इसमें से

पानी बह रहा था और कुएं के किनारे और जमीन पर पानी का तालाब सा बन गया था। अब शिष्य खुद को रोक नहीं सका। उसने ज्ञानी आदमी से कहा, "क्षमा कीजिये, पर क्या आप नहीं जानते कि आपकी बाल्टी छेदों से भरी हुई है और इसमें पानी ठहर नहीं सकता?"

ज्ञानी आदमी ने बाल्टी को नीचे रख दिया, मुस्कराये और शिष्य के पास आकर बैठ गये। "यह सच है कि बाल्टी छेदों से भरी हुई है और यह अपने अंदर पानी नहीं रख सकती। और तुमने दिखा दिया कि तुम्हारी बाल्टी में बहुत से छेद हैं और यह भी अपने अंदर कुछ नहीं रख सकती। तुम्हारा दिमाग मान्यताओं और विश्वासों से ठीक वैसे ही भरा हुआ है, जैसे यह बाल्टी छेदों से भरी हुई है।"

जैसा कि बहुत सी पुरानी कहानियों के साथ होता है, निष्कर्ष यहां सरल है—अगर आपका दिमाग पहले से ही मान्यताओं और विश्वासों से भरा हुआ है तो आपके लिए किसी दूसरे से कुछ भी सीखना, मुश्किल हो सकता है। परन्तु आपके पास विवेक भी तो है।

एक बार एक शंका करने वाला व्यक्ति, मेरे पिताजी को सुनने के लिए आया। वह अपने सवालों से उन्हें परेशान करने आया था और सही पल का इंतजार कर रहा था, ताकि वह किसी चीज का विरोध कर सके—कोई सन्देश, कोई कहानी, कुछ भी। इस वजह से उसे मजबूरन मेरे पिताजी को ध्यान से सुनना पड़ा—हर शब्द। वह उन्हें बीच में टोक नहीं सका। असल में कार्यक्रम खत्म होने तक वह मेरे पिताजी से ज्ञान मांगने के लिए तैयार था। वह कल्पनाओं और योजना के साथ आया था, पर उसने खुले हृदय और ध्यान से सुना।

जानने की जरूरत

लोग कभी-कभी मुझसे कहते हैं, "ओहो! छोड़िये भी, व्यावहारिक होइये— आंतरिक शांति के बारे में यह सब बातचीत कल्पना है।" असल में बहुत से लोग हैं जो इस बात पर शक करते हैं कि शांति संभव है। कुछ लोग इस नतीजे पर बहुत सोच समझकर पहुँचते हैं और मैं इनकी इज्जत करता हूँ। अन्य लोग बड़ी सरलता से शांति को एक पल में खारिज कर देते हैं।

अगर आपके पास जीवन में आत्मज्ञान नहीं है तो ये सिद्धांत जैसे "शांति संभव है" आपको डराने वाले लग सकते हैं। कुछ लोग किसी भी तरह के नये सन्देश को अपने विश्वासों के मजबूत घर में आने देने से डरते हैं।

शक हमें परेशान कर सकता है। आप जिससे प्यार करते हैं, अगर उसपर शक करते हैं कि वह आपके प्रति सच्चा है कि नहीं तो केवल विचार करने से, इस डर को हटाया नहीं जा सकता। आपको जानने की जरूरत होती है।

चलिए, मैं इसे आपके लिए एक कहानी के रूप में रखता हूँ। यहां यह जानना उपयोगी होगा कि अकबर सोलहवीं शताब्दी का एक शासक था और बीरबल उसका सलाहकार था।

एक बार अकबर की बीवी उसके पास आयी और बोली, "तुम मेरे भाई से ज्यादा अपने सलाहकार बीरबल को पसंद करते हो। मेरा भाई तुम्हारा रिश्तेदार है, तुम्हें उसे प्रथम स्थान पर रखना चाहिए। बीरबल तुम्हारा कुछ नहीं लगता है।"

अकबर ने जवाब दिया, "हाँ, मैं बीरबल को पसंद करता हूँ। वह होशियार और तेज है।"

उसकी बीवी ने कहा, "मेरा भाई भी वैसा ही है और मैं चाहती हूँ कि तुम उसे उसकी जगह रखो।"

अकबर ने कहा, "यह कैसे होगा?"

उसने कहा, "बहुत आसान है। तुम बाग में घूमने जाओ। बीरबल को बुलाना और उसे कहना कि मुझे बुलाकर ले आये। मैं आऊंगी नहीं और फिर तुम उसे, ऐसा न कर पाने के लिए, उसके पद से हटा देना।"

बाद में अकबर बाग में टहल रहा था और उसने कहा, "बीरबल को बुलाओ।" बीरबल तुरन्त आया।

"हाँ, हुजूर! मैं आपके लिए क्या कर सकता हूँ?"

"जाओ और मेरी बीवी को बुलाकर ले आओ, मैं घूमते समय उसे अपने साथ, यहाँ बाग में चाहता हूँ।"

बीरबल ने अकबर की ओर देखा और कहा, "हुजूर! आपके पास तो बहुत से सेवक हैं, आखिर मुझे ही यह सम्मान क्यों दिया जा रहा है?"

राजा के चेहरे पर बनावटी मुस्कराहट आयी, "कोई कारण नहीं है", उसने कहा, "मैंने बस यूँ ही तुम्हें चुना।"

बीरबल ने भांप लिया कि कोई समस्या जरूर है। तो उसने अंदाजा लगाया कि क्या चल रहा है। राजा की बीवी ने जानबूझकर उनसे यह करवाया होगा और उसने जल्दी यह निष्कर्ष निकाल लिया कि वह वहां आना नहीं चाहती।

रानी के पास जाते समय उसने एक पहरेदार को रोका और उससे कहा, "मैं रानी से बात करने जा रहा हूँ। जब मैं उनसे बात कर रहा होऊंगा तो तुम आना और मेरे कान में यह फुसफुसाने लगना। मैं चाहता हूँ कि कुछ शब्द तुम इतने जोर से कहना कि वह सुन लें। वह शब्द हैं—"और वह बहुत खूबसूरत है।"

बीरबल गया और रानी से बात करने लगा।

"रानी साहिबा, राजा चाहते हैं कि आप उनके पास बाग में जाएं।" पर वह उनको इसके लिए मना नहीं पा रहा था। थोड़ी देर बाद पहरेदार अंदर आया और उनके कान में फुसफुसाया और जैसे कहा गया था बोला, "और वह है बड़ी खूबसूरत।" फिर वह चला गया।

बीरबल रानी की ओर मुड़ा, "आह! रानी साहिबा, अब आपको आने की कोई जरूरत नहीं है, पर मुझे लगता है कि मेरी जरूरत है वहां।" और वह बाहर चला गया।

दो मिनट बाद, रानी बाग में राजा के बगल में थी। राजा उसकी ओर मुड़ा और कहा, "देखा तुमने, मैंने कहा था न कि बीरबल बहुत चतुर है। तुमने यह कैसे किया बीरबल?"

बीरबल ने कहा, "हुजूर मुझे केवल शक का एक बीज बोना पड़ा और उसके बाद उन्हें तो पता लगाने के लिए आना ही था।"

सिखाने के बारे में

कई बार मेरे पिताजी मुझसे और मेरे भाइयों से कहा करते थे-"मैं कभी नहीं समझ पाया कि यह कैसे हुआ, पर मेरे गुरु ने उन सभी प्रश्नों के

मुझे जवाब दे दिए, जो मैंने कभी उनसे पूछे ही नहीं थे।" एक चीज जो मैंने अपने पिताजी से सीखी वह थी कि कैसे सुनना है और फिर जो सुना है उसपर विचार कैसे करना है। अक्सर उत्तर सुनने के बाद मेरे प्रश्न स्पष्ट हो जाते थे।

मेरे पिताजी ने मुझे जो दिया मैं उसके लिए उनका बहुत शुक्रगुजार हूँ, विशेष रूप से उस उपहार के लिए जिससे मैं अपने अंदर जा सकूं और संतुष्ट महसूस करूं। उनसे मेरा पिता और पुत्र का सम्बन्ध तो उसी दिन समाप्त हो गया था, जब उनका शरीर पूरा हुआ, पर जो उपहार उन्होंने मुझे दिया, वह हमेशा फल देता रहा है। मेरी अभिलाषा है कि मैं उस फल के बीज को जितने लोगों के साथ संभव हो, साझा करूँ।

जब मैं छोटा था तो मार्गदर्शक बनने के बारे में सोचना आसान नहीं था। मुझे याद है, बाहर वाले बड़े कमरों में देखना जहां डॉक्टर, वकील और कई दूसरे बड़े और पढ़े-लिखे लोग, मेरे बोलने के इंतजार में सब्र से बैठे रहते थे। मैं उस समय नौ या दस साल का था और वे लोग तीस, चालीस और पचास साल के और वे मुझसे प्रश्न पूछने के लिए इंतजार कर रहे होते थे कि मैं उन्हें जवाब दूंगा।

जब मैं बोलता था, लोग अक्सर मुझसे पूछते थे, "पर आप यह कैसे जानते हैं?" और मेरा हमेशा एक ही जवाब था, "क्योंकि मैंने इसका अनुभव किया है।" और फिर लोग यह कहा करते, "क्या आप मुझे भी इसका अनुभव करा सकते हैं?" और मैं जवाब देता, "हाँ, पर पहले आपको शांति के लिए अपनी प्यास को महसूस करना है, ऐसा इसलिए क्योंकि आत्मज्ञान के लिए तैयार होना आपसे शुरू होता है, जब आप स्वयं को जानने की इच्छा को स्वीकार कर लेते हैं।"

इस सफर पर जाने का कोई मतलब नहीं है, अगर आप सिर्फ अपने विश्वासों को पक्का करना चाहते हैं। यह दरअसल अपनी इस जरूरत को महसूस करने के बारे में है कि "आप कौन हैं।" यह ऐसे है जैसे आप कागज में लिपटा हुआ कोई उपहार किसी बच्चे को दें। वे पूछने लगते हैं, "यह क्या है? यह क्या है? क्या यह वो है? मैं जानता हूँ कि यह क्या है।" वह उपहार के आकार को देखकर उसे उस चीज से मिलाने की कोशिश कर रहे हैं जो चीज वे चाहते हैं। पर केवल एक तरीका जिससे वह जान सकते हैं कि अंदर क्या है, वह है उस लिपटे हुए कागज को

खोलना। स्वयं के साथ भी ऐसा ही है।

भारत में जब मेरे टूर के कार्यक्रम खत्म होते थे तो मैं स्कूल जाता और वहां मैं फिर से छात्र बन जाता था। कभी-कभी मुझे इस परिस्थिति में अपने आपको ढालना मुश्किल होता था। थोड़ी देर पहले मुझे बहुत ध्यान से सुना जा रहा है और अगले दिन टीचर चिल्ला रहे हैं "तुम लेट हो"—और शायद मैं लेट था भी।

तो मैंने खुद से पूछा, "कौन हूँ मैं?" मेरा जवाब इस सरल विचार से शुरू हुआ, "मेरा जीवन हमेशा बदलता रहेगा, पर आत्मज्ञान से मैं हमेशा अपने आपसे जुड़ा रहूंगा।" बहुत स्पष्टता से मैंने देखा कि कुछ भी हमेशा नहीं रहेगा तो मुझे जीवन में अलग-अलग रोल बदलने की चिंता करने की कोई जरूरत नहीं। मैंने सोचा, मैं हमेशा छात्र नहीं रहूंगा, पर जब मैं स्कूल में हूँ तो मैं अपना वह रूप बना सकता हूँ। और मैं हमेशा अपने जीवन में बच्चा नहीं रहूंगा, पर जबतक मैं हूँ, मैं वह बेटा बन सकता हूँ। और मैं हमेशा भारत में इस संदेश का वक्ता नहीं रहूंगा, पर जबतक मैं यहां हूँ, मैं यह बन सकता हूँ।

यह समझना कि जीवन में कुछ भी स्थायी नहीं है, मुक्त कर देने वाला था। इसने मुझे अपने नजरिये में और ज्यादा लचीला बना दिया और इस तरह मेरे लिए अपने कुछ मुश्किल शिक्षकों को सहना आसान हो गया।

विश्वास को हटाना

"ज्ञान की शुरुआत आश्चर्य से होती है", सुकरात ने कहा। एक बार उन्होंने फिर, एक गहरे सच को कुछ शब्दों में कह दिया। यही विचार अंग्रेजी कवि कॉलरिज की इस बात में प्रकट हुआ, जिसमें उन्होंने पाठकों को "इस पल के लिए अविश्वास की इच्छा को स्थगित कर देने की सलाह दी, जिससे कविता में आस्था बने।"

1772 में जन्मे सैमुएल टेलर कॉलरिज चाहते थे कि पढ़ते समय लोग अपने तार्किक दिमाग से बाहर निकलें, ताकि वे कुछ और अनुभव कर सकें—कुछ ऐसा जो उनकी सोच से अलग हो। इस भावना के साथ

कॉलरिज ने अपने साथी कवि विलियम वड्र्सवर्थ के साथ एक प्रोजेक्ट शुरू किया, "लिरिकल बैलाड्स—काव्यात्मक गाथा" जो एक बहुत ही भावपूर्ण कविताओं का संग्रह है। कॉलरिज ने वड्र्सवर्थ के उद्देश्य को बताया—

"मन की इच्छायें, रीति-रिवाज, आलस्य छोड़कर इस दुनिया की खूबसूरती और अचम्भों की ओर ले जाना; एक न समाप्त होने वाला खजाना है। परन्तु जैसी हमारी परवरिश हुई है उसके कारण हमारे पास— आंखें तो हैं जो देखती नहीं, कान हैं जो सुनते नहीं, हृदय है जो न तो अनुभव करता है और न ही समझता हैं।"

इसी भाव से, हम जिस ओर आपका ध्यान ले जाना चाह रहे हैं, वह है अपनी इच्छा से विश्वास को स्थगित करना। हाँ, हमारे अंदर हमेशा स्मार्ट सोच और सही विचार होना चाहिए, यह बताने के लिए कि हम इस संसार को कैसे समझते हैं। विज्ञान, हम सभी के लिए बहुत लाभदायक है, परन्तु जब आत्मज्ञान की बात आती है तो हमें अपनी सोच को शांत करके, अपने अंदर की सबसे गहरी आवाज को सुनना चाहिए। हमें वह आंखें चाहिएं जो असल में देखती हैं, कान जो असल में सुनते हैं और हृदय जो असल में महसूस करता है और समझता है—जो सचमुच में जानता है।

अपने दिमाग को विकसित करने के साथ-साथ, अपने विश्वासों को स्थगित करने में क्या नुकसान है, जो हमारे ध्यान को रटे-रटाए जीवन के आलस्य से जगाये और इसे दुनिया के उन अचम्भों की ओर ले जाये, जो ठीक हमारे सामने और हमारे अंदर हैं?

अध्याय 5

अपने आपसे शुरुआत करें

एक जवान आदमी सड़क पर जा रहा था, उसने एक बहुत बुजुर्ग आदमी को देखा जो अपनी पीठ पर लकड़ी का एक भारी गट्ठर लेकर जा रहा था। लकड़ी के बोझ से वह झुका हुआ था। जवान आदमी ने मन ही मन सोचा, "इस व्यक्ति ने दुनिया में लम्बा जीवन बिताया है जबकि मैं अभी शुरुआत कर रहा हूं। मुझे उससे कुछ सीखना चाहिए।" वह उनके पास गया और कहा, "दादा! कृपया मुझे जीवन के बारे में कुछ सलाह दें।" उन्होंने उसकी ओर देखा, अपने कंधों पर से भारी बोझ उठाकर नीचे रखा और सीधा खड़े हो गये। उन्होंने फिर से उसकी ओर देखा, नीचे झुके, लकड़ी के गट्ठर को वापस अपने कंधों पर रखकर खड़े हुए और चल दिये।

कहानी का मतलब क्या है? शायद यह कि हमें अपने बोझ को कम रखना चाहिए। या हो सकता है कि यह हमें बता रहा है कि जीवन का ज्यादातर हिस्सा केवल जरूरी चीजों को हासिल करने के लिए होना चाहिए और हमें ध्यान भटकाने वाली चीजों में समय बरबाद करने से बचना चाहिए या कभी-कभी हम कुछ बताने के बजाय, दिखाकर ज्यादा कह सकते हैं। मैं हमेशा इस कहानी से सीखता हूं, यह याद दिलाती है कि जीवन की यह मांग है कि हम अपने दो पैरों पर खड़े हों। हमें कभी-कभी दूसरों की मदद की जरूरत हो सकती है लेकिन आखिरकार हमें खुद अपनी जिम्मेदारी लेनी चाहिए। यह अध्याय इसी बारे में है।

अपने जहाज को खुद चलाना

चलिए, थोड़ा पीछे चलते हैं। जब हम पैदा हुए थे, हम इस दुनिया में आये। जीवन की किसी भी उलझन और दुविधा से हम अभी तक परेशान नहीं हुये थे। और जीवित रहने के लिये जिन चीजों की हमें जरूरत थी हम उनको मांगना जानते थे। बच्चे के हंसने या रोने के सरल तरीके के बारे में सोचें। एक बच्चे की बड़ी मुस्कान के बारे में सोचें, जब वह खुद आनंद ले रहा हो। हम इन भावनाओं को कहां खो देते हैं? बड़े होने पर, हम अन्य लोगों के लिए नाटक करने वाले एक्टर बन जाते हैं, बाकी सभी को खुश रखने की कोशिश करते हैं। लेकिन हमारी खुशी कहाँ है? हमारा प्यार कहाँ है? हमारी शांति कहाँ है? वे हमेशा हमारे अंदर की गहराई में होते हैं लेकिन कभी-कभी हम भूल जाते हैं कि वे वहां हैं।

जब हमारा खुद से नाता टूट जाता है तो हम जवाब के लिए बाहरी दुनिया की ओर देख सकते हैं। अन्य लोग हमारी मदद कर सकते हैं— किसी भी तरीके से, प्यार से सुनने से लेकर अच्छी राय देने तक। लेकिन आखिरकार हमें उस नाते को वापस खोजना होता है कि हम असल में कौन हैं। आखिर में, केवल मैं ही अपनी खुशी के लिए जिम्मेदार हूं और केवल आप ही, अपनी खुशी के लिए जिम्मेदार हैं।

क्या आप अपने आपको स्वीकार करते हैं ?

कभी-कभी हमारा परिवार, दोस्त और हमारे साथ काम करने वाले लोग हमारे बारे में जैसा सोचते हैं, वही विचार हम अपने बारे में बना लेते हैं या हमें लगता है जो हम सोचते हैं, वही दूसरे लोग भी सोचते हैं। हम उन नेताओं की तरह बन जाते हैं जो अपनी रेटिंग पता करने के लिए लगातार आम जनता का मत लेते हैं और केवल वही कहते हैं, जो लोग सुनना चाहते हैं। लेकिन दूसरे लोगों की राय और आपकी अपनी जरूरतें अलग-अलग चीजें हैं। रोमन सम्राट और दार्शनिक मार्कस ऑरेलियस ने इसे इस तरह कहा—

"हर आदमी की खुशी, उसी के ऊपर निर्भर करती है और फिर

भी देखो, तुम अपनी खुशी को इस बात पर छोड़ देते हो कि दूसरे लोग आपके बारे में क्या सोचते हैं।"

किसी ऐसे आदमी का सम्मान करना मुश्किल है, जो खुद अपना सम्मान नहीं करता। असल में, हम हर जगह स्वीकृति की जरूरत देखते हैं। लोग इस बात की चिंता करते हैं कि अजनबी लोग उनके रूप-रंग के बारे में क्या सोचते हैं। लोग इस बात को लेकर चिंतित रहते हैं कि उन्होंने मीटिंग में कुछ अच्छी बात कही कि नहीं। लोगों को चिंता रहती है कि क्या लोग उन्हें पसंद करते हैं या नहीं। इन सबसे अधिक महत्वपूर्ण है—क्या 'आप' खुद को स्वीकार करते हैं या नहीं? क्या 'आपको' अपने साथ समय बिताना पसंद है या नहीं? क्या 'आप' खुद को समझते हैं और अपनी सराहना करते हैं? यह खुदगर्ज होने की बात नहीं है, यह अपने अंदर केंद्रित होने की बात है।

न बुरा मानो, न बुरा करो

घर पर, काम करने की जगह पर, स्कूल में, लोगों के बीच में—हम महसूस कर सकते हैं कि हमें लगातार परखा जाता है और फिर हम भी दूसरों के साथ वैसा ही परखने वाला व्यवहार करते हैं। हम लोगों को इसलिए परखने लगते हैं क्योंकि वे हमें परख रहे हैं। इस प्रकार एक नकारात्मक माहौल बन जाता है और इससे पहले कि आप जानें, तूफान आ जाते हैं।

दो ऐसे केमिकल की कल्पना करें जो अपने आपमें स्थिर हैं लेकिन एकसाथ होने पर फट जाते हैं। अब उन्हें उस इच्छा की तरह देखें जो आप और वह दूसरा आदमी रखता है, एक-दूसरे को परखने की। इस तरह से दोनों व्यक्ति उस केमिकल की तरह से, एक-दूसरे के प्रति कड़वाहट और जलन से भर जाते हैं।

लेकिन एक तरीका और है। यह करना हमेशा आसान नहीं होता है लेकिन अगर हम दूसरे लोगों को परखना बंद कर दें और इस बात पर ध्यान दें कि हम खुद को कितना स्वीकार करते हैं तो यह सबकुछ बदल देता है। जब हम अपने आपमें केंद्रित महसूस करते हैं तो हमें, दूसरे लोगों

की राय सुनने में परेशानी नहीं होती, चाहे वे कुछ भी कह रहे हों।

एक बात जो मुझे उपयोगी लगती है, "न बुरा मानो, न बुरा करो।" दूसरे शब्दों में, अगर आप नकारात्मक बातों का भार नहीं उठायेंगे तो आप किसी दूसरे पर उसे फेंकने की जरूरत भी नहीं महसूस करेंगे।

हमें किसी और के चरित्र पर ध्यान देने के बजाय खुद पर ध्यान देना चाहिए। मैं कैसा हूँ? क्या 'मैं' खुद को समझता हूँ? क्या 'मैं' दूसरों के प्रति दयालु और प्यार करने वाला हूं? क्या 'मैं' अपने अंदर शांति महसूस कर रहा हूं? मैं अपने आपसे कहता हूं—जबतक खुद में दया न हो, दूसरों से दया की उम्मीद मत करो। जबतक आप अपने अंदर प्यार नहीं पा लेते, दूसरों से प्यार की उम्मीद मत करो। जबतक आप अपने अंदर शांति नहीं पा लेते, दूसरों में शांति की तलाश न करें।

कवि रूमी ने इसे खूबसूरती से व्यक्त किया—

कल मैं होशियार था, इसलिए मैं दुनिया को बदलना चाहता था।

आज मैं बुद्धिमान हूँ, इसलिए मैं अपने आपको बदल रहा हूँ।

वही विवेक, लगभग 600 साल बाद रूसी लेखक लियो टॉलस्टाय द्वारा फिर से व्यक्त किया गया—

"हमारी दुनिया में हर कोई इंसानियत को बदलने की सोचता है और कोई खुद को बदलने के बारे में नहीं सोचता।"

इन सबको अलग तरीके से रखने के लिए, अपने आपसे शुरू करें।

लोगों की नहीं, खुद की सुनें

मुझे एक बहुत अच्छी बात सुनने को मिली जो हमें याद दिलाती है कि आलोचना का जवाब देने का एक और तरीका है, "दूसरे लोग आपके बारे में क्या सोचते हैं—इससे आपको क्या मतलब।" हां! यदि आप किसी का सम्मान करते हैं और वह आपके बारे में कोई अच्छी बात कहता है तो ठीक है, उससे सीखें। नहीं तो, बस अपने रास्ते चलें।

एक पति-पत्नी अपने घोड़े के साथ पैदल चलते हुए एक लंबी

यात्रा पर जा रहे थे। कुछ गांव के लोगों ने उन्हें देखा और कहा—"यह जोड़ा तो अजीब है, इनके पास एक घोड़ा है लेकिन वे उसपर सवारी नहीं कर रहे हैं।"

पति और पत्नी दोनों ने यह सुना और वे एक-दूसरे से कहने लगे, "ठीक है, चलो हम घोड़े की सवारी करते हैं।" तो वे दोनों उसपर बैठ गए।

अगले गाँव में, कुछ लोग उन अजनबियों को देखने के लिए अपने घरों से बाहर निकले और उन्होंने कहा—"कितने निर्दयी हैं ये लोग, वे दोनों एकसाथ उस बेचारे घोड़े की सवारी कर रहे हैं।"

फिर से, उन दोनों ने इन बातों को सुना। आदमी ने मन ही मन सोचा, "मुझे घोड़े और पत्नी के प्रति दया दिखानी चाहिए।" इसलिए उसने चलते समय अपनी पत्नी को बैठने के लिए कहा, वह बैठ गयी और पति पैदल चलने लगा।

अगले घरों में से कुछ और लोग बाहर निकले और उन्होंने कहा, "इस महिला को देखो, उसके मन में अपने पति के प्रति कोई दया नहीं है।"

अब, अपनी पत्नी को आलोचना से बचाने के लिए, आदमी ने अपनी पत्नी से कहा, "तुम नीचे आ जाओ, मैं घोड़े पर बैठ जाऊंगा।"

निश्चित रूप से, अगले स्थान पर फिर गांव के लोगों ने कहा, "क्या आपको अपनी पत्नी के प्रति कोई दया नहीं है, थोड़ी सी भी नहीं? आप सवारी कर रहे हैं और वह पैदल चल रही है!"

तो वह आदमी नीचे आया और अपनी पत्नी से कहा, "भाग्यवान! अगर हम इन लोगों पर विश्वास करते रहे तो कभी भी अपनी मंजिल तक नहीं पहुंच पायेंगे। हम जैसे थे, वैसे ही चलते हैं।" और वे अपने घोड़े के साथ पहले जैसे, टहलते-टहलते चले गए।

कौन परवाह करता है?

भारत में, ज्यादातर परिवार अपने खर्च की व्यवस्था बहुत ध्यान से करते

हैं—उन्हें करनी पड़ती है लेकिन जब उनकी बेटी या बेटे की शादी की बात आती है तो वे अक्सर बहुत फिजूलखर्ची करते हैं। लोग कभी-कभी अपनी कई सालों की कमाई से भी ज्यादा उधार ले लेते हैं। वे उधार इसलिए लेते हैं, क्योंकि वे लोगों पर अच्छा प्रभाव डालना चाहते हैं। यह पूरी दुनिया में होता है लेकिन भारतीयों के पास यह एक कला है और फिर उन्हें इस उधार को वर्षों तक चुकाना पड़ता है।

यहां एक सलाह है जो आपके लाखों रुपये बचा सकती है—केवल उन लोगों को अपनी शादी में बुलाएं जो पहले से ही आपसे प्यार करते हैं और आपका आदर करते हैं। यह जन्मदिन, सालगिरह और बाकी बड़े सामाजिक समारोह के लिए भी अच्छी सलाह है। लेकिन यहाँ असली बात ये है कि यदि आप दूसरे लोगों की नजर में, बाहर परफेक्ट होना चाहते हैं तो आप शायद चीजों को गलत तरीके से कर रहे हैं। आपके बारे में अन्य लोगों की धारणाओं को कन्ट्रोल नहीं किया जा सकता। उनकी भावनाएं बदलती रहती हैं और उम्मीदें बढ़ती रहती हैं। जब हम खुद पर भरोसा करते हैं और अपनी सराहना करते हैं तो हमारे बारे में दूसरे लोगों की राय केवल एक गुजर जाने वाली चीज होती है। वह कभी गलत, कभी सटीक और कभी-कभी सुख देनेवाली भी हो सकती है लेकिन वह कभी भी स्थायी नहीं होती। मैं अपने बारे में क्या महसूस करता हूं और आप अपने बारे में क्या महसूस करते हैं, यह स्थायी चीज है।

कई मामलों में, फैसला सुनाने वाले असल में हमारे बारे में सोच ही नहीं रहे होते—वे इस बारे में ज्यादा सोचते हैं कि हम उनके बारे में क्या सोचते हैं! या शायद यह अमेरिकी अखबार के सलाहकार व स्तम्भ लिखने वाले एन लैंडर्स के कहने जैसा है—

"20 साल की उम्र में, हम इस बारे में चिंता करते हैं कि दूसरे हमारे बारे में क्या सोचते हैं। 40 साल की उम्र में, हमें परवाह नहीं होती है कि वे हमारे बारे में क्या सोचते हैं। 60 साल की उम्र में, हमें पता चलता है कि वे हमारे बारे में बिल्कुल भी नहीं सोच रहे थे।"

एक बार, जब मैं पुणे, भारत की एक जेल में कैदियों से बात कर रहा था, एक कैदी मुझसे कुछ पूछने के लिए खड़ा हुआ। "मैं यहां गलत वजहों से हूं", उसने कहा। "मेरा मतलब है, मुझे यहाँ नहीं होना चाहिए था लेकिन मैं जल्द ही बाहर जाने वाला हूँ और मैं घर वापस जाऊँगा।

वहाँ लोग मेरे बारे में क्या सोचेंगे?"

मैंने उसी समय महसूस किया कि यह बात कई कैदियों के लिए बहुत जरूरी है, क्योंकि हर व्यक्ति उसकी ओर देखने लगा। उसके सवाल ने सबकी कमजोर नस को हिला दिया था। उस कमरे में सैकड़ों लोग थे। तो वाकई यह एक अजीब पल था। वहां बिल्कुल सन्नाटा छा गया और फिर सब मेरी ओर देखने लगे। वे सोच रहे थे कि मैं क्या कहूंगा।

मैंने जवाब दिया, "क्या आप वाकई जानना चाहते हैं?"

और उसने कहा कि "हां, मैं जानना चाहता हूं।"

"ठीक है, मुझे आपको यह बताते हुए दुःख है", मैंने कहा, "लेकिन वे आपके बारे में बिल्कुल ही नहीं सोच रहे हैं। उनकी अपनी समस्याएं हैं! आप सोच रहे हैं कि वे आपके बारे में क्या सोच रहे हैं। लेकिन ज्यादातर लोग और चीजों के बारे में सोचने में व्यस्त हैं। आपको लगता है कि वे केवल वहां बैठे आपके बारे में सोच रहे हैं? ठीक है, आप महत्वपूर्ण हो सकते हैं लेकिन उतने भी जरूरी नहीं हैं। लोग आगे बढ़ते रहते हैं!"

कैदियों को यह नजरिया अच्छा लगा, शायद इसलिए कि हम सभी जानते हैं कि जब दूसरे लोगों को हमें परखने की बात आती है तो हमेशा दो सोच होती है। यह लगभग बहुत बेतुकी सी बात है। अपने मन में हम सोचते हैं कि उनके मन में क्या चल रहा है, भले ही अपने मन में हम महसूस करते हैं कि यह उतना जरूरी नहीं है और वे अपने दिमाग में शायद कुछ और ही सोच रहे हों। सब गोल-गोल घूमने जैसा है। इसमें थोड़ा समय और कोशिश भले ही लगे लेकिन इसका हल यह है कि आप अपनी ताकत को उस चीज में लगायें जिसे आप जान सकते हैं—अपने हृदय के अंदर कि आप कौन हैं, बाकी सब शोर है।

महात्मा बुद्ध का कटोरा

जिसने भी कभी दूसरों से निराशा महसूस की है, मैं चाहता हूं कि वे इन शब्दों को बहुत अच्छे से सुनें। आपमें यह तय करने की ताकत है कि आपके लिए क्या सही है। मैं यहां आपको उस शक्ति की याद दिलाने के लिए हूं। आपको यह बताने के लिए कि यह शक्ति आपके अंदर मौजूद

है और अच्छी तरह से है। मैं आपको एक बार अपने लिए उस ताकत से जुड़ने की कोशिश करने व अपने लिए तैयार रहने के लिए पुकारता हूं। हताश होने की जरूरत नहीं है। साहस आपके अंदर है, उसको प्राप्त करने की संभावना हमेशा आपके साथ रहती है।

एक बार, महात्मा बुद्ध एक शिष्य के साथ जा रहे थे, शहर में हर कोई उनकी बुराई कर रहा था। वे कह रहे थे—"तुम अच्छे नहीं हो। तुम यह नहीं करते, तुम वह नहीं करते हो।"

शिष्य ने कहा—"भगवन! क्या यह बात आपको परेशान नहीं करती है कि ये सभी लोग आपकी बुराई कर रहे हैं?"

महात्मा बुद्ध ने इंतजार किया जबतक वे अपने घर वापस नहीं आ गए। फिर उन्होंने अपना कटोरा लिया और उसे शिष्य की ओर बढ़ाया।

उन्होंने पूछा, "ये किसका कटोरा है?"

शिष्य ने कहा, "ये आपका कटोरा है?"

उन्होंने उसे शिष्य की ओर, थोड़ा और बढ़ाया।

"ये किसका कटोरा है?"

"ये अभी भी आपका कटोरा है।"

वे ऐसा करते गये और शिष्य बार-बार यही कहता गया कि "ये आपका कटोरा है, ये आपका कटोरा है।"

फिर बुद्ध ने कटोरे को लिया और उसे शिष्य की गोद में डाल दिया और पूछा, "अब ये कटोरा किसका है?"

शिष्य ने कहा, "ये अभी भी आपका कटोरा है।"

"बिल्कुल सही!" बुद्ध ने कहा। "यदि आप इस कटोरे को स्वीकार नहीं करते हैं तो यह आपका नहीं है। अगर मैं बुराई स्वीकार नहीं करता हूँ तो यह मेरी नहीं है।"

गिले-शिकवे नहीं

अगर हम सावधान नहीं हैं तो एक व्यक्ति की नकारात्मकता बाकी सभी

पर बादल सी छा सकती है। शायद यही कारण है कि बेनेडेक्टिन होली आर्डर के छठी शताब्दी के फाउंडर संत बेनेडिक्ट, शिकायतें लेकर बड़बड़ाने वालों के बहुत खिलाफ थे। इसका वर्णन संत बेनेडिक्ट के मठ में रहने वालों के लिए बनी "नियम पुस्तिका" में मिलता है। आप कल्पना कर सकते हैं कि यदि एक बड़बड़ करने वाला व्यक्ति, चौबीसों घंटे आपके साथ एक मठ में रह रहा होता तो यह कितना परेशान करने वाली बात होती।

इससे मुझे एक चुटकला याद आया। एक जवान आदमी एक मठ में जाता है और पहली सुबह, वे उसे समझाते हैं—"इस जगह पर हमारा एक बहुत जरूरी नियम है—बिल्कुल बोलना नहीं है। साल में एक बार हम आपसे पूछेंगे कि कैसा चल रहा है और आपको केवल दो शब्द कहने हैं।"

तो पहला साल बीत जाता है और वे उससे पूछते हैं-"कैसा चल रहा है?"

वह कहता है—"ठंड बहुत है।"

एक और साल बीत जाता है।

"कैसा चल रहा है?"

"बिस्तर सख्त है।"

और फिर अगला साल समाप्त होता है।

"कैसा चल रहा है?"

"बहुत सन्नाटा है।"

अंत में, मुख्य साधु उससे मिलने आते हैं और कहते हैं, "आप यहां तीन साल से हैं और आपने शिकायत, शिकायत और शिकायत के अलावा कुछ नहीं किया है।"

आपको जो कुछ भी चाहिए, वह आपके अंदर है

कभी-कभी हम अपने अंदर के खालीपन को भरने के लिए दूसरों की

स्वीकृति और अन्य तरीकों की तलाश करते हैं। लेकिन हमारे लिए उस खालीपन को कोई और नहीं भर सकता। ये एक टूटे हुए पात्र में पानी डालने जैसा होगा। हमें खुद को स्वीकार करना चाहिए और इसका मतलब यह है कि हमें अपने अंदर की अद्भुत ताकतों और साधनों को स्वीकार करना होगा। आखिरकार, हमें दूसरे लोगों के निर्णय के बारे में चिंता करने की जरूरत नहीं है, क्योंकि हमें जो कुछ भी चाहिए वह हमारे अंदर है।

यह इतना जरूरी है कि मैं इसे फिर से कहना चाहता हूं—हमें जो कुछ भी चाहिए, वह हमारे अंदर है! स्पष्टता, आनंद, शांति, प्रेम—ये और ढेर सारी अच्छी भावनाएँ आपके अंदर हैं, जो विकसित होने का इंतजार कर रही हैं। और यकीनन वहीं, सभी बुरे गुण भी हैं। स्पष्टता आपमें है, लेकिन दुविधा भी है। खुशी आपमें है, लेकिन दुःख भी है। शांति आपमें है, लेकिन अशांति भी है। प्यार आपमें है, लेकिन नफरत भी है।

आपके बुरे गुण जल्दी दिखने लगते हैं लेकिन अपने अंदर अच्छाई खोजने के लिए, आपको थोड़ी मेहनत करनी पड़ेगी। अच्छे गुण आपकी आंतरिक शांति से उत्पन्न होते हैं और यह आपको आपके अस्तित्व के बीचों-बीच एक चट्टान की तरह ठोस और कभी न बदलने वाली बुनियाद देते हैं। लेकिन आपको यह जानना होगा कि इस खजाने की तलाश कहां करें। यह बात मुझे एक कहानी की ओर ले जा रही है।

एक आदमी अपना गाँव छोड़कर पैसे कमाने के लिए शहर जाता है। वह वहां बहुत धन कमाता है। कुछ साल वहां रहने के बाद, अपने परिवार से मिलने के लिए वह वापस आने की सोचता है। इसलिए वह अपने सूटकेस और उपहारों से भरे बैग को लेकर घर की ओर निकल पड़ता है। लगभग उसी समय, एक चोर उसे देखता है और सोचता है, "इस आदमी के पास पैसा है। मुझे इसके छोटे-छोटे उपहारों की परवाह नहीं है, मुझे इसका पर्स चाहिए।" वह उस आदमी के पास जाता है और बातचीत करता है। वह उससे पूछता है कि वह कहाँ जा रहा है। फिर वह कहता है, "ठीक है, मैं भी उसी तरफ जा रहा हूँ, चलो एकसाथ चलते हैं।"

उस रात वे एक सराय में रुकते हैं। रात के खाने के समय, आदमी कहता है कि उसने शहर में बहुत अच्छा पैसा कमाया है और अब वह एक बड़ा घर बनाने और अपने परिवार की देखभाल करने के लिए वापस

घर जा रहा है। यह सुनकर चोर खुश हो गया। वह जल्दी सोने का बहाना बनाता है। लेकिन वह सोने के बजाय उस आदमी के कमरे में जाता है। वह उसके हर बैग को देखता है लेकिन उसे पैसा नहीं मिलता। वह हर अलमारी में देखता है लेकिन वहां भी नहीं मिलता। वह उसके बिस्तर को भी उलट-पलट कर देखता है लेकिन उसे एक सिक्का तक नहीं मिलता।

अगली रात, वे एक और सराय में रुकते हैं। "तो, आपने यकीनन बहुत पैसा कमाया", चोर कहता है "और आप घर बनाने और परिवार की देखभाल करने के लिए उसे घर ले जा रहे हैं, है ना?"

"ओह हाँ", आदमी कहता है। "मैंने अपनी उम्मीद से बहुत अधिक पैसा कमाया और मैं असल में बहुत खुश हूं कि मैं उस सबको घर ले जा रहा हूं और कुछ सुंदर चीजें बनाऊंगा।"

एक बार फिर, चोर चुपके से उस आदमी के कमरे की तलाशी लेता है, हर उस जगह को देखता है, जिसके बारे में वह सोच सकता है। उसे कुछ नहीं मिलता।

अगली रात, वे एक और सराय में पहुँचते हैं और फिर वह आदमी रात के खाने के लिए चोर के साथ जाता है। भोजन के आखिर में चोर कहता है, "तो, तुम जल्द ही घर जाओगे और उस पैसे का इस्तेमाल करोगे।" "यह सही है", आदमी कहता है, "यह बहुत अच्छा होगा।" इसके साथ ही, चोर शुभ रात्रि कहता है और उसके पर्स के लिए वह फिर उस आदमी के कमरे की इंच-इंच की तलाशी लेता है, पर उसे कुछ मिलता नहीं।

अगली सुबह, वे उस आदमी के गाँव के पास पहुँच जाते हैं। चोर से अब रहा नहीं गया। "मुझे कुछ कबूल करना है", वह कहता है। "मैं एक चोर हूं और जब तुमने मुझे बताया कि तुम्हारे पास इतना सारा पैसा है तो मैं असल में इसे चुराना चाहता था। हर रात, मैंने तुम्हारे पूरे कमरे की तलाशी ली, यहाँ तक कि तुम्हारे जूतों के अंदर और तुम्हारे तकिए के नीचे भी देखा। मुझे कुछ नहीं मिला। क्या तुमने सच में कोई पैसा कमाया है?"

"ओह हाँ", वह आदमी खुशी से कहता है। उसने अपनी जेब से दो भरे हुए भारी पर्स निकाले, "मुझे तभी एहसास हो गया था कि तुम एक

चोर हो। इसलिए हर रात, डिनर के लिए जाते समय, मैं तुम्हारे कमरे में जाता और तुम्हारे तकिए के नीचे अपना सारा धन छुपा देता। मुझे पता था कि तुम मेरी सारी चीजों की तलाशी लोगे लेकिन अपनी चीजों की तलाशी कभी नहीं लोगे।"

आंतरिक शांति के अनमोल खजाने को खोजने के लिए, अपने अंदर देखें। कोई बाजार इसे नहीं बेचता, कोई जमींदार इसे कन्ट्रोल नहीं करता, कोई सरकार इसे कन्ट्रोल नहीं करती और कोई भी इसे आपसे चुरा नहीं सकता। आप आत्मज्ञान और इन सभी खजानों के साथ बहुत अमीर हैं, ये आपको अपने अंदर की शांति की खोज करने के योग्य बनाएंगे।

हम बाहरी दुनिया को देखने, महसूस करने, चखने, सूंघने, सुनने में माहिर बन जाते हैं—लेकिन क्या आप जानते हैं कि हम अपनी इंद्रियों को अंदर भी घुमा सकते हैं? आपकी आंतरिक दुनिया की बनावट और आकार क्या है? जब आप अपने अंदर झांकने की कोशिश करते हैं तो आपको कौन सी तस्वीरें दिखाई देती हैं? आपकी जरूरतों और इच्छाओं का स्वाद क्या है? आपकी भावनाओं की खुशबू क्या है? आपके अंदर की छिपी हुई आवाज क्या है? क्या आप अपने आपको स्पष्ट तरीके से सुन सकते हैं?

जब मैं बच्चा था, हमारे पास ऐसी किताबें थीं जहां आप नंबर से पेंट कर सकते थे—1 का मतलब लाल, 2 पीला, 3 नीला और इसी तरह। वो मजेदार था। फिर ये नई किताबें आईं—जहां पहले से ही पन्ने पर पेंट था, आपको बस पानी लगाने की जरूरत थी और तस्वीर दिखाई देने लगती थी। यह थोड़ा सा सरल था। एक दिन मैंने सोचा, क्यों पूरा काम करें? इसलिए मैंने पूरी किताब ली और उसे पानी में डाल दिया, उसे सूखने दिया, उसे खोला—और सबकुछ रंगा हुआ था। लेकिन इसका कोई मतलब नहीं था। यह सिर्फ एक गड़बड़ थी। इसलिए मैंने शुरू से ड्राइंग किया और पेंट किया।

इस दुनिया में बहुत सारे लोग हैं जो इस उम्मीद में अपना जीवन जीते हैं कि उन्हें बताया जाएगा कि कहां पेंट करना है। वे कह रहे हैं, "मुझे ऐसे बॉक्स दो, जिनमें मैं पेंट कर सकूं या पानी से धो सकूं। बस मुझे खुद कुछ बनाने के लिए मत कहो।" लेकिन हमें अपने आपको व्यक्त करने का मौका दिया गया है—हमारे अंदर की ताकतों के साथ

सुंदर तस्वीरों को पेंट करने का मौका। हर नई सुबह, हम खुद का सबसे शानदार रूप बनना चुन सकते हैं। नम्बरों को न देखें। बॉक्स के बाहर पेंट करें। तुम्हारे हृदय में जो है, उसे रंगो। आप कौन हैं, इसका सबसे चमकता हुआ रूप पेंट करें।

एक और जीरो

बहुत समय पहले मैं सांताक्रूज, कैलिफोर्निया में एक कार्यक्रम में अपना संदेश दे रहा था। हमने वह कार्यक्रम प्रश्न-उत्तर के साथ समाप्त किया। मुझे याद है कि हॉल भरा हुआ था, लोग बाहर खड़े होकर खिड़कियों और दरवाजों से अंदर देख रहे थे। एक समय आया, एक योग शिक्षिका ने हाथ उठाया कि उनके पास मेरे लिए एक प्रश्न है और कमरे में मौजूद, सभी का ध्यान उसकी ओर गया।

"आप योग के बारे में क्या सोचते हैं?" उसने पूछा।

हो सकता है मैंने स्थिति को गलत समझा हो लेकिन मुझे लगा कि वह मुझसे यह कहने की उम्मीद कर रही थीं, "ओह! योग एक ऐसी चीज है जिसे हम सभी को करना चाहिए", और फिर उसे ज्यादा ग्राहक या ज्यादा नाम मिलता। पीछे मुड़कर देखने पर, मैं कह सकता हूं कि मेरा जवाब उसे बेतुका लगा होगा। मैंने उत्तर दिया—

"ओह, योग? हाँ, यह जीरो जैसा है।"

शून्य!

वह बुरा मान गई। उसे इस जवाब की उम्मीद नहीं थी, इसलिए वह चली गई। उसके जाने के बाद, जो लोग अभी भी कमरे में थे उनको मैंने समझाया कि मेरा क्या मतलब है।

"इसे ऐसे समझें, आप एक हैं और योग जीरो है। एक के पहले जीरो रखो, क्या मिलता है? एक, एक रहता है; जीरो, जीरो रहता है। एक के बाद एक जीरो रखें, आपको दस मिलते हैं। एक और जीरो जोड़ें, आपको सौ मिलते हैं।"

मैंने सोचा था कि यह एक अच्छा जवाब था लेकिन मैं योग शिक्षिका

को, अपनी बात नहीं समझा पाया!

यहां एक गहरी बात है—हम अपने से पहले जो भी रखते हैं, वह हमारे साथ नहीं जुड़ता। नौकरी, पैसा, विश्वास, दूसरे लोगों की जरूरतें, योग, ये हमसे पहले नहीं आने चाहिएं। दूसरी तरफ, हम अपने बाद जो कुछ भी रखते हैं, वह हमारे अस्तित्व को कई गुणा बढ़ा देता है। सबसे पहले और सबसे जरूरी, हमें एक को रखना चाहिए, क्योंकि इसके बिना कुछ भी नहीं है। तब हम उसके बाद बहुत सारे जीरो लगाना शुरू कर सकते हैं।

इस दुनिया में सात अरब लोग हैं। मैं एक हूँ। आप एक हैं। आपके जीवन में, हर चीज की शुरुआत आपसे होनी चाहिए—आपसे।

आप क्या चुनेंगे?

जब हम समझते हैं कि हम असल में कौन हैं तो यह हमें एक बहुत शक्तिशाली चीज देता है, वह चीज हमारे जीवन और हमारे आसपास की दुनिया को एक स्वरूप देती है। मैं चुनने की बात कर रहा हूं। आत्मज्ञान आपको यह देखने के काबिल बनाता है कि आपको शांति और हलचल के बीच, प्यार और नफरत के बीच, खुशी और शिकायतों के बीच चुनने को मिलता है। वैसे न चुनना भी एक विकल्प है। यदि आप जीवन की नदी में बहना चुनते हैं और यह आपको किसी ऐसी जगह ले जाये, जो आपको पसंद न हो तो भी आप शिकायत नहीं कर सकते।

हमारे जीवन में क्या हो रहा है, इसके प्रति हमें सचेत होने की जरूरत है। जब हम कार से या साइकिल से घर जा रहे होते हैं तो हमें कैसे पता चलता है कि हम सही तरफ जा रहे हैं और खोये नहीं हैं? क्योंकि हम जो कुछ भी देखते हैं, वह इस बात को पक्का करता है कि हम कहां हैं और कहां जा रहे हैं? जीवन के रास्ते में संकेत क्या हैं? क्या हम उन्हें सही-सही देख रहे हैं? क्या मैं इस बात को जानता हूं कि मैं आज कहां हूं और मैं इस दुनिया में क्या महसूस करना चाहता हूं?

क्या हर समय सचेत रहना संभव है? नहीं, क्योंकि अचेत रहकर जीना लगभग प्राकृतिक तरीके से हमें आता है, इसमें हम असल में बहुत

माहिर हैं। लेकिन क्या होगा अगर हम सचेत होकर काम करना चुनें? खैर, इसका हम पर और दूसरों पर गहरा असर हो सकता है। लेकिन हमें हमेशा अपने आपसे शुरुआत करनी चाहिए। आप अपने ब्रह्मांड के बीचों-बीच हैं लेकिन आपको इसे जानने, समझने और इसे पूरी तरह से अनुभव करने के लिए, चुनने की जरूरत है।

हम अपने जीवन में जो चुनेंगे, वह हमारे लिए बहुत बड़ा बदलाव लाएगा और हमारे आसपास के लोगों के जीवन को भी प्रभावित करेगा। बहुत से लोगों को लगता है कि उनके पास कोई विकल्प नहीं है लेकिन हमारे पास हमेशा विकल्प है—हमेशा। आप एक भयानक स्थिति में हो सकते हैं और महसूस कर सकते हैं कि आपके पास बहुत कम आजादी, बचाव या मौके हैं। और ऐसी स्थितियां लोगों के साथ होती हैं और वे डरावनी होती हैं—फिर भी, आप अपने अंदर की शांति से जुड़ना चुन सकते हैं। लेकिन केवल हम ही यह चुनाव कर सकते हैं—कोई दूसरा, हमारे लिए नहीं कर सकता।

जीवन में आगे बढ़ना, कार चलाने जैसा हो सकता है। ड्राइविंग का मतलब ही चुनाव करना है—कहां आप कार को घुमाते हैं, आप किस गेयर में हैं, आप कितनी तेजी से जा रहे हैं, कहां रुकते हैं, रेडियो पर आप क्या सुनते हैं। जब आप अपने जीवन रूपी गाड़ी की ड्राइवर सीट पर होते हैं, तो आप इन्चार्ज होते हैं और आपके फैसलों के नतीजे होते हैं। अगर आप अच्छे चुनाव करना बंद कर दें तो आप खो सकते हैं, गैस समाप्त हो सकती है, रुक सकते हैं या दुर्घटना भी हो सकती है! अच्छे विकल्प चुनें—और आप जहां चाहें, वहां जा सकते हैं और सफर का आनंद भी ले सकते हैं।

आइए, इस उदाहरण को थोड़ा और आगे बढ़ाते हैं। जब आप गाड़ी चला रहे हों, उस समय अगर आप हर समय पीछे देखने वाले शीशे में देखते रहें तो आपको पता नहीं चलेगा कि आगे क्या आ रहा है। यदि आप इस बात की कल्पना करते रहें कि अगले कोने में क्या है तो आपको पता नहीं चल पायेगा कि आपके सामने क्या हो रहा है। इस पल में रहना कहीं ज्यादा संतोष प्रदान करने वाला है, आगे के रास्ते को साफ देखना, अच्छे विकल्प चुनकर आगे बढ़ना और अपने सफर के हर मोड़ की तारीफ करना। क्या आप अपने जीवन की ड्राइवर सीट पर हैं?

अपने आपसे शुरू करना

हम अपने आपसे शुरू करते हैं, जब हम हर पल में हमें दिए गए, जीवन के उपहार को स्वीकार करना चुनते हैं और समझते हैं कि यह उपहार हम जो चुनते हैं हमें वैसा करने के लिए मिला है। हम खुद से शुरुआत तब करते हैं, जब हम दूसरे लोगों की राय, जरूरतों और चाहतों के शोर से ऊपर, अपने हृदय की सुनना चुनते हैं। हम अपने आपसे शुरू करते हैं, जब हम यह पहचानते हैं कि हमारे अंदर शांति की शक्ति है। जब भी हम अंदर मुड़ना चुनते हैं तो अंदर के वे खजाने हमारे लिए होते हैं, जिन्हें कोई हमसे चुरा नहीं सकता। हम अपने आपसे शुरू करते हैं, जब हमें यह जानने की प्यास लगती है कि हम कौन हैं।

अपने हृदय की बात सुनने पर और पहली बार अपने आपसे मिलने के आश्चर्य पर, मेरी ओर से कुछ लाइनें हैं—

अँधेरे में, तुमने कहा देखना सीखो।
पहले मैं भ्रमित था,
लेकिन अब मैं देखता हूँ।

तुमने कहा, बिना किसी प्याले के स्वाद लेना सीखो।
मुझे पहले प्यास लगी थी,
लेकिन अब मैं पी चुका हूं।

तुमने कहा, बिना हिले-डुले छूना सीखो।
मैं पहले सुन्न था।
लेकिन अब मुझे महसूस होता है।

तुमने कहा, खामोशी में सुनना सीखो।
मैं पहले बहरा था,
लेकिन अब सुनता हूँ।

हमने इस अध्याय में बहुत सारी चीजों को शामिल किया है, इसलिए मैं आपको तीन सरल तरीकों की याद दिलाने जा रहा हूं जिससे हम सभी, अपने आपसे जुड़ सकते हैं—

- जान लें कि हमें जो कुछ भी चाहिए, वह हमारे अंदर है। अपने अंदर मौजूद साधनों के अद्भुत क्रम को समझें।

- हमारे पास बहुत क्षमता है लेकिन हम कैसे जीते हैं, इसे अपने जीवन में व्यक्त करना चाहिए—आपके जैसा कोई और नहीं है, इसलिए आप जो हो सकते हैं, इसके सबसे बड़े और बढ़िया रूप बनें।

- याद रखें, हमारे पास हमेशा एक विकल्प होता है—आप जिस भी स्थिति में हों, आपके पास एक से ज्यादा विकल्प रहते हैं।

बेवकूफ कौन है?

मैं इस कहानी को अध्याय के आखिर में जोड़ने से, खुद को रोक नहीं सकता। यह अकबर और बीरबल की क्लासिक कहानी का मेरा रूप है। यह इस बारे में है कि कैसे हम खुद को स्पष्ट तरीके से न देखते हुए, अन्य लोगों को परखने में अपना समय बरबाद करते हैं।

भारत में एक राजा था—अकबर और उसने अपने पसंदीदा मंत्री बीरबल को बुलाया क्योंकि उसे मदद की जरूरत थी।

"बीरबल! जाओ मेरे लिए पांच बेवकूफों को ढूंढ़ कर लाओ।" "जी हुजूर", बीरबल ने जवाब दिया और वह कमरे से निकल गया। वह बाहर जाते हुए सोच भी रहा था—"मैंने उनके अनुरोध पर 'हां' तो कह दिया लेकिन मैं पांच बेवकूफों को कैसे ढूंढूंगा? मैं इसके लिए क्यों राजी हुआ? यह आसान नहीं होगा!"

बीरबल दरबार में सबसे तेज था लेकिन उसे इस बात की चिंता थी कि शायद उसके पास इस समस्या का समाधान न हो। इसलिए उसने अपने बाकी सभी काम छोड़ दिये और मूर्खों की तलाश में सड़क पर निकल गया। वह सोच रहा था कि वह इस काम को कैसे करे। तभी उसने देखा कि एक आदमी जमीन पर पड़ा हुआ है, वह अपने हाथों को चौड़ा किये हुए अपने पैरों को इधर-उधर घुमा रहा है।

"आप क्या कर रहे हैं?" बीरबल ने पूछा।

"मेरी पत्नी घर की दोबारा सजावट कर रही है, उसने परदे के लिए खिड़की का माप लिया और उसने मुझे बाजार जाकर इतना ही परदा खरीद कर लाने के लिए कहा", उसने अपने हाथों के बीच की दूरी की ओर इशारा करते हुए कहा। "फिर मैं गिर गया और मैं यहाँ जमीन पर संघर्ष कर रहा हूँ क्योंकि मैं अपने हाथों का इस्तेमाल, वापस उठने के लिए नहीं कर सकता।"

"ठीक है, मुझे लगता है कि मुझे पहला बेवकूफ मिल गया", बीरबल ने सोचा।

लगभग एक घंटे बाद, उसने देखा कि एक आदमी गधे पर सवार होकर अपने सिर पर एक बड़ी टोकरी लिए है और उसका संतुलन बना रहा है।

"आप क्या कर रहे हैं?" बीरबल ने पूछा।

. "आह! मुझे अपने गधे से प्यार है, मैं उसपर यह भारी बोझ नहीं डालना चाहता, इसलिए मैं इसे अपने सिर पर ले जा रहा हूं।"

बीरबल खुश हुआ। एक और बेवकूफ मिला।

अंधेरा होने लगा, इसलिए बीरबल एक स्ट्रीट लैंप के पास खड़े हो गए। वहाँ उन्होंने देखा कि एक आदमी अपने हाथों और घुटनों पर झुका हुआ, जमीन पर कुछ ढूंढ़ रहा है।

"आप क्या कर रहे हो?" बीरबल ने पूछा।

"आज दोपहर में मैं यहाँ से लगभग एक मील की दूरी पर, अपने दोस्तों के साथ जंगल में गया था", उस व्यक्ति ने कहा, "हम पिकनिक मना रहे थे, मैंने अपनी अंगूठी पहन रखी थी, वह अंगूठी वहां गिर गई।"

"ठीक है, तो क्या तुम्हें अपनी अंगूठी की तलाश जंगल में नहीं करनी चाहिए?" बीरबल ने कहा।

"क्या! तुम पागल हो?" उस आदमी ने कहा। "इस समय जंगल में रोशनी नहीं है, अंधेरा है!"

बीरबल ने खुशी से अपने हाथ मले।

अगले दिन बीरबल, तीनों आदमियों को बादशाह से मिलाने ले गया।

"राजन्! मुझे आपके बेवकूफ मिल गए", उन्होंने कहा। फिर उन्हें समझाया कि जब वे उनसे मिले, हर कोई क्या कर रहा था।

"लेकिन बीरबल, मैंने आपसे पांच बेवकूफों को लाने के लिए कहा था", बादशाह ने कहा।

बीरबल ने कहा, "राजन्! चौथा बेवकूफ मैं हूं, जो बेवकूफों की तलाश में कल से सारा समय बरबाद कर रहा हूं।"

"और पाँचवाँ बेवकूफ?" सम्राट ने पूछा।

बीरबल बस मुस्करा दिया।

अध्याय 6

कृतज्ञता को चुनें

जब मैं लोगों से पूछता हूँ, "आप अपने जीवन में किस चीज़ के लिए आभारी महसूस करते हैं?" वे अक्सर कुछ इस तरह का उत्तर देते हैं—"ओह! मेरा परिवार, मेरे मित्र, मेरा घर, मेरी नौकरी।" मैं समझ सकता हूं कि ये सारी चीज़ें बेशक बहुत ही सुंदर आशीर्वाद हैं। पर मुझे कभी-कभी लगता है कि लोग वास्तव में वही कह रहे हैं, जिसके बारे में लोग सोचते हैं कि उन्हें उसका आभारी होना चाहिए। मैं उनके लिए इस बात की आशा करता हूं कि वे उस महत्वपूर्ण उपहार को भी स्वीकार करें जो सबको मिला हुआ है और वह है स्वयं आपका जीवन! इसके बिना बाकी सबकुछ असंभव है, फिर भी यह बात हमारे दिमाग से निकल जाती है।

उपहार को खोलना

मैंने अक्सर लोगों को यह कहते सुना है, "हमें आज के लिए जीने की ज़रूरत है!" लेकिन हममें से कितने लोग वास्तव में इस सच्चाई को अपने दिल से महसूस करते हैं? हम दिन में कितनी बार यह सोचते हैं—"मैं जीवित हूँ, धन्यवाद!" क्या यह पहली चीज है जो सुबह हमारे मन में आती है या हमारा मन सीधे इन बातों की ओर जाता है—"कितने बजे हैं? आज मुझे क्या-क्या करना है? टूथपेस्ट कहाँ है? मुझे कॉफी की जरूरत है!" शोर! शोर! शोर! जब हम शोर को सुनने लगते हैं तो हम और कुछ सुनना बंद कर देते हैं—और हम खुद को भी सुनना बंद कर देते हैं।

जीवन के उपहार को खोलने और संजोने की जरूरत है। और वैसे, इस उपहार पर निश्चित रूप से "उपयोग की अन्तिम तिथि" भी दी हुई है, इसलिए उसपर लपेटे हुए कागज़ को तुरन्त खोलना शुरू करें! जब हम हर एक पल में दिए गए अवसर को, पूरी स्पष्टता के साथ देखते हैं तो हमारा हृदय सराहना से भर जाता है। और यही वह कृतज्ञता है, जिसके बारे में मैं यहां बात करना चाहता हूं—अंदर से एक स्वीकृति कि हर श्वास, जीवन का आशीर्वाद लाती है। और तब उस स्पष्टता के साथ, संतुष्टि की एक सुंदर भावना आती है।

जब मेरे अंदर कृतज्ञता की भावना आती है तो वह कहती है—"मैं जीवित हूं और मैं वास्तव में जानता हूं कि मैं जीवित हूं।" तब मुझे लगता है कि वह जीवन मुझमें स्पंदित हो रहा है। इस वक्त, वह अद्भुत शक्ति जो पूरे ब्रह्मांड को चला रही है, वह मुझे भी चला रही है। मेरी रक्त-कोशिकाएं, मेरे फेफड़ों से ऑक्सीजन को वहां ले जा रही हैं, जहाँ इसकी जरूरत है। मेरे अंदर और मेरे आसपास ये सभी इलेक्ट्रॉन, प्रोटॉन और न्यूट्रॉन मौजूद हैं। हर नई श्वास इस शानदार ग्रह पर, सभी संभावनाओं के साथ, मेरे अस्तित्व को शक्ति दे रही है। मनुष्य जटिल पुर्जों और प्रक्रियाओं का एक शानदार ढंग से बना हुआ संग्रह है—एक पूरा जीवित आश्चर्य। तो हम अपनी बनावट की सराहना करने और हर पल पूरी तरह से अनुभव करने के अलावा, खुद को इससे बेहतर और क्या उपहार दे सकते हैं?

अपने सबसे शुद्ध और शक्तिशाली रूप में इस जीवन के लिए मेरी कृतज्ञता स्वयं इस उपहार के लिए है—इस समय इस दुनिया में मौजूद होने के लिए न कि उसके लिए जो यह मुझे करने में सक्षम बनाता है। कृतज्ञता का यह गीत मेरे लिए तब बजता है, जब मैं बाहर से अंदर की ओर जाता हूं।

इस पृथ्वी पर हम जैसे अरबों लोग हैं और हर एक व्यक्ति इस मामले में अनोखा है कि उसे जो दिया गया है, उसके बारे में वह कैसा महसूस करता है। हममें से हर कोई एक अलग गीत गा सकता है, एक गीत इस बारे में कि मैं जीवित होने में कैसा महसूस करता हूं, जब मैं संतुष्ट होता हूं तब मैं कैसा महसूस करता हूं और जब मैं आनंदित होता हूं तब मैं कैसा महसूस करता हूं। कुछ लोग उस उपहार के बारे में नहीं

जानते हैं जो उनको मिला है, वहीं कुछ लोग अक्सर इसका उत्सव भी मनाते हैं। आप जो भी हैं, आपके पास अब तक के उस सबसे कीमती जीवन रूपी धन के लिए, कृतज्ञता को महसूस करने का अवसर हमेशा है।

कृतज्ञता को महसूस करना

कृतज्ञता कोई ऐसी चीज नहीं है जिसके बारे में हम सोचते हैं। यह एक ऐसी चीज़ है जिसे हम महसूस करते हैं। हम संतुष्ट महसूस कर सकते हैं लेकिन हम यह सोच नहीं सकते कि हम संतुष्ट हैं। हम आभार महसूस कर सकते हैं, लेकिन हम यह सोच नहीं सकते हैं कि हम आभारी हैं। आभार विचार करने का नहीं बल्कि महसूस करने का विषय है। यह अपने आपको भाग्यशाली मानने के बारे में नहीं है। हम अपनी जिन्दगी के बारे में जो महसूस करते हैं यह उसके प्रति आभार व्यक्त करने के बारे में है।

कृतज्ञता अच्छे शिष्टाचार की बात नहीं है। यह अपने जीवन की सराहना को, जिस तरह से मैं महसूस करता हूं, उसे चुनने की बात है। अक्सर जो हमें दिया जाता है, उसके लिए "धन्यवाद" कहने को हमें प्रेरित किया जाता है-बच्चों के साथ अक्सर ऐसा होता है। लेकिन जीवन के लिए कृतज्ञता अंदर से आती है।

अपने जीवन के लिए कृतज्ञता महसूस करने का सही समय कब है? अभी। हमें किसी समारोह या ग्रहों के सही जगह होने या किसी व्यक्तिगत संकट का इंतज़ार नहीं करना है। हमें बस अपना ध्यान अंदर ले जाना है और जो हमें दिया जा रहा है, उसकी सराहना करनी है। कृतज्ञता के उस उत्तम क्षण में, हर तरफ से ध्यान हट जाता है। यह ऐसा है जैसे हमारी यात्रा आखिरकार अपनी मंजिल पर पहुंच गई है, पर साथ ही, एक नई रोमांचक यात्रा की भी शुरुआत हो रही है। कृतज्ञता, अतीत और वर्तमान के मिलन का सही बिंदु है, यह वर्तमान का एक उत्सव है।

हम पूर्ण हैं

कृतज्ञता उससे आती है, जो है न कि जो हो सकती है। इसका मतलब यह नहीं है कि हमें अपनी जरूरतों और चाहतों, अपनी इच्छाओं, आशाओं और सपनों को छोड़ देना चाहिए। जो हमारे पास पहले से ही है उसके लिए आभारी होने के लिए हमें बाहरी सफलता के आने की प्रतीक्षा करने की जरूरत नहीं है। हमारी कल्पना और हमारा साहस बाहरी दुनिया में भले ही महान चीजें हासिल कर सकते हैं लेकिन हमें पूर्ण बनाने के लिए उपलब्धियों की आवश्यकता नहीं है; क्योंकि हम पूर्ण हैं।

हम हमेशा चीजों को वैसे ही स्वीकार कर सकते हैं जैसी वे हैं, उन्हें वैसे ही अनुभव करें जैसी वे हैं और उनकी सराहना करें जैसी वे हैं। जब हम वास्तव में जो है उसकी सराहना करते हैं तो हमारी कृतज्ञता अनंत हो जाती है। हमारे संतोष को नापा नहीं जा सकता। हमारी खुशी को नापा नहीं जा सकता। हमारे प्यार को नापा नहीं जा सकता। हमारी समझ को नापा नहीं जा सकता। हमारी आंतरिक शांति को नापा नहीं जा सकता। हम एक दर्जी की तरह उसके विस्तार को, एक फीते से नापकर उसके आकार का माप नहीं बता सकते हैं। हम उन्हें तराजू पर नहीं रख सकते हैं। वे अनंत और निराकार हैं लेकिन हमारे लिए पूरी तरह से वास्तविक हैं।

जब हम हर श्वास को महत्व देते हैं तो यह एक असलियत होती है। जब हम अपने अंदर की शांति से पूरी तरह जुड़ जाते हैं तो यही सच्चाई है। ये सारी चीजें केवल यहीं और अभी हो सकती हैं। "अभी" के लिए अच्छा कार्य क्या है? अभी के लिए अच्छा कार्य है—चेतना। अभी के लिए अच्छा कार्य है—आनंद। अभी के लिए अच्छा कार्य है—कृतज्ञता।

कष्ट और सफलता से परे

अक्सर मुझसे पूछा जाता है—"मेरे जीवन में होने वाली बुरी चीजों के बारे में आप क्या कहेंगे? क्या मुझे उनके लिए भी कृतज्ञता दिखाने की जरूरत है?" या जैसा कि किसी ने एक बार मुझसे थोड़े गुस्से में पूछा, "क्या हमें भ्रम के लिए आभारी होना चाहिए? क्या हमें दुःख के लिए आभारी

होना चाहिए? क्या हमें दर्द के लिए आभारी होना चाहिए?" नहीं, लेकिन उन भावनाओं में एक अच्छी चीज की ओर भी इशारा है—आपके जीवन की ओर। जीवन के बिना, आप न तो बुरा महसूस कर सकते हैं और न ही अच्छा। जीवन के बिना, न आप क्रोधित हो सकते हैं और न ही आपको दर्द हो सकता है। जीवन के बिना, आपको बुरे समय को अच्छा होते देखने का अवसर भी नहीं मिलता है। इसके बारे में एक कहानी है—

एक राजा, उसका मंत्री और उसका सेनापति, एक गुप्त मिशन पर दूसरे राज्य का दौरा करने के लिए निकले। रास्ते में, राजा ने एक सेब काटते समय अपना अंगूठा काट लिया। इससे बहुत खून बहने लगा। सेनापति ने उसपर पट्टी बांध दी और वे आगे बढ़ते रहे। राजा दुःखी था कि वह घायल हो गया और वह खुद से बार-बार पूछने लगा, "ऐसा क्यों हुआ?" कुछ मील आगे जाकर वह अपने मंत्री से बोला, "यह मेरे साथ क्यों हुआ?"

"महाराज! जो कुछ भी होता है, अच्छे के लिए होता है", मंत्री ने कहा।

राजा को यह बात बहुत बुरी लगी, खासकर तब जब उसके अंगूठे में बेहद दर्द हो रहा था। उसने सोचा—"चलो इसे सबक सिखाएं।" उसने अपने सेनापति को बुलाया और उससे कहा कि एक गहरी खाई ढूंढ़ो और उसमें मंत्री को फेंक दो, ताकि वह बाहर न निकल सके।

सेनापति ने ठीक वैसा ही किया। हालांकि मंत्री ने काफी विरोध किया, लड़ाई भी की और यहां तक कि सेनापति का कान भी काट लिया, जिससे वह लहू-लुहान हो गया। मंत्री चिल्लाने लगा, "तुम मेरे साथ ऐसा क्यों कर रहे हो?"

"ठीक है", राजा ने कहा, "जो कुछ भी होता है, अच्छे के लिए होता है।"

राजा और उसके सेनापति ने मंत्री को खाई में छोड़ दिया और एक जंगल की तरफ साथ-साथ चलते रहे। वे घंटों चले और फिर उन्हें एक अजीब गांव मिला। इससे पहले कि वे कुछ समझते, कुछ गांव वालों ने उन्हें घेर लिया। गाँव में बिना किसी इजाजत के घुस आने वाले इन अजनबियों के लिए, उनमें बहुत गुस्सा था। उनके गाँव में बिना बुलाए

घुस आने की सजा, बलि चढ़ाकर मौत थी। गाँव वालों ने राजा को देखा और फैसला किया कि इसे ही वे पहले मारेंगे, इसलिए उन्होंने उसे बांध दिया और आग जलाने की तैयारी शुरू कर दी।

राजा चिल्लाया, "यह भयानक है! ये ऐसा क्यों कर रहे हैं? मुझे बचाओ! रोको!"

समारोह के प्रभारी ने अंतिम तैयारी शुरू कर दी थी, तभी वह अचानक गाँव के मुखिया की ओर मुड़ा और कहा, "हम इस आदमी की बलि नहीं दे सकते!"

"क्यों नहीं?" मुखिया ने पूछा।

"जिस किसी की भी हम बलि चढ़ाते हैं, वह बिल्कुल सही होना चाहिए, लेकिन इसे देखिए"! और इसके साथ ही उसने राजा के पट्टी लगे हुए अंगूठे को दिखाया।

गाँव वालों ने एक लम्बी सांस भरी। लेकिन उन्होंने जल्दी ही अपना ध्यान सेनापति की ओर किया और उसे बांध दिया। एक बार फिर प्रभारी ने अंतिम तैयारी करना शुरू कर दिया लेकिन इस बार उसकी नजर, सेनापति के खून से सने कान पर गई।

"हम इस आदमी की बलि भी नहीं दे सकते!" वह चिल्लाया और एक बार फिर उसने रस्सियों को खोल दिया।

मुखिया और गाँव वाले गुस्से से पागल हो गए। सभी लोग चिल्लाने लगे और आपस में बहस करने लगे। इसी गड़बड़ में, राजा और उसका सेनापति जल्दी से चुपचाप खिसक लिए। वे जंगल में वापस चलते गए, चलते गए, चलते गए जबतक कि वे उस खाई के पास नहीं पहुँच गए, जहां पर मंत्री था।

"उसे बाहर निकालो!" राजा चिल्लाया। "मैं तुम्हें वहाँ नीचे फेंकने के लिए माफी चाहता हूँ। मेरे उस कटे हुए अंगूठे ने ही मेरी जान बचाई।" और राजा ने गाँव वालों और मौत से बचने की कहानी सुनाई।

"और मुझे बहुत खुशी है कि आपने मुझे खाई में फेंक दिया", मंत्री ने कहा, "क्योंकि मुझे तो कोई चोट नहीं है और यदि मैं वहां होता तो आपके बजाय, मेरी बलि चढ़ा दी गई होती!"

यह कहानी हमें उम्मीद की उन किरणों की याद दिलाती है, जो हमारे जीवन में दु:ख के बादल के साथ आती हैं। उम्मीद की ये किरणें हमें बताती हैं कि उस काले बादल के ठीक पीछे एक शक्तिशाली सूरज है, जो हमें गर्मी देने और हमारे रास्ते को रोशन करने की प्रतीक्षा कर रहा है।

वैसे, यह उन भयानक चीजों के प्रभाव को कम करने के लिए नहीं है, जो हमारे साथ हो सकती हैं। मैं सिर्फ इस ओर इशारा कर रहा हूं कि जिस भावनात्मक दर्द का हम अनुभव कर रहे हैं, हमेशा उससे कहीं अधिक कुछ और भी होता है। और सच पूछो तो आनंद के बारे में भी यही सच है। सबकुछ बदलता है। हम पीड़ा में हो सकते हैं लेकिन पीड़ा ही हमारे जीवन में सबकुछ नहीं है। हमें बड़ी सफलता मिल सकती है लेकिन सफलता ही हमारे जीवन में सबकुछ नहीं है। सफलता और पीड़ा हमारे जीवन से आ-जा सकती है, लेकिन शांति स्थायी है।

शारीरिक दर्द, मानसिक दर्द और भावनात्मक दर्द, ये दर्द हमारे मन को बहुत परेशान कर सकते हैं लेकिन हमारे हृदय में हमेशा कुछ-न-कुछ खूबसूरत होता रहता है। जब आप बहुत बुरे समय से गुजर रहे हों तो उस समय आंतरिक शांति को महसूस करना मुश्किल हो सकता है पर अपने अंदर देखिए, वहां दु:ख से परे कुछ और दिखाई देता है—जो हमें यह याद दिलाता है कि दर्द के दूसरी ओर खुशियां, आपका इंतजार कर रही हैं।

इस विषय पर सुकरात के कुछ शब्द इस प्रकार हैं—

> "अगर आपको वह नहीं मिलता है, जो आप चाहते हैं तो आप द:ुखी होते हैं; यदि आपको वह मिलता है, जो आप नहीं चाहते हैं तो भी आप दु:खी होते हैं; यहां तक कि जब आपको वह भी मिल जाता है जो आप चाहते हैं, तब भी आप दु:खी होते हैं, क्योंकि आप इसे हमेशा के लिए नहीं रख सकते। आपका मन ही आपकी समस्या है। यह परिवर्तन से मुक्त, दर्द से मुक्त, जीवन और मृत्यु के दायित्वों से मुक्त होना चाहता है। लेकिन परिवर्तन एक नियम है और कोई भी दिखावा उस वास्तविकता को नहीं बदल सकता है। जीवन दु:ख नहीं है, जीवन सिर्फ इतना है कि आप इसका आनंद लेने के बजाय, इसमें ही दु:ख पायेंगे जबतक आप हर

हाल में अपने मन के मोह को छोड़कर, स्वतंत्र रूप से यात्रा का आनंद नहीं लेते।"

सबसे घना अंधेरा बादल

हर किसी की तरह मेरे भी अच्छे दिन होते हैं और मेरे भी बुरे दिन होते हैं। चाहे मेरा दिन कितना भी बुरा रहा हो, मैं अपने अंदर मुड़कर कहना चाहता हूँ—"धन्यवाद कि मैं जीवित हूँ।" और जब मेरा दिन सचमुच बहुत ही अच्छा होता है, जब सबकुछ मेरे ही अनुसार चल रहा होता है, तब भी मैं अपने अंदर जाना चाहता हूं और कहना चाहता हूं—"धन्यवाद कि मैं जीवित हूं।" न तो मुसीबतें और न ही खुशी, हमें यह भूलने दें कि सबसे महत्वपूर्ण क्या है। न तो परेशानी और न ही खुशी, हमें हमारे हृदय में मिलने वाली शांति से विचलित कर पाए।

मेरे जीवन में अब तक का सबसे घना अंधेरा बादल तब आया, जब मैं अर्जेंटीना में एक कार्यक्रम में जाने की तैयारी कर रहा था। मुझे एक फोन आया जिसमें बताया गया कि मेरी पत्नी, मैरोलिन को तुरन्त अस्पताल ले जाया गया है। वे हमारे सबसे छोटे बेटे के साथ, सैनडिएगो के एक होटल में गयी थीं और उन्होंने वहां रूम सर्विस से पिज्जा ऑर्डर किया था। वे रूम सर्विस ट्रॉली का दरवाजा खोलने के लिए नीचे झुकी थीं कि अचानक बेहोश हो गईं और फर्श पर गिर पड़ीं। अगले दिन अस्पताल में, उन्होंने उनकी रीढ़ से एक द्रव का नमूना लिया जिसमें खून था और टेस्ट में पता लगा कि उनके सिर में कुछ गड़बड़ है। उन्होंने बताया कि उनके मस्तिष्क में धमनी की कोई बीमारी थी—खून की एक नली के साथ एक गंभीर समस्या। मुझे बताया गया था कि उनकी जिन्दगी को काफी खतरा है।

मैंने फोन नीचे रखा और अपने चारों ओर देखा। मैं हजारों मील दूर था, बिल्कुल अलग टाइम जोन में। उस शाम मैं लोगों की एक बड़ी सभा को संबोधित करने वाला था, जिनमें से कई लोग सालों से मेरे आने की प्रतीक्षा कर रहे थे। मैं अपने अंदर घूम रही सभी सूचनाओं और भावनाओं को, समाहित करने के लिए संघर्ष कर रहा था।

उस पल में, मैंने बैठने और चुपचाप अपने आपसे जुड़ने का फैसला किया। जब मैंने ऐसा किया तो मुझे हजारों मील दूर होने वाली भयानक घटनाओं का वास्तविक भार महसूस हुआ लेकिन मुझे अंदर की शांति भी महसूस हुई। मेरे अंदर बहुत शांति और स्पष्टता का प्रवाह हुआ। मैंने अपने विमान को तैयार करने की व्यवस्था की और जब यह हो रहा था, मैंने कुछ खास श्रोताओं से बात करने के लिए खुद को तैयार किया।

उस दिन, अच्छे और बुरे के बीच संतुलन रखने से, मुझे अपने रास्ते पर बने रहने में मदद मिली। मैं कार्यक्रम में गया और सुनाया, फिर सीधे एयरपोर्ट के लिए निकल पड़ा। मैंने रातभर उड़ान भरी और पूरी उड़ान बहुत अजीब सी रही। मेरा मन मैरोलिन की स्थिति के सभी संभावित परिणामों के साथ दौड़ रहा था लेकिन मेरा एक और हिस्सा था जो इस बारे में स्पष्ट था कि मुझे क्या करना है।

मैं उतरा, कस्टम से बाहर निकला और सीधे अस्पताल चला गया। मैरोलिन जाग रही थी लेकिन डॉक्टरों ने कहा कि ऑपरेशन करना बहुत जरूरी था। यह बहुत ही जटिल ऑपरेशन था। मैं अस्पताल के नज़दीक रहना चाहता था, इसलिए मैं एक होटल में रुक गया। मैं वहाँ रहा, एक महीने से कुछ अधिक समय तक, होटल और अस्पताल के बीच आता-जाता रहा। हर दिन, हमारा परिवार और हमारे दोस्त आशा लगाए हुए थे। समाचार हमेशा मिल रहा था, पर मैं आत्मज्ञान से आने वाली ताकत और सादगी को भी महसूस कर रहा था। और इसका मतलब था कि मैं मैरोलिन और परिवार की मदद कर सकता था।

उस दौरान, पूरा परिवार दु:ख की गहराई में था, लेकिन जीवन के लिए अभी भी वह आभार था। हम समस्या के लिए आभारी नहीं थे, लेकिन कृतज्ञता अभी भी हमारे अंदर थी—अंधेरे में एक प्रकाश, एक प्रकाश जिसने हमें जो हो रहा था, उसकी पूरी तस्वीर देखने में सक्षम बनाया। फिर मैरोलिन की स्थिति में धीरे-धीरे सुधार होना शुरू हो गया। और फिर वह घर आ गईं और हमने वहाँ उनकी अच्छी देखभाल की। बेशक, अब आपको पता नहीं लगेगा कि वह किस भयानक अनुभव से गुज़री थीं। शारीरिक, मानसिक, भावनात्मक रूप से ठीक होने की हमारी क्षमता असाधारण है! अगले अध्याय में, मैं इस बारे में और बात करूंगा कि हम जीवन के सबसे कठिन समय में कैसे रह सकते हैं।

शांति की नदी

मैं आंतरिक शांति को एक नदी की तरह समझता हूं, जो हमारे अंदर बहती है। कभी-कभी हमें ऐसा लग सकता है कि हम सूखी जमीन पर हैं, धरती पर कुछ भी नहीं उग रहा है। इसमें कोई बनावट नहीं, कोई रंग नहीं, कोई आश्रय नहीं है। फिर, उस कठोर पृथ्वी से शांति की एक धारा निकलती है, प्रकाश में चमकती है और पुरानी नदी के तलों को ढूंढ़ती हुई, दरारों वाली जमीन पर बहने लगती है।

जैसे-जैसे पानी ऊपर उठता है और घाटी में आगे बढ़ता है, बहुत सी चीजें घटित होने लगती हैं। नदी के किनारे घास की पत्तियां उगने लगती हैं, उस सूखी धरती में पड़े बीज अंकुरित होकर फूल बनने लगते हैं, कीड़े घास और पत्ते खाने के लिए आने लगते हैं, बड़े कीड़े छोटे कीड़ों को खाना चाहते हैं, इससे भोजन की तलाश में पक्षी आकर्षित होने लगते हैं, ये पक्षी सभी प्रकार के अन्य बीज लाते हैं और ये बीज अब उपजाऊ जमीन पर गिरते हैं।

इस तरह वहां पेड़ निकल आते हैं, उनकी शाखाएँ पके फलों से लद कर भारी हो जाती हैं, उनकी शाखाओं पर अनेक प्रकार की पत्तियां आ जाती हैं। धरती से आसमान तक चारों ओर पूरा दृश्य एक सुंदर पेंटिंग जैसा दिखने लगता है। कीड़ों की आवाज़ और पक्षियों की चहचहाट, वहां की हवा को संगीत से भर देती है। उस विशाल जंगल में एक मीठी सुगंध लहराती है, जो सभी प्राणियों के लिए उस आनंदमय सृजन की पार्टी में शामिल होने का निमंत्रण दे रही है।

प्रत्येक पौधे और प्राणी के विकास में अनोखे तत्व होते हैं लेकिन उन सभी को फलने-फूलने के लिए पानी की आवश्यकता होती है। शांति वह पानी है, जो जीवन को खिलने में सक्षम बनाता है। जब भी मैं खुद से जुड़ता हूं मैं उस शांति के लिए आभार महसूस करता हूं जो मेरे जीवन में है, उस अस्तित्व के लिए जो मुझे मिला है और जीवन के उन सभी रंग-रूपों के लिए जो मेरे लिए खिलते हैं।

लालच

मुझे बढ़िया भोजन, सुंदर स्थान, नई-नई तकनीकें और बाकी सब उतना ही पसंद है, जितना किसी और को। यदि आप इतने भाग्यशाली हैं कि आप और लोगों से ज्यादा समृद्ध हैं तो यह दुनिया आपके लिए कुछ सुंदर चीजें प्रदान करती है। समस्या तब आती है, जब हम चीजों की सराहना किए बिना, बस उन्हें इकट्ठा करते रहते हैं और उन्हें अपने पास एकत्र करते रहते हैं।

एक बार, मैं एक टीवी स्टेशन पर वैश्विक समस्याओं पर चर्चा कर रहा था कि किसी ने लालच के बारे में बात करना शुरू कर दिया और कैसे उन्होंने इसे हर जगह देखा। घर लौटते समय रास्ते में कार में, मैं लालच के उपचार के बारे में सोचने लगा। फिर, जब हम एक ट्रैफिक लाइट पर रुके तो हमारे बगल में एक कार आ गई, जिसमें ड्राइवर तेज़ संगीत बजा रहा था। वह सचमुच बहुत तेज़ था। बूम। बूम। बूम। मेरे मन में पहला विचार आया, "यह बहुत अप्रिय लग रहा है। उन्हें ऐसा करने की ज़रूरत नहीं है।" पर फिर मैंने सोचा—"वास्तव में, शायद ऐसा इसलिए है कि उन्हें वह गाना इतना पसंद है कि वे चाहते हैं कि हर कोई इसे सुने।" शायद, वह व्यक्ति सिर्फ गाने की सराहना कर रहा था। तब मेरे मन में यह विचार आया कि लालच का उपचार सराहना है। और जब हम वास्तव में किसी चीज की सराहना करते हैं तो हम उसे बाँटना चाहते हैं। इसका उल्टा तब होता है, जब हम किसी चीज का लालच करते हैं और तब हम उसे अपने पास रखना चाहते हैं।

तो, लालच एक ऐसी भावना है कि हम खुश नहीं रह सकते, जबतक हमें और नहीं मिल जाता लेकिन जब हम सराहना करना शुरू कर देते हैं, तब हमारे अंदर संतुष्टि की एक भावना आ जाती है। और जैसे ही हम कृतज्ञता की उस भावना से पूरी तरह जुड़ जाते हैं, लालच का अंत हो जाता है।

हमें खुद के साथ ईमानदार होना चाहिए और यह पहचानना चाहिए कि हम वास्तव में प्रत्येक दिन किस चीज़ को प्राथमिकता देते हैं। क्या सबसे महत्वपूर्ण चीजों की हमारी सूची में जीवन की सराहना ही सबसे ऊपर है या जबतक हमारा इस तरफ ध्यान नहीं जाता यह अन्य

प्राथमिकताओं से और नीचे, और नीचे जाता रहता है। रिश्ते, घर, कैरियर, छुट्टियां, कार्यक्रम, शौक, तकनीक और बाकी सब—क्या ये वास्तव में हमारी सूची में जीवन के उपहार का अनुभव करने से ज्यादा ऊपर होने के लायक हैं? मुझे लगता है कि हमें इस मिले हुए आशीर्वाद के अनुभव को प्राथमिकता देने की जरूरत है, न कि इसे हर चीज के नीचे दबाए जाने की। यदि हम इस आशीर्वाद के लिए सराहना को हर दिन सबसे ऊपर रखते हैं तो हमारा जीवन कैसा दिखेगा? चीजों को हम जिस तरह देखते हैं, उस तरीके को यह कैसे बदल सकता है? आपको क्या लगता है कि यह आपके जीवन में क्या करेगा?

मैं ऐसे लोगों को देखता हूं, जिनका अंत समय नजदीक है और वे यह जानते हैं, फिर भी उनका मन बाकी सभी चीजों को उस प्राथमिकता सूची में सबसे ऊपर रखता है। हमारे जीवन को मधुर बनाने वाले इन अनमोल दिनों का सच्चा और गहन आनंद कहाँ है? क्या वाकई हमारी प्राथमिकताएं इससे बड़ी हैं? हमारा मन जितना अधिक संसार में संतुष्टि की खोज करता है, उतना ही हम अंदर की सच्ची संतुष्टि से दूर हो जाते हैं। यहाँ इस बात पर संत कबीर से मिले कुछ ज्ञान के शब्द हैं—

पानी में मीन पियासी, मोहे सुनि-सुनि आवे हांसी।

जब हम लालच करते हैं तो हम उसी मछली की तरह होते हैं, जो पानी में होते हुए भी प्यासी रहती है। हर तरफ पानी होते हुए भी पीने के लिए, एक बूंद भी पानी नहीं होता है। हमारे पास वह सबकुछ है, जिसकी हमें जरूरत है लेकिन हम उसकी सराहना नहीं करते हैं। हमारे पास जो कुछ है, उसके लिए कृतज्ञता ही हमारी प्यास बुझाती है।

क्या आप सफल महसूस करते हैं?

बाहरी दुनिया में सबकुछ अस्थायी है, जो आपको किसी भी समय छोड़ सकता है। आप अभी जो महसूस कर रहे हैं, जो आप हैं, वही वास्तव में मायने रखता है। क्या आप सफल महसूस करते हैं? इसका निर्णय सिर्फ आप ही ले सकते हैं। क्या आप सफल महसूस करते हैं? जो सफलता आप चाहते हैं, वह सिर्फ आप ही बना सकते हैं। क्या आप सफल महसूस

करते हैं? आपका उत्तर, आपके अपने आपसे जो संबंध है, उसके बारे में क्या बताता है? क्या आप जानते हैं कि कितने अरब लोग उस मनमानी रेखा के बारे में सपना देखते हैं जो किसी और ने खींची है, जो घोषित करती है—"यही सफलता है।"

क्या यही जीवन है या कुछ और है? एक अंदर की दुनिया है और उस दुनिया में आपको दूसरों द्वारा बतायी गयी सफलता के बारे में प्रयास करने की जरूरत नहीं है। आप इसे बस अपने ही अंदर पा सकते हैं। वहां आपको प्रसिद्धि के लिए प्रयास करने की जरूरत नहीं है; आप बस महसूस कर सकते हैं कि आप जो हैं, उसके लिए लोग आपसे प्यार करते हैं। वहां आपको दूसरे लोगों से सम्मान पाने के लिए प्रयास करने की जरूरत नहीं है; आप जो हैं उसकी आप सराहना कर सकते हैं। आपको अपनी संपत्ति को तौलने और मापने की जरूरत नहीं है; इसके बजाय आप अपने जीवन के उपहार को स्वीकार करना जारी रख सकते हैं।

चाहतें और जरूरतें

संतुष्टि के बारे में हमारे भ्रम का एक कारण यह है कि हम कभी अपनी जरूरतों और अपनी चाहतों के बीच का अंतर नहीं समझते हैं।

हवा—शायद इसके बिना तीन मिनट से अधिक, हम जीवित नहीं रह पाएंगे।

धूप, पानी, भोजन, नींद—हमें इनकी भी जरूरत है।

समोसा—यह एक चाहत है।

उस नई फिल्म को देखने के लिए अवश्य जाना है—यह एक चाहत है।

उस चमकदार नई कार को ख़रीदना है—यह एक चाहत है।

चाहतों के साथ कुछ भी गलत नहीं है। वे हमारे जीवन में आनंद लाती हैं, उनसे पैसों का संचार होता है और लोगों की नौकरी बनी रहती है। जो आपको आज पसंद है, वह हो सकता है कि कल आपको पसंद न हो। इच्छाएं ऐसी ही होती हैं। अगर इच्छा बदलती नहीं है तो यह व्यर्थ

है। यह लगातार बदलती रहती है। आप एक नया टीवी खरीदते हैं और जबतक आप इसे घर लाते हैं, इसको प्लग में लगाते हैं और इसे चालू करते हैं, यह एक नए टीवी का विज्ञापन दे रहा होता है। और फिर आप उसकी इच्छा करते हैं। आप एक दोस्त के साथ एक रेस्तरां में जाते हैं; आप मेन्यू देखते हैं, सावधानीपूर्वक सोच-विचार करने के बाद, आप अपनी डिश ऑर्डर करते हैं। और जब भोजन आता है तो आप अपने बगल वाली मेज पर बैठे लोगों के भोजन को देखते हैं और आप उसकी इच्छा करते हैं। यही है इच्छा जो कभी संतुष्ट नहीं होती है!

हम अपनी जरूरतों को भूलकर, अपनी इच्छाओं पर बहुत अधिक ध्यान देते हैं। यह बिल्कुल अचरज वाली बात नहीं है, एक बहुत शोर-शराबे वाला, अरबों-खरबों डॉलर का चाहतों का एक उद्योग है और यह लगातार उन सभी चीजों का विज्ञापन करता है, जो आपकी अगली चाहत हो सकती है।

क्या आपने रिश्तों के बारे में यह बात सुनी है—"घर की मुर्गी दाल बराबर।" इसका मतलब है कि जिन लोगों के साथ हम बहुत ज्यादा समय बिताते हैं, हम उनके प्रति बेपरवाह हो जाते हैं। अक्सर ऐसा ही हमारे जीवन में, आवश्यक चीजों के साथ होता है। हममें से कितने लोगों ने आज सुबह उठकर हवा, पानी, भोजन और धूप के लिए धन्यवाद दिया? और सोते समय नींद के लिए?

मेरे विचार में, किसी भी चीज़ को बहुत अधिक चाहना ठीक है लेकिन हमें यह ध्यान रखना चाहिए कि इसकी एवज में हमारे जीवन में हम कुछ खो न रहे हों। क्या इस चीज़ को चाहने की कोई कीमत है या यह सिर्फ कुछ आनंददायक चीज़ें जोड़ रहा है? अगर यह कोई अच्छी चीज़ जोड़ रहा है और कोई अच्छी चीज़ घटा नहीं रहा है, तो बढ़िया है!

मैं हमेशा प्रभावित होता हूं, जब किसी के पास अपने और अपने परिवार के भौतिक जीवन को बेहतर बनाने के लिए, दृढ़-संकल्प और फोकस होता है। खासकर यदि वे खराब आर्थिक परिस्थितियों वाले लोग होते हैं। लेकिन, आप जहां भी हों, संतुलन बनाए रखना अच्छा होता है। मुझे लगता है कि इसके लिए यह तरीका है कि हम अपने जीवन से संपर्क खोए बिना, अपनी स्थिति में सुधार करते रहें। दुनिया की दौलत कभी-कभी हमारी चाहतों को पूरी कर सकती है लेकिन हमारे हृदय की

दौलत ही है, जो हमारी असली जरूरतों को पूरा करती है।

हो सकता है, आपने अनुमान लगा लिया हो कि मैं कहाँ इशारा कर रहा हूँ। तो क्या आंतरिक शांति चाहत है या जरूरत है? एक बार मैंने यह बात श्रोताओं से पूछी तो वे काफी उलझन महसूस करने लगे। वे बहुत सोच में पड़ गये। आंतरिक शांति से जुड़ाव को महसूस करना एक चाहत है या एक जरूरत है, इसका निर्णय लेना हममें से हर एक पर निर्भर करता है। पर मैं जानता हूं कि मेरे लिए आंतरिक शांति क्या है? वह मेरी सबसे महत्वपूर्ण जरूरत है। यह कोई ऐसी चीज नहीं है, जिसे मैं पंखे की तरह ऑन और ऑफ करना चाहता हूं। असल में यह बहुत हद तक हवा की तरह ही है। हममें से कोई भी अपने बारे में यह नहीं सोचता है, "मुझे रात के नौ बजे से लेकर सुबह छह बजे के बीच श्वास लेने की ज़रूरत नहीं है।"

शांति को हर समय हमारे अंदर नृत्य करने की जरूरत है, न कि केवल तब जब हम बैठते हैं और उसपर फोकस करते हैं। शांति के बिना, हम खुद को संतुष्ट करने के लिए जो कुछ भी करने की कोशिश करते हैं, वह काम नहीं करेगा; पर शांति के साथ, हमारे पास वह है जो हमारी भलाई के लिए महत्वपूर्ण है। बात है फलने-फूलने की, न कि केवल जीवित रहने की।

कुछ लोग शांति की इस धारणा को, एक जरूरत के रूप में समझने के लिए सचमुच बहुत संघर्ष करते हैं। मैं यह समझता हूं कि यदि आंतरिक शांति, आपके जीवन में सिर्फ एक बौद्धिक विचार है—कुछ ऐसा, जिसे आप परिस्थितियों के अनुसार ऑन और ऑफ करके खुश हैं तो आप शायद मानने में फंस गए हैं, न कि जानने में। पर अंदर के खजाने को पहचानने में बस एक पल लगता है। कृतज्ञता की वह भावना, दिल की बस एक धड़कन भर दूर है।

संतुष्ट कौन है?

जब हम अपने अंदर की शांति के संपर्क में नहीं रहते हैं तो हमारा मन हमें व्याकुलता की लंबी यात्रा पर ले जा सकता है। हम इतने अशांत

हो जाते हैं कि हमारे जीवन में कुछ भी ठीक नहीं लगता। हम दूसरों के जीवन के सपने देखने लगते हैं और अपने जीवन के आशीर्वाद को देखना बंद कर देते हैं।

जब ऐसा होता है तो हम अपेक्षाओं के समुद्र में डूबने लगते हैं। और हम जिससे अपेक्षा करते हैं उससे अधिक निराशा मिलती है और प्रत्येक निराशा और अधिक अपेक्षाओं की ओर ले जाती है। यह इसी तरह चलता रहता है। कबीर के शब्दों में, "बांझी गाय दूध नहीं देती है तो उससे मक्खन कहां से मिलेगा।" किसी ऐसी चीज से अपेक्षा करने का कोई मतलब नहीं है जो उसे पूरा करने में असमर्थ हो।

बेंजामिन फ्रैंकलिन, ने एक बार लिखा था—"बुद्धिमान कौन है? वह जो सभी से सीखता है। शक्तिशाली कौन है? वह जो अपने जुनून को नियंत्रित करता है। अमीर कौन है? वह जो संतुष्ट है। कौन है वह? कोई नहीं।"

वह "कोई नहीं" मेरे चेहरे पर मुस्कुराहट लाता है। यह मनुष्यों की स्थिति पर एक व्यंग्य है। पर यहां मैं फ्रैंकलिन से असहमत हूँ। जब हम स्वयं को अपने जीवन का केंद्र बना लेते हैं, तब हम सच्ची सफलता का अनुभव कर सकते हैं, हम पूर्णता का अनुभव कर सकते हैं, हम गहरी संतुष्टि का अनुभव कर सकते हैं—हम सब। और यह शुरू होती है हमारे पास जो कुछ भी है उसके लिए कृतज्ञता से।

यह मुझे एक कहानी की याद दिलाता है, जिसे मैंने एक बार सुना था। मैं एक पत्थर काटने वाले और उसकी पूर्ति की खोज के बारे में इस कहानी को सुना करके इस अध्याय को समाप्त करने जा रहा हूं।

एक आदमी था, वह पेशे से पत्थर काटने वाला था। वह प्रतिदिन पहाड़ पर जाता, कुछ चट्टानें काटता और उन्हें घर वापस ले जाता। अपनी कार्यशाला में वह छोटी-छोटी मूर्तियाँ, कटोरे आदि बनाता था और इसी तरह वह अपना जीवन-यापन करता था।

वह दुःखी था, क्योंकि पहाड़ पर जाना, चट्टान को काटना और उसे घर लाना बहुत कठिन काम था। जब वह काम करता था तो हर जगह धूल होती थी। उसे अपना माल बेचने के लिए अमीर लोगों पर निर्भर रहना पड़ता था। उसे लगता था कि उसके पास कोई शक्ति नहीं है

इसलिए, वह असंतुष्ट था।

एक दिन वह एक धनी व्यक्ति के घर के पास से गुजर रहा था। वहां पार्टी चल रही थी और लोग खा-पी रहे थे। उसने मन ही मन सोचा—"मुझे एक अच्छा, आसान जीवन चाहिए, हर दिन पत्थर काटने का नहीं।" उसने ऊपर देखा और कहा—"भगवान! कृपया मुझे ऐसा बना दें।"

उस दिन भगवान सुन रहे थे। जैसा कि आपने देखा होगा, वह हमेशा नहीं सुनते हैं लेकिन उस दिन पत्थर काटने वाले की किस्मत अच्छी थी। झट से, ठीक उसी समय पत्थर काटने वाला, एक बड़े घर सहित, एक धनी आदमी बन गया और उस धनी व्यक्ति की जीवन शैली के साथ जुड़ी सारी चीजों के साथ, अमीर बन गया।

"ये हुई न बात!" वह सोचने लगा। "लोग मेरे सामने सर झुकाते हैं, मेरा सम्मान करते हैं, मेरे आदेश की प्रतीक्षा करते हैं", वह बहुत खुश था।

एक दिन उसने राजा को वहां से गुजरते हुए देखा। धनवान लोग सड़क के किनारे खड़े होकर राजा को प्रणाम कर रहे थे। सब उसके नाम से काँपते थे। आदमी ने सोचा—"वाह! यह है शक्ति"! वह खुश था लेकिन अब वह और अधिक चाहता था इसलिए उसने कहा—"भगवान! मैं राजा बनना चाहता हूं।" उस दिन भी भगवान सुन रहे थे। वह मनुष्य जो पत्थर तराशने वाला और धनी था, अब राजा बन गया।

गर्मियों की एक सुबह, वह आदमी जो अब एक राजा था, अपने बरामदे में खड़ा था। सूरज चमक रहा था और जहाँ तक वह देख सकता था, हर कोई उसकी शक्तिशाली किरणों से छिपने की कोशिश कर रहा था। "तो", उसने सोचा, "सूरज मुझसे अधिक शक्तिशाली है, हर कोई उस सूरज का ध्यान रख रहा है।" और उस दिन भी भगवान सुन रहे थे जब उसने कहा—"भगवान, मैं सूरज बनना चाहता हूं।"

अगले ही पल, वह आकाश में चमक रहा था। "यह ज्यादा अच्छा है", उसने सोचा। "हर कोई मेरे नीचे है, कोई मुझसे ऊपर नहीं है। मैं हर किसी के जीवन को नियंत्रित करता हूं। मेरे बिना कोई देख नहीं सकता। मेरे उठने के बाद ही सब उठते हैं और जब मैं सोने जाता हूं तो सब सो जाते हैं। यह जीवन अच्छा है।"

हर दिन वह आदमी जो अब एक सूरज था, अपनी शक्ति को महसूस करते हुए चमकता था। एक दिन एक विशाल बादल उसके राज्य पर छा गया। वह बादल के बीच से चमकने की कोशिश कर रहा था लेकिन नहीं चमक सका। हुँह! क्या ऐसा हो सकता है कि यह बादल मुझसे भी ज्यादा शक्तिशाली है? "भगवान! मैं बादल बनना चाहता हूं।"

तो, अब वह आकाश में एक विशाल बादल बन गया। उसने सोचा—"अब मेरे पास सच्ची शक्ति है, मैं सूरज को रोक सकता हूँ।" पर एक दिन वह बहुत आश्चर्यचकित हो गया क्योंकि वह हिलने लगा। "कौन मुझे हिला रहा है?" उसे आश्चर्य हुआ और उसने महसूस किया कि यह हवा थी। "क्या हवा मुझसे ज्यादा शक्तिशाली है? इसको आज्ञा नहीं दी जा सकती।" उसने सोचा। "भगवान! मैं हवा बनना चाहता हूँ।"

अब वह हवा बन गया और बहने लगा, बहने लगा और अपनी शक्ति का आनंद लेने लगा। फिर एक दिन, वह बह रहा था और बह रहा था और वह कुछ भी हिला नहीं पा रहा था। उसने सोचा "हवा से अधिक शक्तिशाली क्या है?" इतना बड़ा पर्वत उसने पहले कभी नहीं देखा था और इसने हवा को हिलने से पूरी तरह रोक दिया था।

"भगवान! मुझे एक पहाड़ बना दो", उसने कहा और वह पहाड़ बन गया। "अब मैं वास्तव में सबसे शक्तिशाली चीज हूँ।" उसने सोचा। "हवा बादल को हिला सकती है, वह बादल जो सूरज को छिपा सकता है, सूरज जो राजा से भी अधिक शक्तिशाली है, वह राजा जो धनवान से अधिक शक्तिशाली है, वह धनवान जो पत्थर काटने वाले से भी अधिक शक्तिशाली है। लेकिन हवा पहाड़ को नहीं हिला सकती और अब मैं सबसे बड़ा पहाड़ हूं। ये बात है!"

वह कुछ देर के लिए खुश हुआ। फिर एक दिन, उसने टक-टक-टक की आवाज़ सुनी। उसे ऐसा लगा जैसे कोई उसका एक हिस्सा काट रहा है। "कौन इतना शक्तिशाली हो सकता है जो पहाड़ को काट सके?" उसने सोचा। "यह पृथ्वी पर सबसे अधिक शक्तिशाली व्यक्ति होगा।" उसने नीचे देखा और पाया कि वह एक पत्थर काटने वाला व्यक्ति था।

अध्याय 7

कठिन समय के लिए बोझ को हल्का करें

एक मरीज डॉक्टर के पास गया और बोला—"डॉक्टर साहब, मुझे हर जगह दर्द होता है।"

डॉक्टर ने कहा—"तुम्हारा क्या मतलब है, हर जगह दर्द होता है?"

"जब मैं खुद को यहां छूता हूं तो दर्द होता है; जब मैं यहां छूता हूं तो दर्द होता है; जब मैं यहां छूता हूं तो दर्द होता है। मेरे पूरे शरीर में दर्द होता है।"

"मुझे पता है कि दिक्कत क्या है।" डॉक्टर ने जवाब दिया, "आपकी एक उंगली टूटी हुई है।"

जब आप जीवन में दर्द का अनुभव कर रहे होते हैं तो ऐसा महसूस हो सकता है कि ये सबकुछ दुःख का स्रोत है। दुःख के समय आपके आसपास की सारी दुनिया खराब लगती है। एक खूबसूरत सूर्यास्त, पुराने दोस्तों के साथ पार्टी, अपने पसंदीदा रेस्तरां में रात का खाना, जो आमतौर पर खुशी का स्रोत हो सकते हैं, वे भी आपके जीवन में सबकुछ गलत हो रहा है, ऐसा महसूस करा सकते हैं, ऐसा लगता है सब खराब है।

मैं उस दर्द को जानता हूं। मुझे पता है कि जब जीवन में कठिनाइयां आती हैं तो कुछ भी आसान नहीं होता है। कभी-कभी ऐसा लगता है, हम आगे जा रहे हैं। कभी-कभी ऐसा लगता है, हम पीछे जा रहे हैं। कुछ दिन आसान होते हैं और कुछ दिन कठिन। कुछ दिन और भी कठिन होते हैं। लेकिन जैसे कि पुरानी कहावत है-"दर्द तो होंगे, लेकिन दुःख हो भी सकता है और नहीं भी हो सकता है।"

मैं समझता हूँ, खराब समय में कुछ ऐसा होना चाहिए जो उस कठिन वक्त में भी मददगार हो। जीवन में हर तरह के कठिन समय हम पर आ सकते हैं। ऐसे समय में, हर समस्या को हमेशा हल कर पाना आसान नहीं होता है लेकिन गहराई से देखें तो हमें लगता है कि हम उनके बारे में कुछ कर सकते हैं—हम अपनी परिस्थिति को बदल सकते हैं। हालांकि, बुरे वक्त में हम महसूस कर सकते हैं कि चीजें निराशाजनक हैं और हम ऐसे में या तो कुछ नहीं कर सकते या बहुत कम कर सकते हैं। ये अवसर हमारे हौसले पर तीखा हमला करते हैं जिससे ऐसा महसूस हो सकता है कि भय, निराशा, अफसोस और दुःख जैसी भावनाओं ने हमारे जीवन पर कब्जा कर लिया है।

कभी-कभी हम अपनी स्थिति को बदलने के लिए वास्तव में कुछ भी नहीं कर सकते। जीवन की कुछ बातें हमारे नियंत्रण से बाहर होती हैं और हमें इस सच्चाई को स्वीकार करना चाहिए। लेकिन हमारे पास हमेशा एक विकल्प होता है कि हम अपने अंदर कैसे प्रतिक्रिया करते हैं। कठिन समय, हमें हमारी स्पष्टता और विवेक से दूर कर सकता है लेकिन वे शक्तियां, हमेशा हमारे अंदर रहती हैं। यह मानते हुए कि हमारे पास अपने अंदर की शक्ति से जुड़ने का भी अवसर है, हम जो महसूस करते हैं उसमें बदलाव की शुरुआत हो सकती है।

जैसे-जैसे हम जीवन की कठिनाइयों से गुजरते हैं, दो असलियतें साथ-साथ मौजूद होती हैं—एक बुरा, जो हमारे दिमाग में चल रहा है और एक अच्छा, जो हमेशा हमारे हृदय में रहता है। सबसे कठिन समय में भी यदि हम चयन करें तो हमारे पास सदैव अंदर की अच्छाई से जुड़ने की प्रबल संभावना होती है। यहां, मैं कुछ और विचार रखना चाहता हूं, जो आपके जीवन में कठिन समय के साथ आने वाले भावनात्मक अंधेरे को कम कर सकते हैं। मैं मनुष्य की भलाई के लिए एक सकारात्मक स्थिति से शुरू करना चाहता हूं, क्योंकि यह विश्वास कि दुनिया में "मैं ही गलत हूं", इससे बड़ा कोई अंधेरा नहीं हो सकता।

क्या तुमने समाचार सुना?

इतनी सारी सूचनाओं का भंडार जो हमें अपने टीवी और अन्य उपकरणों से मिल रहा है, वह अविश्वसनीय है। हमारे पास यह अवसर है कि हम अधिक से अधिक सूचनाएं पा सकते हैं। लेकिन ये समाचार आस-पड़ोस और दूर-दराज में घटित होने वाली और बहुत अधिक परेशान करने वाली चीजों से भी हमारा सामना कराते हैं। एक कहानी तब समाचार बन जाती है, जब वह सामान्य से हट कर हो इसलिए यदि हम अधिक से अधिक नकारात्मक समाचार सुनते हैं तो हमारी सच्चाई की भावना भी विकृत होने लगती है। तब दुनिया बड़ी खतरनाक सी जगह लगने लगती है और अन्य लोग भी ज्यादातर खराब लग सकते हैं।

ठीक है, दुनिया में भयानक चीजें होती हैं लेकिन हर बुरी खबर को सुन कर हाथ मलने से, किसी की मदद नहीं होती है बल्कि हम ही दुःखी होते हैं। इसके बजाय हम अपनी ऊर्जा को इन बुरी घटनाओं से प्रभावित लोगों के साथ सहानुभूति रखने और यदि हम कुछ कर सकते हैं तो उनकी मदद करने में लगा सकते हैं। हम यह भी सवाल कर सकते हैं कि क्या ऐसी स्थिति में हम भी कुछ कर सकते हैं? हमें हमेशा याद रखना चाहिए कि इस दुनिया में नफरत से कहीं ज्यादा प्यार, करुणा और उदारता है—ये सभी अच्छी खबरें हैं, जो कभी रिपोर्ट नहीं की जाती हैं।

यदि आपको अभी भी लगता है कि मानव जाति में अच्छाई की क्षमता नहीं है तो आप वास्तव में एक कठिन समय से गुजर रहे हैं। यहां एक सुझाव है—दूसरों की अच्छाई या बुराई की तरफ ध्यान देने से पहले, अपने भीतर गंभीरता से देखें और अपने आपमें अच्छाई खोजें। अपने भीतर की शक्तियों को खोजें। अपने आपमें प्यार खोजें। शांति के शुरुआती बिंदु से कोई कितना ही क्यों न भटक गया हो, उनके वापस लौटने की संभावना हमेशा बनी रहती है। और यह हमारे लिए भी सच है, बिल्कुल सच। एक बंजर खेत में हमेशा एक सुंदर बगीचा बनने की क्षमता होती है; ऐसे ही शांति भी संभव है।

जब हमारे प्रियजन की मृत्यु होती है

हम जिस सबसे कठिन दौर से गुजरते हैं, उनमें से एक है—जब हमारे किसी प्रियजन का निधन हो जाता है। यह हमारे अंदर बहुत से अनुत्तरित प्रश्न छोड़ सकता है जिसमें गहरा खालीपन, हैरानी, क्रोध और भ्रम हो सकता है।

प्रत्येक व्यक्ति अपने दर्द को महसूस करने के तरीके में बिल्कुल अलग है। हम दुःख के कई चरणों से गुजरते हैं, अनेक बार फिर उन्हीं भावनाओं के ज्वार में लौटकर आ जाते हैं क्योंकि हमारे मन और हृदय अपने नये-नये रूप दिखाते हैं। मैंने देखा है कि लोग शोक के दौर से गुजरते हैं और फिर सीधे अपने पुराने स्वरूप में लौट आते हैं जबकि अन्य कई लोग अपने जीवन में गहराई से बदलाव के साथ उभरते हैं। मैंने कई लोगों को कई सालों तक भावनात्मक रूप से बिल्कुल बिखरा हुआ देखा है।

मेरे पास नुकसान और दुःख के सबसे खराब क्षणों के लिए कोई आसान उपाय नहीं है बस कुछ विचार हैं, जो आपकी मदद कर सकते हैं। मेरे अपने अनुभव में जब एक बार मेरा दुःख कुछ कम होने लगता है तो मैं यह समझने की कोशिश करता हूं कि जो चला गया, उस व्यक्ति के साथ मेरा रिश्ता कैसे बदल गया है—समाप्त नहीं हुआ है लेकिन बदल गया है। इस बात का एहसास करने में समय लग सकता है कि आपके प्रियजन ने शारीरिक रूप से अपना शरीर छोड़ दिया है। लेकिन निश्चित रूप से अगर वे शरीर में नहीं हैं तो उन्हें कहीं और होना चाहिए। और जहां वे हमेशा रहने वाले हैं वह है—आपके साथ, आपके दिल में।

यादें, उस व्यक्ति की जगह नहीं ले सकती हैं। उनके बहुत से गुण मेरे साथ हैं। मैंने जिस व्यक्ति को खो दिया, उसकी मधुर यादें, मैं अपने हृदय में तरंगित होते हुए देखना चाहता हूं। उनकी त्वचा की गंध, उनकी आवाज की मिठास, हंसते समय उनकी आंखें, उनका मुस्कराता चेहरा। लेकिन आपके प्रियजन का सबसे अच्छा हिस्सा सदा आपकी यादों में रहता है। आप उनके इस नए रूप को, जहां भी जाते हैं साथ ले जाते हैं। मैं चाहता हूं कि जिस व्यक्ति को मैंने खो दिया उसकी मधुर यादें मेरे हृदय में नृत्य करती रहें।

मैं साढ़े आठ साल का था, जब मेरे पिताजी का देहांत हो गया। मुझे उनसे बहुत लगाव था। वे हमें बहुत प्यार करते थे लेकिन वे काफी सख्त थे। लोग उनके प्रति बहुत श्रद्धा रखते थे। लेकिन जब आप बच्चे होते हैं तो आप चीजों को वैसे ही स्वीकार कर लेते हैं, जैसी वे हैं। इसलिए मेरे लिए यह सब सामान्य था—वे बस मेरे पिताजी थे। उन्हें बोलते हुए सुनने के लिए हजारों लोग इकट्ठा होते और उनके कार्यक्रम जादुई हुआ करते थे। हर कोई एक उद्देश्य लेकर आता था—वह था अपने बारे में थोड़ा और जानना। जब वे बैठ कर सुनाना शुरू करते उसी क्षण एकदम सन्नाटा छा जाता। मैं बहुत भाग्यशाली था कि मैं इन सबका हिस्सा था। जीवन का ऐसा अनुभव, एक दिन के लिए भी बहुत खास होता है लेकिन मैंने इसे कई वर्षों तक पाया।

मेरे पिताजी के गुजर जाने के बाद, शुरू के कुछ दिनों में वास्तव में मुझे कुछ भी समझ में नहीं आया कि मेरे साथ ये क्या हुआ। मुझे लगातार रोते रहना याद है। और फिर कुछ समय के बाद, मैंने कुछ महसूस किया। अपने दिल में, मैं अभी भी उन्हें देख सकता था, उन्हें सुन सकता था, उन्हें महसूस कर सकता था। तब से काफी साल हो गए हैं लेकिन मैं अब भी उन्हें देखता हूं। मैं अब भी उन्हें सुनता हूं और मैं अब भी उन्हें अपने अंदर महसूस करता हूं। जब कोई दूर हो जाता है तो आप इसके बारे में कुछ नहीं कर सकते। आप बस इतना कर सकते हैं कि स्वीकार करना शुरू कर दें। फिर शायद धीरे-धीरे, आप यह समझना शुरू कर सकते हैं कि वे एक नए रूप में आपके साथ हैं। लगाव की वह भावना आपसे कभी नहीं छीनी जा सकती।

जब मेरे पिताजी का देहांत हुआ तो बहुत से लोगों को बहुत दुःख हुआ। कुछ दिनों बाद काफी लोग एकत्र हुए और मैंने देखा कि लोग बहुत परेशान थे। मैं नहीं चाहता था कि वे इस तरह का दुःख महसूस करते रहें। और अचानक मैं मंच पर गया और माइक अपने हाथ में लिया। मैंने उन चेहरों की ओर देखा और कहा—"रोने की कोई जरूरत नहीं है। जिनके लिए आप रो रहे हैं, वे अभी भी आपके दिलों में, आपके जीवन में हैं और वे हमेशा रहेंगे।" जब लोगों ने मुझसे ये भाव सुने तो यह उनके लिए बहुत उत्साहजनक था और वे जय जयकार करने लगे। शायद वे मुझमें मेरे पिताजी की एक छवि देख रहे थे वे भी अपने अंदर

उनकी ऊर्जा को महसूस कर रहे थे।

जैसे ऊर्जा को नष्ट नहीं किया जा सकता केवल उसके स्वरूप को बदला जा सकता है या एक जगह से दूसरी जगह ले जाया जा सकता है, वैसे ही हमारे प्रियजन कहीं और, कुछ और हो जाते हैं। प्रकृति इसी तरह काम करती है। यह प्राकृतिक नियम है। ब्रह्मांड की शक्ति इसी प्रकार चलती है, निरंतर विकासशील। एक बीज पेड़ में बदल जाता है, वह पेड़ फल देता है, हर एक फल में एक बीज होता है और हर एक बीज में दूसरा पेड़ बनने की क्षमता होती है। जब तुम्हारे हाथ में बीज है तो तुम्हारे हाथ में क्या है? एक नन्हा सा बीज लेकिन एक जंगल की संभावना के साथ, बीज में जंगल को महसूस करो।

आपका प्रिय व्यक्ति, आपमें हमेशा मौजूद रहेगा। उनकी ऊर्जा, आपके माध्यम से आगे बढ़ाई जाती है। और वे हमेशा उस असीम, सब जगह मौजूद ऊर्जा का हिस्सा होते हैं, जिसे चेतना कहा जाता है। अपना दिल खोलो और तुम उनकी उपस्थिति को महसूस कर सकते हो।

चाँद की ओर देखो

कई वैज्ञानिक मानते हैं कि चंद्रमा पृथ्वी से टूट कर आया है। सिद्धांत के अनुसार इसे विशाल टकराहट की परिकल्पना कहा जाता है—मान्यता यह है कि एक विशाल पिंड पृथ्वी से टकराया और उसके मलबे से एक शानदार, नए उपग्रह का निर्माण हुआ। कुछ लोग इसे थिया कहते हैं। इसका नाम ग्रीक मिथक में सेलेन की मां, चंद्रमा की देवी के नाम पर रखा गया है। इसलिये हो सकता है कि चंद्रमा कुछ पृथ्वी का भाग और कुछ थिया का भाग हो।

जब चाँद हमें छोड़कर चला गया तो बस इतनी ही दूर गया। अब यह अपने पुराने घर की परिक्रमा करता है और जैसे-जैसे यह आगे बढ़ता है, हमें यहां प्रभावित करता है। शायद हम सोच सकते हैं कि हमारे गुजरे हुए प्रियजन हमारा चंद्रमा बन गये हैं। वे हमेशा हमारा हिस्सा हैं। वे हमारे जीवन को घेरे रहते हैं, वे हमारी रातों को रोशन करते हैं। वे हमारी भावनाओं के ज्वार को खींचते हैं, हमें आगे बढ़ाते हैं। ऊपर दृष्टि डालें

और उनके चेहरे पर सूर्य के प्रकाश का प्रतिबिंब देखें।

हम उस व्यक्ति का सम्मान कर सकते हैं जो चला गया है और उन्हें नए तरीके से स्वीकार कर सकते हैं कि जैसे वे हमारे साथ हैं। जो था, उसे थामे रखने की जरूरत नहीं है! हम रात को आकाश में उस चंद्रमा को देखकर अपने प्रियजन के साथ, लगाव महसूस कर सकते हैं। हम अपने दर्द को महसूस कर सकते हैं, जबकि हम यह भी जानते हैं कि हमारे दिल में उनके साथ जीवन भर रहने की चाहत है। हम जीवन भर, अपने प्रियजनों की यादों को प्यार की गोद में लेकर, जो बीत गया उसे संजोकर, जो सामने है उसका उत्सव मनाते हुए, सारा जीवन गुजार सकते हैं।

यहाँ मेरी एक कविता है कि हम अपने प्रियजनों को अपने साथ कैसे रख सकते हैं और कैसे यह शक्ति देता है—

जब रात के गहरे अँधेरे में,
चाँद निकलकर चमकने लगता है
तब थोड़ी रोशनी होगी
ताकि तुम न केवल सराहना कर सको
बल्कि देख भी सको।

विकट परिस्थिति में भी शांति का अनुभव

क्या हमारे लिए किसी ऐसे व्यक्ति को, जिसे हम प्यार करते हैं, खोने से बड़ी कोई बात है? कुछ लोगों के लिए यह एक डराने वाला विचार है कि एक दिन वे मरने वाले हैं। लोग अपने जीवन में बहुत बार अपनी मृत्यु के डर का सामना करते हैं। यह डर कई बार उस समय अधिक प्रभावी हो जाता है, जब लोग बहुत बीमार हो जाते हैं या किसी खतरनाक स्थिति में होते हैं। लेकिन यह हमें तब भी परेशान कर सकता है, जब हम सुरक्षित और स्वस्थ हों।

मुझे अक्सर उन लोगों से बात करने के लिए कहा जाता है जो मृत्यु के निकट होते हैं। हालांकि यह मेरे लिए असहज स्थिति होती है पर मुझे सबसे पहले मृत्यु की वास्तविकता को स्वीकार करने में मदद मिलती है।

हम सभी को यह समझना चाहिए कि आखिरकार, हम सबको जाना है। यह सोच एक कल्पना है कि आपके पास अभी जो जीवन है, वह हमेशा रहेगा। लेकिन आप वास्तव में कब जायेंगे, यह आपको कोई नहीं बता सकता। आप अपने जीवन और मृत्यु के बारे में क्या जानते हैं? केवल एक चीज जो आप निश्चित रूप से जानते हैं, वह यह है कि आप पैदा हुए थे और आप इस क्षण में अभी जीवित हैं।

जब हम बीमार होते हैं तो हमें यह याद रखने की जरूरत है कि हमारे अंदर अविश्वसनीय शक्ति है। हमें अपने अंदर के उन दोस्तों को ढूंढ़ने और यदि हम कर सकें तो उनका उपयोग करने की जरूरत है, जिससे हमारे अंदर जो सकारात्मक ऊर्जा है, उसका हम पूरा इस्तेमाल कर सकें। गंभीर बीमारी, दुःख, निराशा, चिंता और हमारे सभी अन्य नकारात्मक अनुभव और भावनाएं हमें अपने अंदर स्थित साहस, स्पष्टता, तृप्ति, खुशी और शांति से दूर कर सकते हैं। हमारा साहस अभी भी हमारे साथ है। हमारी स्पष्टता अभी भी हमारे साथ है। हमारी तृप्ति अभी भी हमारे साथ है। हमारा आनंद अभी भी भीतर है। हमारी शांति अभी भी भीतर मौजूद है। कठिन समय में, हमेशा अपने हृदय में मौजूद इन शक्तियों तक हमारी पहुंच रहती है।

शांति का एक गुण है, जिसके बारे में मैं बताना चाहता हूं। यह आपको अपने भीतर आराम करने में सक्षम बनाती है। जब बाहरी दुनिया आपको पूरी तरह से नकार देती है तो जान लें कि आप हमेशा अपने अंदर, एक अपरिवर्तनशील और शाश्वत चीज से जुड़ सकते हैं। जब आप जीवन की लड़ाइयों से थक चुके हों तो जान लें कि उस समय भी, आप अपने भीतर आराम कर सकते हैं। जैसा कि मेरे पिताजी ने गहराई में जाने और अपने आपको अनुभव करने की अनुभूति के बारे में कहा-"यह न सोते हुए सो जाने जैसा है।" जब हमें आवश्यकता होती है, हम शोर से दूर, आंतरिक शांति के उस अनुभव को पा सकते हैं।

बड़ी उम्मीदें

एक तरह से, कठिन समय के द्वारा हम यह देखकर अपनी मदद कर

सकते हैं कि अपेक्षाएं हमारे अनुभव को कैसे आकार दे रही हैं—समय चाहे अच्छा हो या बुरा। हर दिन से मेरी उम्मीदें होती हैं। मुझे अपनी अलार्म घड़ी से उम्मीदें हैं। मुझे अपनी नमकदानी से उम्मीद है कि जब मैं उसे उठाऊंगा तो उसमें नमक होगा। उम्मीद रखना ठीक है जबतक हम यह समझते हैं कि उम्मीदें हमेशा पूरी नहीं होंगी। जैसा कि बॉक्सर पाम टायसन ने बड़े स्पष्ट रूप से कहा, "हर किसी के पास एक योजना होती है, जबतक कि उन्हें मुंह में घूंसा नहीं लग जाता।"

डर या कल्पना से विचलित होने की बजाय जीवन को उसी रूप में स्वीकार करने के लिए साहस की आवश्यकता होती है। जो कुछ है उसके बारे में स्पष्टता, हमें ढेर सारे तनाव से बचा सकती है। या जैसा कि सेनेका ने व्यक्त किया, "हम वास्तविकता से ज्यादा, कल्पना से दुःखी होते हैं।"

क्या होता है जब आपकी उम्मीदें, आपका हाथ पकड़कर आपको चलाने लग जाती हैं? ठीक है, आप शायद एक खाली नमकदानी की निराशा से उबर सकते हैं। मैं कुछ ऐसे लोगों को जानता हूं, जिनके इलेक्ट्रॉनिक्स ने अगर काम करना बंद कर दिया तो वे बिखर सकते हैं लेकिन वे जीवित रहेंगे। जब हम दूसरों से ज्यादा अपेक्षाएं रखते हैं, तब समस्याएं गंभीर हो जाती हैं। अधूरी इच्छाओं के कारण क्रोध और उदासी पैदा होती है, रिश्ते टूट जाते हैं और इससे बहुत गड़बड़ हो सकती है।

एक बार एक जवान किसान था, जिसे हर हफ्ते अपनी उपज के भारी थैलों को हाथ में उठाकर बाजार तक ले जाना पड़ता था। यह कठिन काम था और उसकी भी एक सीमा थी। वह अकेले कितना सामान ले जा पाता? इसलिए उसने कड़ी मेहनत की, बचत की और एक गधा खरीदने का निर्णय लिया। उसकी पत्नी उससे असहमत थी। उसने कहा कि उन्हें गाय की जरूरत है, क्योंकि गाय उन्हें दूध और मक्खन देगी। उन्होंने गधे की जगह एक गाय ले ली। भारी बैग ले जाने का वह दुःख कम नहीं हुआ। लेकिन वह फिर भी कड़ी मेहनत करता रहा जबतक कि उसके पास एक गधा खरीदने के लिए फिर से पर्याप्त पैसा नहीं हो गया। गधे ने उसकी जिंदगी बदल दी। समस्या यह थी कि उनके आँगन में बहुत कम जगह थी और बहुत जल्दी गाय काफी बड़ी हो गई। गधा अब डर के कारण दुःखी रहने लगा। दरअसल, गधे को अब कुचले जाने का खतरा था।

वह आदमी इस स्थिति से निराश हो गया और उसने भगवान से

प्रार्थना की, "हे भगवान! ऐसे नहीं चल सकता, कृपया आप गाय को मार दें। तब मेरे गधे को उतनी जगह मिल सकती है, जितनी उसे आवश्यकता है।" अगली सुबह जब वह उठता है तो देखता है कि गधा मर गया है। "हे भगवान!" उसने कहा, "मुझे लगा था कि अबतक आपको गाय और गधे के बीच का अंतर तो पता हो गया होगा।"

अपेक्षाएं!

उन शादियों के बारे में सोचें, जिनमें आप गए हैं या जिनके बारे में आपने सुना है। जैसे ही आपको पता चलता है कि लड़का और लड़की या उनके परिवार "बिल्कुल आदर्श शादी" की उम्मीद कर रहे हैं, आप जानते हैं कि परेशानी होने वाली है। जो आदमी शादी करने जा रहा है, उससे उसके दोस्तों को या शादी कराने वालों को पहली बात यह कहनी चाहिए—"कुछ भी पूरी तरह से वैसा नहीं होता जैसा हम सोचते हैं!"

बेशक, हमारे जीवन के महत्वपूर्ण क्षेत्रों जैसे—रिश्तों, घर, नौकरी, शादियों के बारे में बहुत सारी उम्मीदें रखना अच्छा है, हमें बस उनसे चिपकना नहीं चाहिए। निराशा उनकी खुशी को लूट लेती है। हम अपने कीमती जीवन का बहुत अधिक हिस्सा इस अफसोस के साथ बरबाद कर देते हैं कि वास्तविकता हमारी कल्पना के अनुरूप नहीं रही। तो जब ऐसा होता है, उसमें गलत क्या है, सच्चाई या कल्पना? यदि हम लोगों से बहुत अधिक उम्मीदें रखते हैं, तब हम उम्मीदों के टूटने पर बेहद निराश और कष्ट महसूस करते हैं। जब हम अपनी अपेक्षाओं के प्रति लचीले होते हैं तो हम मजबूत होते जाते हैं। एक वृक्ष के बारे में सोचिये, जो हवा के साथ झूमता है। एक पक्षी के बारे में सोचिये जो तूफान में उड़ता है। एक मछली के बारे में सोचिए, जो लहरों के साथ चलती है।

हमारी उम्मीदों को कौन निर्धारित करता है? हम करते हैं। हम हैं जो अपनी उम्मीदें खुद बनाते हैं। हम ही हैं वे, जो दूसरे लोगों की अपेक्षाओं को स्वीकार करते हैं। कभी-कभी कोई अपेक्षा पूरी होती है, कभी-कभी नहीं होती है। बात यह है कि दूसरे लोग हमसे उम्मीदें लगा सकते हैं लेकिन हमें उन्हें अपना बनाने की ज़रूरत नहीं है। जब हम निराशा महसूस

करते हैं तो हम अक्सर खुद से निराश हो जाते हैं। और यह मुझे हमारे कीमती समय की बर्बादी के रूप में दिखाई देता है।

आप अपने जैसे क्यों नहीं दिखते?

अपने विचारों से परे हटकर यह देखने में बहुत मेहनत लगती है कि किसी खास परिणाम के लिए आपकी चाहत किस हद तक है। यह उस जिद्दी व्यक्ति की तरह है जो कहीं खो गया है लेकिन वह अपने आसपास देखने के बजाय, नक्शे पर विश्वास करता है। वो ये तब तक करते हैं जबतक कि उन्हें यह समझ में न आ जाये कि वास्तव में कुछ गलत हो गया है। और फिर वे नक्शे को दोष देते हैं। हम उस समय भी अपने दिमाग के जाल में फंस जाते हैं जबकि हमारा हृदय हमें बता रहा है कि कुछ तो गड़बड़ है।

एक बार मैं किसी बड़े कार्यक्रम में पहुंचा, वहां कुछ आयोजक मंच के दरवाजे के पास मेरा इंतजार कर रहे थे ताकि वे मुझे कार से ले जा सकें। उन्होंने मुझे पहले भी कई बार बोलते हुए देखा था और मुझे ये अच्छा लगा कि वे इस तरह से मेरा स्वागत करना चाहते थे।

उस दिन मैंने टाई या सूट नहीं पहना था। किसी कार्यक्रम में जाते समय, मेरे लिए यह सामान्य बात नहीं थी। यह एक लंबी ड्राइव थी इसलिए शायद मैंने यात्रा के लिए आरामदायक कपड़े पहनने का फैसला किया। जब मेरी कार रुकी तो स्वागत दल वहीं खड़ा होकर मुझे देखता रहा। वे हिले भी नहीं। फिर मैंने अपना दरवाजा खोला और बाहर निकलने लगा। "नहीं, नहीं!" उन लोगों ने शोर मचाया। "कार यहां से हटाएँ! कार उधर ले जाएँ! हम किसी के आने का इन्तजार कर रहे हैं! कार ले जाएँ!"

वे सीधे मुझे घूर रहे थे। लेकिन मैंने महसूस किया कि उनमें से हर एक सूट और टाई की तलाश में था। वो मैंने नहीं पहना था तो बाकी जो मैं था, वह उनकी अपेक्षा पर खरा नहीं उतर रहा था। और फिर उनमें से एक ने वास्तविकता को देखा और वह शर्मिंदा हो गया। "ओह! हमें बहुत खेद है, हमें नहीं पता था कि यह आप थे।" बाकी लोग मेरी तरफ ऐसे देख रहे थे मानो कह रहे हों कि "आप अपने जैसे क्यों नहीं दिखते?"

बढ़ती उम्र का असर सिर्फ दिमाग तक

ग्रीक दार्शनिक प्लूटो, जो अस्सी से कुछ अधिक उम्र के रहे होंगे, ने कहा, "जो व्यक्ति शांत और प्रसन्न स्वभाव का है, वह शायद ही उम्र के प्रभाव को महसूस करेगा लेकिन जो उसके विपरीत स्वभाव का है उसके लिए युवा और बड़ी उम्र, दोनों ही समान रूप से बोझ हैं।" जैसे-जैसे मेरी उम्र बढ़ रही है, मैं उन्हें हर बार जब पढ़ता हूं तो मैं उनके शब्दों की और अधिक सराहना करता हूं। बढ़ी उम्र, एक जटिल प्रक्रिया है और यह आपके व्यक्तित्व की कड़ी परीक्षा ले सकती है।

हमारा अहंकार निश्चित रूप से रास्ते में दस्तक देता है। लेकिन बढ़ी उम्र के बारे में हमारे दिमाग में जो चीज भर जाती है, वह है—डर से पैदा शोर। "मैं ऐसा नहीं कर सकता, मैं साठ साल का हूँ।" ठीक है, तो शायद आप अब मैराथन नहीं दौड़ सकते—या शायद आपके मैराथन का समय अब पांच घंटे से अधिक है, फिर भी कौन सी बड़ी बात है?

आपकी उम्र जो भी हो, कुछ चीजें हैं जो आप अब नहीं कर सकते हैं पर कई नई चीजें हैं जो आप अब कर सकते हैं। जो है उसे गले लगाओ और जो नहीं हो सकता, उसे भूल जाओ। बढ़ती उम्र बस दिमाग के अंदर है। जवानी में हमें जिन्दगी से प्यार होता है, मौत की कोई चिन्ता नहीं होती। जब हम जीने और मरने दोनों से डरने लगते हैं, तभी हम बूढ़े हो जाते हैं।

असली बनें

तुम अपना खाना बना रहे थे, तुम कुछ करने लग गए, इसी बीच सारा खाना जल गया। घर में केवल यही खाना था और खरीदारी के लिए बहुत देर हो चुकी थी। मुझे यकीन है कि आप इस स्थिति या इसी तरह की स्थिति में जरूर पड़े होंगे। जैसे ही आप ये सोच रहे हैं कि ये क्या हो रहा है, कोई व्यक्ति आकर कहता है-"सकारात्मक रहो!"

खैर, यहाँ सच्चाई ये है कि मैं सकारात्मक महसूस नहीं कर रहा हूँ—मेरे पास खाने के लिए खाना नहीं है! ऐसे में मुझे यथार्थवादी होना है, सकारात्मक नहीं। यह बात मुझे इस निष्कर्ष पर लाती है कि आंतरिक शांति

से मिलने वाला सकून और इस दिन को मुझे संजोकर रखने की जरूरत है। यह केवल "सकारात्मक होने के बारे में" नहीं है! मैं यह नहीं कह रहा हूं कि हर बुरी स्थिति को मुस्कराकर आशावादी बनकर टाल जायें। इसके बजाय, अगर हम दुनिया को देखें और खुद को स्पष्ट रूप से समझें तो हम जीवन की अधिक सराहना कर सकते हैं और इसका आनंद ले सकते हैं। आपके द्वारा अनुभव किए गए कठिन समय, असली हैं लेकिन आपके भीतर का आनंद भी असली है, आपके द्वारा अनुभव किए गए कठिन समय वास्तविक हैं लेकिन आपके भीतर की शांति भी वास्तविक है। सचेत रूप से जीने का अर्थ है—आपके आसपास की दुनिया में और आपके अंदर की दुनिया में किसी भी स्थिति के बारे में जितना संभव हो उतना यथार्थवादी होना। निराशा, दुःख, क्रोध, अकेलापन, अवसाद, दर्द इन सबको स्वीकार करें लेकिन यह भी जान लें कि आप हमेशा अपने अंदर की शांति से जुड़े रह सकते हैं।

एक महान चीनी कहावत है, "शेर को बनाने के लिए भगवान को दोष मत दो, उसे पंख न देने के लिए, उन्हें धन्यवाद दो।" कल्पना कीजिए पंख वाला शेर कितना कहर बरसा सकता था! सौभाग्य से हमें ऐसे काल्पनिक जीवों से निपटने की ज़रूरत नहीं है और ना ही हमें काल्पनिक स्थितियों से निपटने की ज़रूरत है। मैंने पाया है कि अगर जो है उसके अनुसार व्यवहार करने पर ध्यान केंद्रित करते हैं तो जीवन आसान हो जाता है। जीने के लिए सबसे अच्छी स्थिति वह है जो असली है।

यथार्थवादी होना, हमें अपने जीवन में आगे जो आने वाला है, उसके लिए तैयार करने में मदद कर सकता है। यदि आपका अच्छा समय चल रहा है तो सावधान रहें! किसी न किसी बिंदु पर बुरा समय आ रहा है। घबराने की जरूरत नहीं है, बस ये बात जानिए। यदि आपका खराब समय चल रहा है तो सावधान रहें, किसी न किसी बिंदु पर आपका अच्छा समय आ रहा है। भविष्य के हर संभावित परिदृश्य को अपने दिमाग में बैठाने की जरूरत नहीं है; बस पता रहे कि बदलाव आ रहा है और हम अपने लचीलेपन को महसूस करें और उसे बनाये रखें।

यथार्थवादी होने के एक हिस्से के रूप में हम जान सकते हैं कि हमारे जीवन के प्रचण्ड तूफानों में भी एक जगह है जो बहुत शांत है और वह जगह, हमारे भीतर है। यही है जो मैं जानता हूं। मैं दोनों ही स्थितियों

में अपने भीतर शांति से रह सकता हूं—सुंदर क्षणों में भी और बहुत खराब क्षणों में भी। मैं हमेशा के लिए जीवन के तूफानों से ना तो बच सकता हूं और ना ही बाहर आ सकता हूं परन्तु अपने भीतर एक शांत स्थान पर जा सकता हूं।

तो मेरे पास सकारात्मक सोच है लेकिन मैं यथार्थवादी हूं। जब मैं विमान चलाता हूं, मैं हमेशा अतिरिक्त ईंधन रखता हूं। जब आप उड़ना सीख रहे होते हैं तो आप यह सलाह सुनते हैं, "आपातकाल में आपके लिए तीन चीजें बेकार हैं—आपके पीछे का रनवे, आपके ऊपर आकाश और ट्रक में ईंधन।" यदि आपने अधिकांश रनवे का उपयोग कर लिया और उड़े नहीं तो आपके पीछे चाहे कितना भी रनवे हो, आपका कोई भला होने वाला नहीं है। यदि आपने पावर खो दिया है और आप आपातकालीन लैंडिंग के लिए नीचे आ रहे हैं तो आपके नीचे कितनी हवा है यह महत्वपूर्ण है, ना कि ऊपर कितना आकाश है। और जब आप हवा में हैं तो हवाई अड्डे पर ट्रक में रखा ईंधन उस समय आपके किसी काम का नहीं है—यह है यथार्थवादी होना।

अपने जीवन का पायलट बनना

जब मैं फ्लोरिडा में हेलिकॉप्टर उड़ाना सीख रहा था, मैंने एक कहानी सुनी, जो मुझे हमेशा हंसाती है। यह एक अच्छी चेतावनी है कि कैसे हम कभी-कभी अपनी समस्याओं के, अपने कठिन समय के निर्माता स्वयं बन सकते हैं। इसकी भूमिका में मैं यह कहना चाहूँगा कि पायलट लोग लम्बी-लम्बी डींगें हांकने वाले या अपनी कहानी को खूब बढ़ा-चढ़ाकर बताने में माहिर होते हैं। यह कहानी वास्तविक घटना पर आधारित है लेकिन यह भी हो सकता है, इसमें कुछ बढ़ा-चढ़ाकर कहा गया हो।

एक आदमी था, जिसके पास उन छोटे हवाईजहाजों में से एक था, जिसे आपको प्रोपेलर लेकर हाथ से स्पिन करके शुरू करना होता है। एक दिन वह ऐसा करने लगा और कुछ हुआ नहीं। उसमें कोई पावर नहीं आया और प्रोपेलर हिला भी नहीं। तो वह कॉकपिट के अंदर गया और उसने थ्रॉटल आगे बढ़ा दिया जिसने इंजन में और अधिक पावर डाल

दिया—ठीक वैसे ही जैसे जब आप एक पुरानी कार को स्टार्ट करने की कोशिश करते हैं। फिर उसने दोबारा कोशिश की लेकिन उसने भी काम नहीं किया तो उसने कुछ और थ्रॉटल बढ़ाया और फिर कुछ और बढ़ाया।

अंत में, पायलट ने प्रोपेलर को जोर से घुमाया और इंजन में जान आ गई। लेकिन उसने इसे इतना थ्रॉटल दे दिया था कि प्लेन में अब सचमुच पावर बढ़ने लगा। अब वह आगे बढ़ना चाहता था, जो सामान्य स्थिति में अच्छी बात थी। लेकिन पायलट कॉकपिट के बाहर खड़ा था, जो उस स्थिति में बहुत गलत था! उस आदमी ने पहियों में से एक के सामने एक बड़ा पत्थर का ब्लॉक लगा दिया था ताकि विमान अपनी स्थिति में बदलाव न करे। लेकिन दूसरा पहिया स्थिर नहीं रह सकता था और उसने आगे बढ़ना शुरू कर दिया। तो एक पहिया फंस गया था और दूसरा पहिया मुक्त था, जिसका मतलब था कि विमान एक सर्किल में घूमने लगा, फिर उसने गति पकड़ ली।

इस बिंदु पर, पायलट ने एक पंख पर लगी टेक को पकड़ने की कोशिश की। लेकिन ऐसा करने से दूसरा पहिया अपने ब्लॉक के ऊपर से कूद गया। तो अब विमान को रनवे पर आगे बढ़ने से रोकने के लिए उससे चिपके रहने के अलावा और कोई चारा नहीं था। वह इसे देर तक नहीं पकड़ सका, शायद इसलिए कि उसे चक्कर आ रहे थे। जब उसने आखिरकार उसे जाने दिया, हवाईजहाज ने अपने आपको सीधा किया, वह रनवे की ओर बढ़ने लगा, उसने गति पकड़ ली, नीचे गया, एक डुबकी लगाई और फिर उसने उड़ान भर ली—बिना किसी पायलट के।

पास में, कुछ अन्य पायलट हेलिकॉप्टरों पर प्रशिक्षण दे रहे थे। उन्होंने देखा कि क्या हुआ इसलिए उन्होंने उस विमान का पीछा करना शुरू कर दिया। अपने ऊपर उड़ने वाले उस दृश्य की कल्पना कीजिए— एक हवाईजहाज का पीछा हो रहा है। खाली विमान, बस खुशी-खुशी उड़ रहा था, बाकी हर चीज से बेखबर, वह वो कर रहा था जो उसे करने के लिए डिज़ाइन किया गया था। वह लगभग एक घंटे पैंतालीस मिनट तक ऐसे ही उड़ता रहा जबतक कि उसमें ईंधन खत्म नहीं हो गया। तब वह रुक गया। उसने धीमी गति से नीचे उतरना शुरू कर दिया और बड़े सहज तरीके से खुले मैदान में क्रैश लैंडिग कर गया। जिस शांत तरीके से विमान ने उड़ान भरी, उसे देखकर हेलिकॉप्टर के सभी पायलट चकित रह गए।

इस कहानी के दिमाग में आने का कारण यह है कि कभी-कभी यह पायलट ही होता है जो हवाईजहाज को दुर्घटनाग्रस्त कर देता है। वे कॉकपिट में जाते हैं और सोचते हैं, "ठीक है, मुझे यही करना है, मुझे यही करना है"। और उनके कार्यों से समस्याएँ पैदा होती हैं। इस कहानी में हवाईजहाज ने अपना काम शानदार ढंग से किया, जबकि यह हवा में था और इसमें कोई नहीं था। जब आप उड़ान भर रहे हों तो आपको विमान को वह मार्गदर्शन देने की ज़रूरत है जो उपयोगी और उचित हों। इसे वह करने दें जिसके लिए इसे डिज़ाइन किया गया है, और कुछ नहीं। जीवन में भी ऐसा ही है। अगर हम लगातार सोचते रहें, "ठीक है, मुझे अपने जीवन में अपने लिए ऐसे, ऐसे और ऐसे करना चाहिए", तो आप पृथ्वी पर दुर्घटनाग्रस्त हो सकते हैं। जीवन बहुत सरल और सुंदर है, अगर हम इसे वह करने दें जो करने के लिए इसे डिज़ाइन किया गया है।

जब हमारे जीवन में चीजें गलत होती हैं तो हम दूसरे लोगों को, भाग्य या कर्म को दोष देते हैं। हालांकि, कभी-कभी यह इस बात पर निर्भर करता है कि हम अपने आपको कैसे संभाल रहे हैं। क्या हमारे पास स्पष्टता है? क्या हमारे पास सही योजनाएं हैं? क्या हम अचानक सामने आने वाली परिस्थितियों के जवाब में लचीले बन रहे हैं? क्या हम अपने जीवन को उस तरह से कार्य करने की कोशिश करने दे रहे हैं, जो वह कर नहीं सकता बजाय उसे वह करने की अनुमति देने के जो वह सबसे अच्छा करता है? मेरे अनुभव से, हम अपने जीवन को नियंत्रित भी करना चाहते हैं और ये भी चाहते हैं कि यह फले-फूले भी। हम उसे दोनों के बीच में संतुलन बनाने का प्रयास करने देना चाहते हैं—विमान को गाइड करने और उसे उड़ने देने के बीच।

अपनी लौ को खोजें

एक कहावत है जिसके अनुसार, "अंधेरे को कोसने के बजाय एक मोमबत्ती जलाना बेहतर है।" आप पूरी रात अपने बिस्तर पर लेटे रहकर उस अंधेरे को कोस सकते हैं लेकिन उससे प्रकाश नहीं आएगा। हम अपनी समस्याओं के अंधेरे जंगल में बैठकर रो सकते हैं—और मुझे पता है कि समस्याएं कभी-कभी बहुत भारी लग सकती हैं लेकिन कभी-कभी

हमें कहना पड़ता है—"बस बहुत हो गया।"

उस स्थिति में—हमें अपने साहस को जगाने की और माचिस लेकर उस मोमबत्ती को जलाने की जरूरत है। फिर हम उस मोमबत्ती की लौ का उपयोग, दूसरी मोमबत्ती को जलाने के लिए कर सकते हैं। अंदाज़ा लगाओ, पहली मोमबत्ती की रोशनी बुझती नहीं और हमारे पास दोगुनी रोशनी हो जाती है। और हम यह करते रह सकते हैं, जबतक हम अपने जीवन को फिर से रोशन न कर लें। लेकिन केवल एक जली हुई मोमबत्ती ही अन्य मोमबत्तियों को जला सकती है, इसलिए हमें हमेशा अपने भीतर की उस आग को पाने की जरूरत है।

और प्रकाश क्या है? यह एक चेतना है। एक सच्चा प्रकाश, हमें जीवन में कठिन समय आने पर भी हमारा मार्गदर्शन कर सकता है।

खराब समय के बारे में मेरा दृष्टिकोण नया नहीं है। यह संदेश आज भी उतना ही सही है जितना मेरे विचार से यह प्लूटो के समय में था या जब संत कबीर पंद्रहवीं शताब्दी में लिख रहे थे या उन दोनों से भी हजारों साल पहले। मेरी बात सरल है—दुनिया एक कठिन जगह हो सकती है लेकिन लोग जन्मजात अच्छे होते हैं और शांति सभी में पाई जा सकती है। मृत्यु हमसे उन्हें ले लेती है जिन्हें हम प्यार करते हैं और इसे उस चीज़ में बदल देती है जिसे हम अभी भी महसूस कर सकते हैं और जिसका सम्मान कर सकते हैं। आँखों में आँखें डालकर सच्चाई को देखना साहस का काम है लेकिन यह हमें जीवन जैसा है, वैसा अनुभव करने के लिए मुक्त करता है। हमें अपनी अपेक्षाओं पर अनुशासन रखना चाहिए वरना वे हम पर शासन करेंगी। सबसे कठिन समय में और सबसे अच्छे दिनों में भी हमारे पास हमेशा अपने अंदर अपने असली निज के साथ जुड़ने का अवसर होता है—अपने हृदय के अंदर आनंद, तृप्ति और शांति के अनुभव को चुनने के लिए अवसर होता है।

ये बातें मुझे कबीर की एक कविता की याद दिलाती हैं—

चँदा झलके यहि घट माहीं। अंधी आँखन सूझत नाहीं।।
यहि घट चँदा यहि घट सूर। यहि घट बाजै अनहद तूर।।
यहि घट बाजै तबल निशान। बहिरा शब्द सुनै नहि कान।।
जब लग मेरी मेरी करै। तब लग काज एकौ नहि सरै।।
जब मेरी ममता मर जाय। तब प्रभु काज संवारै आय।।

ज्ञान के कारण करम कमाय। होय ज्ञान तब करम नसाय।।
फल कारन फूलै बनराय। फल लागै पर फूल सुखाय।।
मृगा हास कस्तूरी बास। आप न खोजै खोजै घास।।

आपके भीतर के सभी यंत्र एक लय में बज रहे हैं। अंदर की गहराई में शांति को सुनो। यह शांत ध्वनि है। ध्यान से सुनो और तुम अपने आपको सुन सकते हो।

अध्याय 8

क्षमा करके स्वयं को मुक्त करें

आप एक ऐसी दुनिया की कल्पना करें, जहाँ हर कोई शांति में रहता है। कल्पना कीजिए कि उस विश्वशांति से क्या-क्या उत्पन्न होगा—दया के सुंदर फूल! जहां समाज अपनी प्रतिभा, साधनों और ताकत का उपयोग सभी की भलाई के लिए करता है। जहां वर्तमान में रक्षा पर खर्च किए गए कई अरबों डॉलर का उपयोग एक-दूसरे को मारने के बजाय बीमारी को समाप्त करने के लिए किया जाता है। जहां समुदाय और परिवारों में हिंसा और अपराध नहीं हैं बल्कि वे एकजुट होकर, मजबूत बनकर, एक-दूसरे को समझने और एक-दूसरे की देखभाल करने वाले होते हैं। जहां सबका घर सुरक्षित, आरामदायक और आने वालों के लिए स्वागत करने वाला हो। जहां नई तकनीकों को मानव जाति की सेवा करने के लिए डिजाइन किया गया हो, जिससे हमें उन्नति करने में मदद मिले। जहाँ भरपूर भोजन-पानी उपलब्ध हो और हमारे पास जो कुछ भी है, उसे हम खुशी-खुशी अपने दोस्तों, पड़ोसियों और अनजान लोगों के साथ बांट सकें। जहां बॉर्डर की अहमियत केवल पुराने नक्शों पर खींची लाइन से अधिक ना हो। जहां छोटे-बड़े सभी प्रकार के जीवों को फलने-फूलने की जगह मिलती है। जहां प्रकृति से प्यार किया जाता है और उसका आदर किया जाता है। जहाँ हमारे गाँव-कस्बे और शहर, कृतज्ञता और उदारता से भरे होते हैं।

उस दुनिया की कल्पना करो।

हम सब एकजुट होकर विनाश की बंदूक की नली देखने की बजाय, शांतिपूर्वक अपना जीवन बिता सकते हैं।

"हां! हम कहते हैं। यही तो हम चाहते हैं"! जबतक हम असल में यह न समझ लें कि शांति क्या है, ऐसा आदर्श संसार कभी नहीं बन पायेगा। बहुत कम लोग ऐसे हैं जो यह समझते हैं। हम युद्ध के बारे में तो सबकुछ जानते हैं लेकिन शांति के बारे में बहुत कम जानते हैं।

शांति के बारे में हमारे पास कई विचार हो सकते हैं लेकिन अक्सर वे काल्पनिक व सपनों जैसे या "यूटोपियन" होते हैं। "यूटोपिया" नाम का क्या अर्थ है? ग्रीक में ओ यू का अर्थ है "नहीं" और टोपोस का अर्थ है "स्थान।" एकसाथ उसका मतलब हुआ—"ऐसी कोई जगह नहीं।" और हम एक ऐसी जगह का सपना देख रहे हैं जो नहीं मिल सकती जबतक हम उसे एक अलग ढंग से देखना न शुरू कर दें। "शांति को अपने भीतर पाना है।" यही वह संदेश है जो सदियों से चला आ रहा है। और इसकी शुरुआत होती है—आपके व हमारे अंदर।

जब हम आंतरिक शांति का अनुभव करते हैं तब शांति क्या है, हम यह जानना शुरू करते हैं। इसीलिए आत्मज्ञान का इतना महत्व है। जब हम अपने अंदर की शांति को समझते हैं और उस शांति के संपर्क में आते हैं, तब हम समझ सकते हैं कि शांति क्या है? तब हम जो भी काम करते हैं उसके साथ-साथ शांति का अनुभव भी कर सकते हैं। इसलिए हम जिस विश्वशांति की तलाश कर रहे हैं वह सच हो सकती है केवल एक काल्पनिक "यूटोपिया" नहीं।

सिर्फ एक बीज

मुझे लगता है कि जब हम दूसरे लोगों को लेकर शांति के बारे में बातचीत करते हैं तो ये, बहानेबाजी और कल्पना जैसा लगता है। हम कहते हैं—यदि अन्य सबलोग शांति से नहीं रहना चाहते हैं तो हम विश्वशांति को कैसे संभव बना सकते हैं? इसीलिए व्यक्तिगत शांति बहुत अच्छी लगती

है लेकिन हम समाज के अन्य सभी लोगों को शांति की तरफ कैसे मोड़ सकते हैं? शायद दूसरे लोग ही समस्या हैं, इसका समाधान नहीं।

अन्य लोग क्या कह रहे हैं इस पर हमारा अधिक ध्यान जाता है और यही हमें अपने भीतर मुड़ने से रोकता है। ये सच है, शांति के मार्ग को पूरी तरह से अपनाने के लिए अरबों लोगों को प्रेरित करना एक बहुत बड़ा काम है लेकिन इसकी शुरुआत करने का एक अच्छा तरीका है—एक समय में एक व्यक्ति। और वह व्यक्ति कौन है, जिसके साथ हमें शुरुआत करनी है? वो हैं हम खुद!

जरा कल्पना कीजिए कि मैं और आप एक बड़े मैदान में खड़े हैं, जिसके चारों और मैदान ही मैदान है, वह वहां तक है जहाँ सूरज और धरती मिले हुए से लगते हैं। और मैं कहता हूं—"मैं चाहता हूं कि आप इस मैदान को और आसपास के हर मैदान को जंगल बना दें।" आप कहते हैं—"ठीक है, यह एक अच्छा विचार है! लेकिन आप कैसे शुरू करेंगे।"

यह एक बड़ी और मुश्किल चुनौती की तरह लगता है—लगभग असंभव। लेकिन वास्तव में यह बहुत सरल है। यदि आप एक पेड़ की प्रकृति को समझते हैं तो आप जानते हैं कि प्रत्येक पेड़ में, खुद को कई गुणा बढ़ा लेने की क्षमता होती है। आपको केवल उपजाऊ जमीन और सही बीज डालने की आवश्यकता है और तब एक पेड़ पूरा जंगल बना सकता है। हाथ से दस हजार पेड़ के बीज लगाने की जरूरत नहीं है। आपको भारी मशीन व विशेषज्ञ आदि लाने की आवश्यकता नहीं है। इनमें से कुछ भी जरूरी नहीं है यदि आपके पास उपजाऊ जमीन है और एक बीज है। सिर्फ एक बीज!

चुनना सीखना

क्या ऐसा कोई समय होता है जब हमारे लिए लड़ना, यहाँ तक कि युद्ध में जाना भी सही है? यह हममें से प्रत्येक के ऊपर निर्भर करता है कि हम अपने हृदय में क्या महसूस करते हैं, उसके अनुसार अपने लिए युद्ध या शांति का चुनाव करते हैं। हमारे भीतर युद्ध और शांति दोनों हैं और हमारे भीतर ही स्पष्टता और भ्रम भी हैं। हम सही चुनाव तभी कर सकते

हैं, जब हम खुद को समझें।

संस्कृत के महान महाकाव्य "महाभारत" के एक प्रसिद्ध भाग में, भगवान कृष्ण लड़ाई के मैदान में अर्जुन के साथ जाते हैं, जो एक योद्धा है। आगे जो होता है वह हमें शांति और युद्ध के बारे में कुछ हद तक महत्वपूर्ण बातें बताता है, क्योंकि वहां अर्जुन एक हैरानी भरा फैसला लेते हैं।

तो, एक भीषण युद्ध शुरू होने वाला है और अर्जुन कहता है कि वह लड़ना नहीं चाहता। वह चारों ओर सैनिकों की पंक्तियों को देखता है और उसे परिवार के सदस्यों, दोस्तों, शिक्षकों, साथियों की एक लंबी लाइन दिखाई देती है, जिन्हें वह प्यार करता है और जानता है। उनके खिलाफ वह धनुष नहीं उठाना चाहता। अर्जुन द्वारा बताये गए कारण नेक और निस्वार्थ लगते हैं।

अब, आप सोच सकते हैं कि अर्जुन द्वारा शांति को गले लगाने से कृष्ण खुश होंगे। ऐसा नहीं है। क्यों? क्योंकि अर्जुन में आत्मज्ञान की कमी है। वह योद्धा, उन कई कारणों को नहीं समझ पाया है जो उसे सही निर्णय लेने में मदद करे। उसकी भावनाएं यूटोपियन हैं और उसने पूरी तस्वीर नहीं देखी है। उसकी भावनाएं स्थिति की असलियत से जुड़ी नहीं हैं। दूसरे शब्दों में कहें तो वह वास्तव में खुद को नहीं जानता।

कृष्ण अर्जुन से बात करते हैं, युद्ध की पृष्ठभूमि समझाते हैं और उसे दुनिया में उसकी जगह को समझने में मदद करते हैं जिसमें, योद्धा के रूप में एक धर्म-युद्ध में भाग लेने का उसका कर्त्तव्य भी शामिल है। धीरे-धीरे, योद्धा अपनी स्थिति को समझता है, तब उसे पता चलता है कि वह अब अपने लिए, सही निर्णय लेने के लिए पूरी तरह से आजाद है। सही चुनाव करना महत्वपूर्ण है और यह तभी हो सकता है, जब आपको यह पता हो कि आपके पास हमेशा विकल्प उपलब्ध हैं।

मान लीजिए कि आप जेल में हैं और कई सालों से आप अपने सेल की खिड़की से बाहर देख रहे हैं और भागने की साजिश कर रहे हैं। आपके सेल के करीब एक ऊंची दीवार है और आप बस उसी को देखते हैं। यह दीवार आपकी नजर पर हावी है और यह आपके सेल में कोई रोशनी नहीं आने देती। आपको लगता है कि यही एकमात्र दीवार है जो आपको आजादी से अलग करती है। लेकिन उस दीवार के पीछे एक

और दीवार है। दूसरी दीवार, पहली दीवार से भी ऊंची है लेकिन आपके सेल के करीब की पहली दीवार आपको उस दूसरी दीवार को देखने नहीं देती। उस दूसरी दीवार से परे एक तीसरी दीवार है, जो और भी ऊंची है। लेकिन आप उस तीसरी दीवार को, पहली दीवार के कारण देख नहीं पाते।

हफ्तों से आप पहली दीवार को पार करने के लिए, आवश्यक सभी चीजों को गुप्त रूप से इकट्ठा कर रहे हैं। एक बार फिर, आप अपनी रस्सियों को ध्यान से नापते हैं और पाते हैं कि आपके पास उस दीवार को पार करने के लिए वे बहुत हैं। आप अपने सेल को तोड़कर बाहर निकलते हैं और जल्दी से दीवार के ऊपर चढ़ जाते हैं। लेकिन पहली दीवार के ऊपर आपका सामना दूसरी दीवार से होता है और आपकी रस्सियाँ उस दीवार की चोटी तक नहीं पहुँचेंगी। आपने अपनी स्थिति को गलत समझा है।

जबतक हम पूरी तस्वीर नहीं देख लेते, हम सही निर्णय नहीं ले सकते। जबतक हमारे पास आत्मज्ञान न हो, हम अपने हृदय की शांति से नहीं जुड़ सकते। जबतक हम अपने हृदय में शांति से जुड़े नहीं हैं, हम गलत कारणों से लड़ने का चुनाव कर सकते हैं। और जबतक हम अपने हृदय में शांति से नहीं जुड़े हैं, हम गलत कारणों से नहीं लड़ने का निर्णय भी कर सकते हैं। आंतरिक शांति से हमारे अंदर स्पष्टता आती है। यूटोपिया के सपने देखने के बजाय, हमें वास्तविकता को स्पष्ट रूप से देखने और अपने लिए आंतरिक शांति चुनने की जरूरत है।

एक और विशाल छलांग

तो क्या वाकई विश्वशांति संभव है? क्या हम मनुष्य, वास्तव में एकता से एक-साथ रहने में सक्षम हैं? बहुत से लोग ऐसा नहीं सोचते हैं। इस विषय पर आप जिस नकारात्मकता का सामना कर सकते हैं, वह वास्तव में बहुत ही गंभीर है। सेनेका ने कहा—"ऐसा नहीं है कि हम जोखिम उठाने की हिम्मत नहीं करते हैं क्योंकि चीजें मुश्किल हैं, ऐसा इसलिए है क्योंकि हम साहस नहीं करते हैं, जिससे चीजें मुश्किल हो जाती हैं।" क्या हम शांति को एक अवसर देने का साहस करते हैं?

मैं आपको कुछ समय पहले हुई उस घटना पर वापस ले जाना चाहता हूं। यह घटना महज 12 सेकंड तक चली और सिर्फ इसने 120 फीट की दूरी तय की लेकिन इसने दुनिया को बदल दिया। मैं पहली यंत्र-चालित उड़ान के बारे में बात कर रहा हूँ। इसमें कोई शक नहीं कि कई लोगों ने राइट बंधुओं की साहसी योजना को देखा और कहा-"यह काम नहीं करेगा! तुम भोले हो! अगर भगवान चाहता कि हम उड़ें तो वह हमें पंख देता!" लेकिन साइकिल की मरम्मत से शुरुआत करने वाले इन दो लोगों की कल्पनाएँ बड़ी थीं और वे "नहीं" शब्द का अर्थ नहीं समझते थे। इसे कहते हैं दृढ़ता। इसी प्रकार जब शांति की बात आती है तो हमें और अधिक दृढ़ता एवं और अधिक साहस की आवश्यकता होती है।

उड़ान का एक और उदाहरण है जो मैं उन लोगों को देता हूं जो कहते हैं कि शांति असंभव है—हम चाँद पर गए। यह मिशन—जो कल्पना से वास्तविकता की ओर एक विशाल छलांग थी—क्या यह उन लोगों की वजह से सफल हुआ जिन्होंने कहा, "यह नहीं किया जा सकता"! या उन लोगों की वजह से जिन्होंने कहा, "चलो कोशिश करते हैं!" 1962 में राष्ट्रपति जॉन एफ कैनेडी के शब्दों में महत्वाकांक्षा की परिभाषा जानें—

"हम चंद्रमा पर जाना चुनते हैं। हम इस दशक में चंद्रमा पर जाना और अन्य काम करना चुनते हैं, इसलिए नहीं कि वे आसान हैं बल्कि इसलिए कि वे कठिन हैं। क्योंकि वह लक्ष्य, हमारी सर्वोत्तम ऊर्जा और कौशल को व्यवस्थित करने और मापने का काम करेगा। क्योंकि वह एक चुनौती है जिसे हम स्वीकार करने को तैयार हैं, जिसे हम टालने को तैयार नहीं हैं और जिसे हम जीतने का इरादा रखते हैं।"

यहां पृथ्वी पर शांति को साकार करना, निश्चित रूप से हमारी सबसे बड़ी सामूहिक उपलब्धि होगी। तो क्यों न हम दृढ़ संकल्प करें? और हम कैनेडी के सुझाव का पालन करें और कहें—

"हम, लोगों के बीच शांति को स्थापित करना चुनते हैं। हम इस दशक में ऐसा करना इसलिए नहीं चुनते क्योंकि यह आसान है, बल्कि इसलिए कि यह कठिन है, क्योंकि वह लक्ष्य, हमारी सर्वोत्तम ऊर्जा और कौशल को व्यवस्थित करने और मापने का काम करेगा, क्योंकि यह वह चुनौती है जिसे हम स्वीकार करने को तैयार हैं, जिसे हम टालने को तैयार नहीं हैं और जिसे हम जीतने का इरादा रखते हैं। क्योंकि शांति तभी

संभव है, जब हम सब खुद से शुरुआत करें।"

बदला लेने का अभिशाप

टकराव तब होता है, जब हम एक-दूसरे के लिए सम्मान खो देते हैं। सम्मान के अभाव में हमारे सिद्धांत और नियम, लोगों से ज्यादा महत्वपूर्ण हो जाते हैं। दिमाग हृदय पर हावी हो जाता है, फिर हम जिनके खिलाफ होते हैं, उनके ऊपर वे सिद्धान्त थोपना शुरू कर देते हैं। युद्ध को बढ़ावा देने वाले सदियों से जानते हैं कि दूसरे पक्ष को अमानवीय बनाना लाभदायक होता है। यदि आप अपने विरोधियों को राक्षस बना देते हैं तो अच्छे लोगों के लिए उनसे नफरत करना आसान हो जाता है। कोई भी समाज शांति के पथ पर एक कदम तब उठाता है, जब वह अपने दुश्मन को इंसान के रूप में पहचान लेता है और यह बदलाव एक समय में एक व्यक्ति में होता है।

यह मुझे बदला लेने के विषय पर लाता है। यह सोचना कि मेरे साथ गलत हुआ है और मुझे इसे सही करना है, यह भावना बड़ी गहराई से जायज लग सकती है। इसकी जड़ें इस बात में जमीं हैं कि अब मुझे सही करना है। इससे भी ज्यादा, ऐसा महसूस हो सकता है कि आपको स्वयं को सुरक्षित रखने के लिए बदला लेना है। लेकिन क्या यह डर, दूसरों से बदला लेने की इच्छा और नफरत पैदा करने के अलावा और कुछ भी करता है?

महाभारत की कहानी कुरुक्षेत्र युद्ध से प्रेरित है। एक टकराव जो चचेरे भाइयों के दो समूहों—कौरवों और पांडवों के बीच संघर्ष से उत्पन्न हुआ—दोनों ने महसूस किया कि वे कुरुवंश के असली उत्तराधिकारी थे। कुछ लोगों का मानना है कि इस युद्ध ने कलियुग की शुरुआत की। चार युगों में से एक युग या समय। भारतीय पौराणिक कथाओं के अनुसार कलियुग एक ऐसा समय है जब कलह, झगड़े और बढ़ जाते हैं।

महाभारत में बदला लेने की एक कहानी है जो हमेशा मेरे निकट रही है। यह दर्शाती है कि जब हम अपनी स्पष्टता खो देते हैं कि हम कौन हैं तो क्या होता है—विशेष रूप से हमारे हृदय के अंदर की शांति के साथ

संबंध के बारे में। और यह सही तरह से चुनने के महत्व की बात भी है। युद्ध के मैदान में कृष्ण और अर्जुन मौजूद हैं—इसका असली विवरण तो एक बहुत लंबी और उलझी हुई कहानी है और इसका ज्यादातर हिस्सा व्याख्या और बदलाव के लिए खुला है—इसलिए मैं जितना हो सके सरलता से, संक्षेप में बताता हूँ।

महाभारत युद्ध के कुछ समय बाद, परीक्षित नामक एक नेक राजकुमार राजा बन गया। उन्हें एक अच्छा शासक माना जाता था और लोग उनके शासनकाल में शांति और समृद्धि से भरपूर थे। एक दिन वे अपने घोड़े पर सवार होकर कहीं बाहर जाते हैं और उन्हें कलियुग मिलता है, जिसने एक व्यक्ति का रूप धारण किया हुआ है—महाभारत काल में यह एक सामान्य बात थी, जो मनुष्य रूप देने के कथानकों से भरी है।

कलियुग परीक्षित के सामने खड़ा होता है और कहता है, "मैं कलियुग हूं और मैं आपके राज्य में विस्तार करना चाहता हूं, यह मेरा समय है।" और परीक्षित कहते हैं, "मैं तुम्हें ऐसा करने की अनुमति नहीं दूंगा क्योंकि मैं जानता हूं कि तुम कौन हो और क्या हो। आप ही हैं जो लोगों को भ्रमित करेंगे, जिससे वे आपस में लड़ेंगे और वे अपनी जिम्मेदारियों को भूल जाएंगे।"

कलियुग को महसूस होता है कि उसके सामने यहां बहुत बड़ी चुनौती है। "ऐसा कैसे हो सकता है कि मैं हर जगह हूँ लेकिन उसके राज्य में नहीं हूं?" वह मन ही मन सोचता है। फिर वह यह भी जानता है कि परीक्षित एक शक्तिशाली शासक है और वह उसे सीधे चुनौती देने की हिम्मत नहीं कर सकता। वह एक पल के लिए स्थिति पर विचार करता है, फिर कहता है, "सुनिये! मैं आपसे आश्रय माँग रहा हूँ।"

खैर, इस तरह से पूछे जाने पर आश्रय प्रदान करना हमेशा राजा का कर्त्तव्य होता है, इसलिए अब तेजी से विचार करने की बारी परीक्षित की हो जाती है। क्या कोई ऐसी जगह है जहाँ मैं उसे रख सकता हूँ? जहाँ रहकर वह मेरे राज्य को नुकसान नहीं पहुँचा सकेगा? वह सोचता है, "मैं उसे कैसे पास रखूं ताकि मेरी नजर हमेशा उसपर बनी रहे।" तब परीक्षित ये दुर्भाग्यपूर्ण शब्द कहते हैं, "ठीक है, तुम आकर मेरे दिमाग में शरण ले सकते हो।"

कलियुग प्रसन्न होता है, क्योंकि वह जानता है कि वहाँ से वह आगे

जाकर पूरे राज्य पर शासन कर सकता है।

कुछ दिन बीत जाते हैं और एक दिन परीक्षित शिकार पर जाने का फैसला करते हैं। कुछ समय बाद उसे प्यास लगती है, वह एक आश्रम देखता है और पानी की तलाश में अंदर चला जाता है। यहाँ उसका सामना शमीक नामक एक ऋषि से होता है। वे गहरे ध्यान में थे। परीक्षित उनसे कहता है, "मुझे थोड़ा पानी दे दीजिये ऋषि"! लेकिन शमीक उसको नहीं सुनते, इसलिए राजा फिर कहते हैं—"ऋषिवर! मैं विनम्रतापूर्वक आपसे पानी माँगता हूँ।" और शमीक अभी भी कोई जवाब नहीं देते हैं।

अब परीक्षित को गुस्सा आ जाता है, जो उसके लिए बहुत ही असामान्य बात है। वास्तव में, वह क्रोध से कुछ अधिक महसूस कर जाता है। वह अपने को छोटा महसूस करने लगा। वह पास में पड़ा एक मरा हुआ सांप देखता है और उस अपवित्र जीव को ऋषि के गले में डालकर वह उनका भयानक अपमान करता है।

ऋषि के शिष्यों में से एक, यह सब होता हुआ देखता है और राजा को यह कहते हुए श्राप देता है कि वह सात दिनों के अंदर तक्षक नामक सांप के काटने से मृत्यु को प्राप्त होगा। परीक्षित को अपनी गलती का एहसास होता है और वह शमीक ऋषि से माफी मांगता है लेकिन श्राप को पलटने के लिए वे कुछ नहीं कर सकते थे।

राजा की रक्षा के लिए जल्दी से एक टावर बनाया जाता है और उसके सैनिक किसी भी सांप को पास आते ही मारने के लिए तैयार रहते हैं। सातवें दिन, परीक्षित को लगता है कि शायद श्राप सच नहीं होने वाला है। अभी सूर्यास्त हुआ है और उसे भूख लगती है इसलिए वह फलों के पास जाता है। जैसे ही वह वहाँ पहुंचता है उसे एक कीड़ा दिखाई देता है। वह मजाक करता है कि अगर यह सांप है तो वह उसे काटने देगा। तत्काल तक्षक खुद को कीड़े से सांप के शरीर में बदलकर, श्राप को पूरा कर देता है।

परीक्षित का बेटा जन्मेजय, इस बात से बहुत नाराज होता है। वह इतना क्रोधित हो जाता है कि वह राज्य के सभी सांपों को नष्ट करना चाहता है। वह एक विशाल साप्ताहिक नागयज्ञ का आयोजन करता है, जिसमें जन्मेजय के लोग सभी सांपों को खोज-खोज कर लाते हैं और यज्ञ में डालकर जला देते हैं। और इस तरह बदला लेने का सिलसिला

जारी रहता है।

कहानी में परीक्षित, शमीक का शिष्य और जन्मेजय सभी को लगता है कि वे अन्याय के शिकार हुए हैं। इस भावना से उनको क्रोध आता है और वही क्रोध उनके मार्ग में सबकुछ जला देता है, जिसमें उनकी अपनी समझ भी शामिल है कि वे कौन हैं। जन्मेजय को अंत में एक अन्य ऋषि आस्तिक द्वारा इस यज्ञ को रोकने के लिए राजी किया जाता है। आस्तिक कहते हैं, "अभी भी तक्षक के अलावा शेष जीवित सांप निश्चित रूप से निर्दोष हैं और वे मौत के काबिल नहीं हैं। यदि आप उनके प्राणों को बख्श देंगे तो आपका यश बढ़ेगा।" जन्मेजय ने सांपों को जलाना बंद कर दिया।

यदि आप रुचि रखते हैं तो मैं आपको कलियुग की कहानी के बारे में और जानने के लिए छोड़ रहा हूं, नहीं तो पता चला मैं पूरे महाभारत को ही संक्षेप में प्रस्तुत करके समाप्त करने का प्रयास करने लगूंगा। बात यह है कि कलियुग आ गया है और स्पष्टता चली गई है। फिर किसकी पकड़ रह जाती है? क्रोध, दर्द, भय, बदला—ये सब बार-बार दोहराये जाते हैं। भय का यह चक्र, दुःख के अलावा कुछ नहीं पैदा करता है। आप आंख के बदले आंख की मांग कर सकते हैं लेकिन गांधी जी ने तो इसके लिए यहां तक कह दिया था कि, ऐसा करने से तो सारी दुनिया ही अंधी बन जायेगी।

क्षमा पर एक अलग दृष्टिकोण

क्रोध से क्षमा का मार्ग दुर्गम और कठिन हो सकता है। खासकर जब आपको और आपके प्रियजनों को बहुत नुकसान हुआ हो। एक सफलता तब मिलती है, जब हम क्षमा को विनम्र स्वीकृति के रूप में नहीं बल्कि स्वयं को दर्द से मुक्त करने के एक साहसी तरीके के रूप में देख सकें।

कुछ कार्य इतने भयानक, हानिकारक, निर्दयता और घृणा से भरे होते हैं कि उन्हें स्वीकार नहीं किया जा सकता, उनसे निजात मिलनी चाहिए। क्षमा, जो बीत गया उसके साथ संबंध तोड़ने के बारे में है ताकि यह हमें पीछे से पकड़कर न रख सके। क्षमा अपराधी को जिम्मेदारी से मुक्त नहीं करती है, यह हमें अपराध से मुक्त करती है।

मैं लड़ाई से बचे कई लोगों से मिला हूँ और उनकी कुछ कहानियों ने मुझे रुला दिया है। मैं जानता हूं कि युद्ध में मारे गए लोगों के बेटे-बेटियां, अपने दिल में बदले की भावना लेकर बड़े हो सकते हैं। इस तरह की दर्दनाक घटनाओं से हम जिन भावनाओं को लेकर चलते हैं, उन्हें पीछे छोड़ना कभी आसान नहीं होता है लेकिन जब हम अपने लिए उनको पीछे छोड़ना चुनते हैं तो हम पीड़ित होने की भावना से दूर होने का अपना पहला कदम लेते हैं। यह बहुत प्रभावशाली होता है, जब बदला लेने वाला व्यक्ति अपने भय और क्रोध से ऊपर उठने की आंतरिक शक्ति पाता है। अतीत में उनके साथ जो हुआ उसके बावजूद, आज अच्छी तरह से जीने के लिए लोगों के दृढ़-संकल्प पर मैं चकित हो जाता हूं। और यह एक महत्वपूर्ण बिंदु है—उन्हें पीड़ित किया गया लेकिन वे अपना शेष जीवन पीड़ित की तरह महसूस करके जीना नहीं चाहते।

जब मैं पहली बार दक्षिण अफ्रीका गया

मैं पहली बार 1972 में दक्षिण अफ्रीका तब गया, जब मैं चौदह साल का था। मैं वहां के कार्यक्रमों में अपना संदेश देने गया और मैंने जो देखा और अनुभव किया, उससे मैं हैरान रह गया। इसने मुझे भारत की भयानक जाति-व्यवस्था की याद दिला दी जिससे मैं नफरत करता था। उस समय नेल्सन मंडेला सत्ता को पलटने के अपने प्रयासों के लिए जेल में थे।

रंगभेद पूरी तरह से अमानवीय था। एक अवसर पर दक्षिण अफ्रीका की सरकार ने मुझसे कहा—"आप गोरे व काले लोगों के लिए एक-साथ कार्यक्रम नहीं कर सकते। अलग-अलग वर्ग के लोगों को, अलग-अलग रखना होगा।" मैंने कहा, "माफ करें! मैं ऐसा नहीं कर सकता। मेरे कार्यक्रम में कोई भी आ सकता है। मैं इंसानों से बात करता हूं। मैं उनकी जाति या वर्ग के बारे में बात नहीं करता। मैं उनके धर्म की बात नहीं करता।"

मुझे ब्लैकलिस्ट किया गया। सरकारी अधिकारी इस किशोर वक्ता को गिरफ्तार करके, एक अंतरराष्ट्रीय विवादित समाचार को चिंगारी नहीं देना चाहते थे। इसके बजाय उन्होंने मेरा पीछा किया और 24 घंटे मेरी

निगरानी की। मुझे लगता है कि जहां भी मैं गया, मैंने जो भी यात्रा की, मैं जिसके साथ मिला और मैंने जो कहा इन सबमें मैंने उनके सभी नियमों को तोड़ दिया। इस बारे में उनका डर और गुस्सा जबरदस्त था।

मेरे कार्यक्रमों में हिस्सा लेने वाले लोगों की एक अद्भुत भीड़ होती थी—हर आकार, रूप और रंग जिसकी आप कल्पना कर सकते हैं के व्यक्ति वहां आये लेकिन सबकी एक ही खोज थी—अपने अंदर की शांति को महसूस करना और एक संपूर्ण जीवन जीना। अलगाव और हिंसा के सामने इस अद्भुत संभावना का स्वागत किया जा रहा था। यह उस समय के सभी नियमों के विपरीत था और इसने मुझे दिखाया कि कैसे हमारे भीतर की शांति खतरनाक दिमाग के उस खेल से अधिक शक्तिशाली है, जो लोग कभी-कभी खेलते हैं—विनाशकारी परिणामों वाले खेल।

हाल के वर्षों में मैंने सोवेटो में कार्यक्रम आयोजित किए हैं। वह एक ऐसी जगह है, जहां लोगों को इतनी पीड़ा पहुंची है कि आप विश्वास नहीं करेंगे। वहाँ आने वाले बहुत से वक्ता क्षमा के बारे में बात करते हैं लेकिन मैं अक्सर अकेला व्यक्ति हूँ जो क्षमा के बारे में यह बात करता हूँ कि यह सबसे पहले आपके लिए है न कि उनके लिए—न कि उन अत्याचारियों के लिए। मैं यह कहता हूं, लोग ऐसे काम कर सकते हैं जो इतने बुरे हैं कि आप शायद उन्हें कभी माफ नहीं कर सकते लेकिन एक चीज है जो आप अपने लिए कर सकते हैं—दर्द के बंधन को काट दो। ऐसा करने से आप यह सुनिश्चित करते हैं कि कल जो आपके साथ हुआ, वह आज आपके जीवन पर राज नहीं करेगा।

एक बार, दक्षिण अफ्रीका में, मैं एक कार्यक्रम में बोल रहा था और जेल में बंद एक महिला ने मेरे लिए एक प्रश्न भेजा। यह था, "मैंने अपने जीवन में कुछ ऐसा किया है जिसके लिए मैं खुद को माफ नहीं कर सकती। मैंने, उस भयानक शोषण के कारण जिससे मैं दुःखी थी, अपने दो बच्चों को मार डाला और लगभग खुद को मार डाला। मैं उस शांति को महसूस करना चाहती हूं जिसके बारे में आप बात कर रहे हैं। लेकिन मुझे लगता है कि मैंने इसे महसूस करने की क्षमता खो दी है। क्या मेरे लिए कोई मौका है?"

मैंने अन्य श्रोताओं की ओर देखा। मुझे एहसास हुआ कि मुझसे ज्यादा, वे इन भयानक घटनाओं के करीब थे। मैंने उनसे कहा, "अच्छा!

क्या आपको लगता है कि इस महिला के लिए कोई मौका है?"

यह वास्तव में बहुत ही हैरान कर देने वाला अवसर था लेकिन सभी ने एक स्वर में कहा "हां"! उनका यही उत्तर था—उनके लिए आशा है। वो पल हमेशा मेरे साथ रहेगा। इसने मुझे जबरदस्त और स्पष्ट रूप से कह दिया कि मानवता के लिए आशा है।

कर्त्तव्य और जिम्मेदारी

महाभारत की जो कहानी मैंने आपको पहले बताई थी, जन्मेजय को आस्तिक ने चुनौती दी थी और उसने उत्तर दिया कि वह अपना कर्त्तव्य, अपना धर्म पूरा कर रहा है। कुछ लोग अपने देश, धर्म, समुदाय, परिवार के लिए लड़ने को एक भारी नैतिक जिम्मेदारी महसूस करते हैं। मैं यह बताने की कोशिश नहीं कर रहा हूं कि दूसरों के प्रति आपका क्या कर्त्तव्य है, मैं आपको केवल यह याद दिलाना चाहता हूं कि आपका अपने प्रति भी कोई कर्त्तव्य है। और अपने प्रति आपका कर्त्तव्य है कि आप कुछ करने से पहले अपने आपको समझें और लड़ने या न लड़ने का चुनाव करने से पहले, अपने आपमें शांति का अनुभव करें। युद्ध की वजह को स्वीकार करने के लिए आपके मन को समझाया जा सकता है, लेकिन आपके हृदय का क्या?

कुछ साल पहले, "दि प्रेम रावत फाउंडेशन" अपने शांति शिक्षा कार्यक्रम (पीईपी) को श्रीलंका ले गया। वह एक ऐसा देश है जिसने एक भयानक गृहयुद्ध का सामना किया है। शुरू में जेल के कैदियों की मदद के लिए इस्तेमाल किया गया पीईपी, आज उन लोगों की मदद करता है जो समाज के साथ फिर से जुड़ना चाहते हैं। पीईपी उनकी शांति की अपनी चाहत को समझने और उससे फिर से जुड़ने में, उनकी मदद करता है। श्रीलंका में हमने पूर्व विदोही लड़ाकों को अपने स्वयं के संपर्क में रहने के लिए सहयोग किया और इसका एक जबरदस्त प्रभाव पड़ा। एक पूर्व तमिल टाइगर ने मुझसे कहा-"अगर मुझे यह संदेश अपने जीवन में पहले मिल गया होता तो मैं कभी युद्ध में नहीं जाता।" "पीस एजुकेशन प्रोग्राम" अब 100 से अधिक देशों में सक्रिय है और नियमित

रूप से उन समुदायों के लोगों के लिए प्रस्तुत किया जाता है, जो संघर्ष में शामिल रहे हैं।

कोलंबिया में हमारी टीमों ने एफएआरसी क्रांतिकारी समूह के पूर्व लड़ाकों के साथ काम किया है। उनमें से कई बचपन से ही लड़ रहे थे और वे इसके अलावा कुछ नहीं जानते थे। दशकों तक, पूरे देश में निजी सेनाएं थीं और वे भयानक हिंसा और अपराध में शामिल थीं। उथल-पुथल में ड्रग्स एक बड़ी भूमिका निभाते थे। पीईपी पूरा करने के बाद एफएआरसी के एक पूर्व योद्धा ने मुझसे कहा, "अगर एक गुरिल्ला इस संदेश को हृदय से ग्रहण कर सकता है तो कल्पना करें कि आप बाकी दुनिया के लिए क्या कर सकते हैं।"

हर रोज संघर्ष

युद्ध के बारे में बात करना, उन लोगों को सिद्धांत की बात लग सकती है, जिन्होंने इसका अनुभव नहीं किया है। लेकिन ठीक वैसी ही स्थिति हमारी रोजमर्रा की जिंदगी में, एक छोटे रूप में चलती रहती है। छोटे टकराव का एक मामूली सा उदाहरण है। आप अपनी कार में कहीं जा रहे हैं, कोई आपके सामने से रास्ता काट कर निकल जाता है और वह कोई माफी भी नहीं मांगता है। आप नाराज हो जाते हैं! क्रोध आपकी नसों में दौड़ रहा है। आप अपना हॉर्न बजाते हैं और अगली बत्ती तक उसका पीछा करते हैं। क्या हुआ है? आप कैसा महसूस करेंगे? यह कन्ट्रोल आपने उनके हाथ में दे दिया। वे अतिरिक्त दस सेकंड आपको कहाँ ले जायेंगे? स्वर्ग? या हाईवे पर सिर्फ एक कार की लंबाई भर की अतिरिक्त दूरी? आप उसका पीछा करते हुए हाइवे पर दौड़ रहे हैं जो बेकार है। इसमें मूल चीज आप दोनों ही भूल रहे हैं।

हम दूसरा तरीका आजमा सकते हैं। अगर हम देखते हैं कि कोई हमारे सामने से जाने की कोशिश कर रहा है तो हम कार धीमी कर सकते हैं और उन्हें आगे जाने दे सकते हैं। हमने उसे कन्ट्रोल किया। कोई हमारी पार्किंग लेने की कोशिश कर रहा है? उनको ले लेने दो। हम कन्ट्रोल में हैं। किसे पता, हो सकता है वास्तव में कोई जरूरी मसला हो, जिसमें

उन्हें जल्दी जाने की जरूरत हो। भले ही उनकी जरूरत हमसे ज्यादा न हो, पर शायद हमारा व्यवहार उनके मन में दया का बीज बो दे।

यह बहुत ही महत्वपूर्ण बात है, क्योंकि हम देखते हैं कि छोटे-छोटे विवाद तेजी से त्रासदी में बदल जाते हैं। हम देखते हैं, लोग टकराव में फंसे हैं और कई क्षेत्रों के तो युवा आमतौर पर इन सबमें सबसे आगे रहते हैं। हम कितनी बार शहर के एक हिस्से में मारे गए किसी युवक या महिला के बारे में किसी समाचार में देखते हैं, फिर इसे सामान्य रूप से भूल जाते हैं? जब ऐसा होता है तो हमें एक पल के लिए रुकना व सोचना चाहिए और यह समझना चाहिए कि उन्होंने हमारी नजर में अपनी मानवता खो दी है। वे अब हमारे लिए एक व्यक्ति नहीं हैं, बस एक और अपराध का आँकड़ा हैं। अगर हम हिंसा के शिकार लोगों को इंसान के रूप में देखना बंद कर देंगे तो शहरों में हिंसा की स्थिति और भी बदतर हो जाएगी।

आशा बनाम बोरियत

मैं कई ऐसे कार्यक्रमों में शामिल हूं जो युवा हिंसा की बात करते हैं और एक चुनौती जिसका वे सभी सामना करते हैं वह है निराशा, जिसे वे लोग महसूस करते हैं। हिंसा को कौन रोक सकता है? सबलोग मिलकर, एकसाथ। प्रयास, हममें से हर एक के साथ शुरू होता है। पुलिस, नेता, सामुदायिक संगठन, स्थानीय लोग और स्वयं वे बच्चे—हम सबको इसमें शामिल होने की जरूरत है। हम सभी इंसान हैं और हम सभी को अपने भीतर आशा को खोजने की जरूरत है। आपको और मुझे भी, अपने भीतर आशा खोजने की जरूरत है।

यदि युवा लोगों को समाज के साथ जुड़े रहने, नौकरी पाने, एक अच्छा घर होने, आगे बढ़ने के अवसर होने, सम्मान और प्यार पाने की कोई उम्मीद नहीं दिखती है तो वे समाज से दूर हो जाते हैं। लेकिन इससे भी महत्वपूर्ण बात यह है कि वे खुद से दूर हो जाते हैं। अगर आप अपने लिए प्यार महसूस नहीं करते हैं तो आप किसी और के लिए प्यार क्यों महसूस करेंगे? खासकर अगर आपको डर है कि वे आपको नुकसान

पहुंचा सकते हैं? ये बच्चे आगे जाकर दूसरों से लड़ते हैं। क्योंकि वे खुद से लड़ रहे हैं। उन बच्चों के अंदर बोर होने का भयानक शोर है। हमारी चुनौती उन्हें यह देखने में मदद करना है कि कुछ ऐसा है जिसे वे महसूस कर सकते हैं, आनंद ले सकते हैं और खजाने की तरह उसे संभाल सकते हैं। यह उनके भीतर है। और जब वे अपने हृदय में प्यार की उस भावना से जुड़े होते हैं तो वे अपने आसपास के लोगों के बारे में भी अच्छा महसूस करते हैं। और इन बातों का ध्यान रखकर वे भी विकास की धारा में जुड़ सकते हैं। इस तरह, आंतरिक शांति के पास सभी को देने के लिए कुछ शक्तिशाली चीज़ें हैं।

परिवार को सशक्त बनायें

हमें ये भी जानने की जरूरत है कि युवा लोग किस दिशा में जा रहे हैं। उनकी अजनबियों के साथ दोस्ती, उनके अपने परिवार के साथ निकटता की तुलना में उन्हें अधिक पसन्द क्यों है? ऐसा लगता है कि हर किसी के पास बहुत सी अन्य चीजें हैं जो उनका ध्यान आकर्षित करती हैं। कभी-कभी अभिभावकों द्वारा बच्चों को जिम्मेदारी देने का अर्थ होता है—उन्हें अपने जीवन में आगे बढ़ने के लिए छोड़ देना। जब उन्हें ऐसा लगता है तब वे, अकेला महसूस करते हैं और वे दोस्ती के लिए किसी गिरोह की तरफ रुख कर लेते हैं। युवा लोग उस नए परिवार में स्वीकृति के लिए इतने बेताब हो सकते हैं कि वे जाते हैं और खुद को साबित करने की ललक में किसी को मार देते हैं।

सरकारों को परिवार का सहयोग करने की जरूरत है। व्यवसायियों को परिवार का सहयोग करने की आवश्यकता है। लेकिन सबसे बढ़कर, हमें परिवार का सहयोग करने की जरूरत है। और परिवार को सशक्त बनाने के लिए हम सब क्या कर सकते हैं? शुरुआत हम अपने आपसे करें।

एक चौंकाने वाली मुस्कान

जेल कई ऐसे युवाओं के लिए मंजिल बन जाती है, जो वर्तमान में अपने व समाज दोनों के लिए खो गए हैं। बड़े लोगों के लिए भी जेल ऐसी जगह बन जाती है जो अपराध करने से खुद को रोक नहीं पाते।

"पीस एजुकेशन प्रोग्राम" मूल रूप से जेल के अंदर के लोगों को खुद से जुड़ने, अपने आंतरिक साधनों की खोज करने और व्यक्तिगत शांति महसूस करने में मदद करने के लिए बनाया गया है। कैदी खुद को नहीं समझते हैं कि वे कौन हैं? पीईपी जेल की दीवारों के अंदर और बाहर के उनके अनुभव को बदलकर, उनकी इसी भावना को पूर्ण रूप से बदलने में सक्षम है। यह कार्यक्रम उन संस्थानों के कर्मचारियों के लिए भी मददगार साबित हुआ है, जिन्हें हम सहयोग कर रहे हैं।

मैंने इतनी कड़ी सुरक्षा वाली जेलों के अंदर जाने की कभी उम्मीद नहीं की थी! वे घूमने के लिए बहुत ही हैरान करने वाले स्थान हो सकते हैं लेकिन यह हमेशा एक अनूठा अनुभव देता है। मैं अपने आपको यह महसूस करने के लिए रोक नहीं सकता कि जेल वास्तव में दुनिया का एक छोटा रूप है—एक छोटी सी दुनिया। अंदर, आप हर प्रकार के व्यक्ति से मिलते हैं।

बचपन में मैंने अपने पिता जी को, युद्ध के मैदान में कृष्ण और अर्जुन की बातचीत के बारे में बात करते सुना है। जबतक मैं पहली बार एक कार्यक्रम करने के लिए जेल नहीं गया था, मुझे समझ में नहीं आया था कि वह बातचीत कैसी रही होगी। अंदर शोरगुल और अव्यवस्था का माहौल कुछ और ही स्तर का है। मैं जिस भी जेल में गया, वहां कहीं शांति का माहौल नहीं मिला। लेकिन जब मैं वहां पर जाता हूं तो मुझे अक्सर वह सुंदर मुस्कान देखने को मिलती है जिसका मैं वर्णन नहीं कर सकता हूं। चौंकाने वाली इसलिए क्योंकि कैदी वहां पूरी तरह से अंधकार भरे माहौल में रह रहे हैं—और वे हो सकता है वहां कई वर्षों से हैं—फिर भी वे ऐसी सकारात्मक ऊर्जा व्यक्त कर सकते हैं।

एक बार जेल कार्यक्रम के दौरान मुझे एहसास हुआ कि जब लोग जेल के अंदर जाते हैं तो कन्ट्रोल के मामले में वे लोग बहुत कुछ खो देते हैं। बाहर दुनिया में उन्हें भले ही हर तरह के दबावों का सामना करना

पड़ता हो लेकिन कम से कम उनके पास अपना घर था। वे कितने ही हारे हुए या परेशान रहे हों, कम से कम एक ऐसा स्थान था जिसे वे अपना मानते थे, सलाखों के पीछे वो उसे भी खो चुके हैं। वे वहां किसी चीज के स्वामी नहीं हैं। जेल उनके माहौल और टाइम टेबल को कन्ट्रोल करती है, गार्ड के पास शक्ति होती है और उनके साथी कैदी मुकाबले और परेशानी दोनों का स्रोत हो सकते हैं। दीवारों, सलाखों और बाड़ों के साथ रहना किसी को भी अच्छा नहीं लगता, इसमें कोई संदेह नहीं है, लेकिन ऐसे व्यक्तियों के साथ बंद होना जो अचेत जीवन जी रहे हैं, अविश्वसनीय रूप से कठिन होगा। अंततः जेल का माहौल जो इतना कठिन व खराब हो जाता है उसके लिए ये लोग ही तो जिम्मेदार हैं जो जेल को एक-दूसरे के लिए असहनीय बनाते हैं।

इस स्थिति में मैं किसी से क्या कह सकता हूं? बस यही कि मैं तुम्हें यहाँ से निकाल नहीं सकता लेकिन मैं तुम्हें, अपने अंदर मुक्त होने में मदद कर सकता हूँ। मैं कैदियों से बहुत सीधे-सीधे कहता हूं, "आप यहां शांति का अनुभव कर सकते हैं"! आपके पास क्या है और क्या नहीं है, उससे आंतरिक शांति का कोई लेना-देना नहीं है। निश्चित रूप से हर कोई जेल में रहने के बजाय स्वतंत्रता और एक आरामदायक घर पसंद करेगा लेकिन शांति वहाँ नहीं है, यह हमेशा से तुम्हारे अंदर है।

जब कैदी इसे समझने लगते हैं तो उन्हें एहसास होता है कि उनके पास एक विकल्प है—वे अपने अंदर की शांति, प्रेम और आत्म-सम्मान के साथ जुड़ सकते हैं। जेल में कुछ भी चुन सकना, अविश्वसनीय रूप से स्वतंत्रता का अनुभव करने जैसा हो सकता है। चुनना एक प्रकार की शक्ति है। कैदी अलग-थलग रहते हैं और वहां खतरा महसूस कर सकते हैं। वहां कोई ऐसी जगह मिल जाये जहां आनंद, शांति और स्पष्टता हो तो वह जीवन रक्षक सहारा हो जाता है। यह महसूस करना कितना सुंदर बदलाव है कि एक जगह है जहाँ आप जा सकते हैं, जहाँ आप हमेशा नंबर एक हैं, जहाँ के आप हैं, जहाँ आप आराम महसूस कर सकते हैं, जहाँ आप अनुभव कर सकते हैं कि आप वास्तव में कौन हैं।

कैदी कभी-कभी अपने अनुभव व्यक्त करते हुए कहते हैं कि "पीस एजुकेशन प्रोग्राम" उन्हें अंदर की सभी अच्छाइयों से जोड़ता है। एक ने मुझसे कहा, "आपका संदेश मेरे हृदय में गूंजता है। मैं अपनी शक्ति, अपने

प्रेम, अपने स्वभाव, अपनी शांति, अपने आनंद, अपनी कला की खोज कर रहा हूं।" वह मुस्कान जो कैदी मेरे साथ साझा करते हैं; कहती है कि वे अब थोड़ा समझने लगे हैं कि आत्मज्ञान क्या दे सकता है—क्योंकि वे अब शांति को अपना रहे हैं।

आप क्या बदल सकते हैं

एक बार जब जेल का भारी दरवाजा उनके पीछे जोर से बंद हो जाता है तो कई कैदी अपनी दुर्दशा के लिए दूसरों को दोषी ठहराते हैं। किसी दूसरे को जिम्मेदार ठहरा देना, बदला लेने का एक रूप है और यह निराशा के चक्र को जारी रखता है। केवल कैदियों के लिए ही ऐसा नहीं है, निश्चित रूप से हर जगह लोग ऐसा करते हैं।

जिस दिन एक कैदी वास्तव में अपनी ओर देखना शुरू कर देता है या देती है, कुछ बहुत सुंदर होता है। वे शायद पहली बार महसूस करते हैं कि जितना उन्होंने सोचा था उससे कहीं अधिक शक्ति उनके पास है। वे अंततः समझते हैं कि वे न्याय प्रणाली को नहीं बदल सकते। वे जो हो चुका है, उसे नहीं बदल सकते। लेकिन वे खुद को बदल सकते हैं। ये कितना सुंदर एहसास है!

निराशा में अपने अंदर से मजबूत बनने का यह बदलाव बहुत महत्वपूर्ण है, क्योंकि व्यक्ति ही हैं जो समाज का निर्माण करते हैं, यह समाज नहीं है जो व्यक्ति को बनाता है। हम एक समय में, एक व्यक्ति के साथ मिलकर प्रगति करते हैं जिसमें वो भी शामिल हैं जो जेल में हैं। जबतक किसी समुदाय के भीतर के व्यक्ति मजबूत नहीं होंगे, उस समुदाय में हमेशा कमजोरियां ही रहेंगी। यदि व्यक्तियों के लिए बदलना असंभव है तो समाज बड़े संकट में है। बार-बार, दुनिया भर की जेलों में और पूर्व लड़ाकों के साथ भी मैं ये देखता हूं कि शांति संभव है।

क्या मेरे संदेश से जुड़ने के लिए किसी को खुले विचारों वाला होना चाहिए? मुझे नहीं पता। शायद इतना ही काफी है कि वे सुनने के लिए तैयार हैं। मुझे पता है कि कई कैदी अपने पहले पीईपी कार्यक्रम में इसलिए आए थे, क्योंकि उन्हें बताया गया था कि उन्हें एक कलम और

कागज का एक पैड मिलेगा। लेकिन जब वे वहाँ आये, उन्होंने वास्तव में अपने लिए सुनना शुरू कर दिया और इससे उनका जीवन बदल गया।

जेलों में, मैं उन योद्धाओं को देखता हूं जो अंततः अपने अंदर के युद्ध को जीतना शुरू कर रहे हैं। पीईपी उन्हें उस आंतरिक युद्ध को जीतने के लिए एक बहुत ही सरल रणनीति के साथ, शांति के पक्ष में लड़ने के लिए तैयार आंतरिक शक्तियों की एक शक्तिशाली सेना भी देता है। कुछ कैदी जीवन भर के लिए सलाखों के पीछे हैं और वे जानते हैं कि मैं कभी भी दोबारा उनकी जेल में वापस नहीं आ सकता लेकिन वे मुझे धन्यवाद देते हैं क्योंकि आखिरकार, उन्होंने अनुभव किया है कि शांति से रहना क्या है।

अपने आपको आजाद करो

कभी-कभी जब मैं जेल से बाहर की दुनिया में लौटता हूं, मेरे दिमाग में मुस्कराते हुए कैदियों की यादें ताजा होती हैं और वहीं पर सामान्य लोग मुझे उनसे ज्यादा दुःखी लगते हैं। आंतरिक शांति से अलग होना, एक भयानक आजीवन कारावास है, चाहे वह जेल के अंदर हो या बाहर। भय, अपेक्षाएं और पक्षपात वे सब उन दीवारों, दरवाजों और सलाखों की तरह बन जाते हैं। वह व्यक्ति जो उस जेल के भीतर आपके जीवन को दयनीय बना रहा है, वह आप हैं। जबतक आप अपने लिए बदलाव लाने का चुनाव नहीं कर लेते, छूटने की कोई संभावना नहीं है। सबसे दर्दनाक जेल अपने अंदर की जेल है। सबसे हिंसक युद्ध अपने भीतर का युद्ध है। सबसे मुक्तिदायक क्षमा भीतर की क्षमा है। सबसे शक्तिशाली शांति भीतर की शांति है।

जेल के अंदर या बाहर, आपकी परिस्थितियां चाहे जो भी हों—आज यह पहचानने का समय है कि आप अपनी स्वतंत्रता की भावना को स्वयं चुनते हैं। हमारा जीवन परिपूर्णता से बहुत दूर हो सकता है लेकिन अगर हम चाहें तो हम सभी अपने अंदर पूर्ण शांति महसूस कर सकते हैं। जब आप अपने वास्तविक स्वरूप से जुड़ते हैं, जब आप आंतरिक शांति का अनुभव करने के लिए खुद को मुक्त करते हैं तो उससे होने वाले परिवर्तन

को कम मत समझिये।

अपने असली स्वरूप का अनुभव करने की इस बात पर यहां एक कहानी है, जिसे मैंने कुछ साल पहले सैन एंटोनियो, टेक्सास में डोमिंग्वेज स्टेट जेल में कैदियों से बात करते समय सुनाया था। यह उनके अंदर गूंजी और मुझे लगता है कि जब हम अपने भीतर की शक्ति को भूलने के खतरे में होते हैं, तब यह बात हमारे लिए महत्वपूर्ण बन जाती है।

तो एक बार हवा और सूरज के बीच एक प्रतियोगिता हुई—कौन बेहतर है? सूरज ने कहा, "आप जानते हैं, मैं वही हूं जो मैं हूं।" और हवा ने कहा, "हाँ! और मुझे लगता है कि मैं तुमसे बेहतर हूँ। हम इस बात का ऐसे पता लगाएंगे—वो आदमी जो नीचे जा रहा है उसे देखें, उसने अपनी जैकेट पहनी हुई है और मैं शर्त लगाती हूं कि मैं अपनी शक्ति से उसे निकलवा सकती हूँ।"

सूरज ने कहा, "जरूर करो।" तो हवा चलने लगी। जितनी जोर से हवा चली, उतना ही जोर से आदमी ने अपनी जैकेट को पकड़ लिया। हवा और तेज चली, उसने जैकेट को और जोर से पकड़ लिया। उसने अपनी जैकेट को और जोर से पकड़े रखा, पकड़े रखा। हवा ने फिर कोशिश की लेकिन आदमी ने अपनी जैकेट को इतना कसकर पकड़ रखा था कि हवा थक गई और हार मान ली।

फिर सूरज की बारी आयी और सूरज ने जो किया वह सिर्फ इतना था कि वह चमकने लगा। और जैसे-जैसे उसने अपनी चमक बढ़ाई, उसकी जैकेट उतर गई क्योंकि वह आदमी अब आराम में था।

दुनिया में हम जो भी हैं और जहाँ भी हैं, हममें से हर एक के अंदर एक सूरज है जो चमकने की प्रतीक्षा कर रहा है, इसे चमकने दो।

अध्याय 9

इस पल में प्यार करें

जब मैं पैदा हुआ तो मेरा नाम प्रेम रखा गया। "प्यार"—शुद्ध, बिना किसी शर्त के प्यार करना, बदले में कोई उम्मीद नहीं। इसलिए इस अध्याय का विषय बहुत समय से मेरे दिल के करीब है।

प्यार कई रूपों में आता है और हमारे जीवन को आकार देता है। यह हममें से कुछ लोगों को अनुभव के अनेक अलग-अलग एहसासों तक ले जाता है, यह हमारी सभी भावनाओं को छूता है। लेकिन प्यार के बारे में सोचने और महसूस करने के कुछ तरीके हैं, जो हमारे जीवन को बढ़िया और स्थिर बनाने में मदद करते हैं बजाय इसके कि हमारा जीवन दर्द से भरा हुआ हो।

आगे आने वाले पृष्ठों में मैं 'प्रेम' पर कुछ व्यक्तिगत विचार, कवियों और दूसरे लोगों की कुछ अद्भुत पंक्तियां साझा करूंगा। जैसा कि आप देख सकते हैं, मुझे उस प्यार की बात में इतनी दिलचस्पी नहीं है जिसे हम दूसरों पर या बाहर की दुनिया में जाहिर करते हैं, बल्कि उस प्यार में है जिसे हम अपने अंदर महसूस करते हैं। हर पंक्ति अपने में अनूठी है। उनका मकसद बातचीत के लम्हों की तरह हैं—शुरुआती बिन्दु हैं न कि निष्कर्ष।

प्यार को किसी वजह की जरूरत नहीं होती

प्रेम होने के लिए, किसी वजह की कोई जरूरत नहीं है। उम्मीदें बदलती

हैं, इच्छाएं बदलती हैं और इसलिए रिश्ते भी बदलते हैं। लेकिन सच्चा प्यार हमेशा हमारे अंदर है, हम इसे किसी को दे नहीं सकते और हम इसको किसी से मांग नहीं सकते। प्रेम अंदर की ताकत है—अंदर एक कृपा है, अंदर एक सुंदरता है।

प्यार अपने आपमें पूरा है

पेड़ छाया कैसे देता है? वह कुछ नहीं करता। वह केवल स्वयं है और स्वयं होने के कारण वह छाया देता है। क्या कोई नदी अपना विज्ञापन करती है कि वह आपकी प्यास मिटा सकती है या आपको मछली दे सकती है? नहीं, यह बस बहती है और लोग इसमें वह पाते हैं जो उन्हें चाहिए। क्या हवा, जहाज के पाल को भरने के लिए सम्मान मांगती है? नहीं, यह बस वहीं जाती है जहां जाती है। आप जिससे प्यार करते हैं उसकी मदद कैसे कर सकते हैं? बस खुद मौजूद होने से।

प्यार सरल है

संत कवि कबीर की कुछ लाइनें—

कबिरा खड़ा बजार में, सबकी मांगे खैर।

ना काहू से दोस्ती, ना काहू से बैर।।

प्यार इतना सरल हो सकता है।

प्यार एक आग है

यदि आपने कभी योग की कक्षा देखी है तो आप जानते होंगे कि बहुत से लोग अपना संतुलन बनाए रखने के लिए बड़ी कोशिश करते हैं। शिक्षक कहता है, "अपना संतुलन बनायें।" और बहुत से लोग, एक पैर पर डगमगाते हुए दिखाई देते हैं। इसी प्रकार हमारा भावनात्मक संतुलन

पाना मुश्किल हो सकता है लेकिन मैं आपको बता सकता हूं कि आपका संतुलन कहां है। आपका हृदय ही आपका सच्चा घर है।

जब हम खुद को खोया हुआ महसूस करते हैं तो ऐसा इसलिए होता है, क्योंकि हम अपने घर, अपने हृदय में वापस आने का रास्ता भूल जाते हैं और फिर हम भ्रमित हो जाते हैं। शब्द "फोकस" लैटिन शब्द "हार्थ"—भट्ठी से आता है। आग रखने की वह जगह जो घर के बीचों-बीच होती है। जब हमें लगता है कि हमारे अंदर आग जल रही है तो हम जानते हैं कि हम घर में हैं; हम जानते हैं कि हम प्यार में हैं।

प्यार चमकता है

जब सूरज और चाँद सही जगह पर होते हैं तो जादू होता है और चाँद चमकता है। जब हमारे पास जो कुछ है, उसके लिए हम आभार व्यक्त करते हैं तो हम स्वयं जीवन के प्रेम से चमकते हैं। हम सभी के अंदर यह क्षमता है।

प्यार अंदर है

यहां चौदहवीं शताब्दी की, कश्मीर में रहने वाली अनूठी हिंदू कवयित्री— संत लल्ला देव की दो छोटी कविताओं के अंश हैं। परमात्मा की खोज में उन्होंने समाज की परम्पराओं को ठुकरा दिया, अपनी शादी और घर छोड़कर वह एक फकीर कवयित्री और गायिका बनीं।

मुझमें जुनून था,
तड़प से भरा हुआ,
मैंने खोजा
चारों ओर दूर-दूर तक।

लेकिन जिस दिन
उस सच्चे स्वामी को

मैंने पा लिया,
मैं अपने घर आ गयी।

तुम धरती हो, आकाश हो,
हवा हो, दिन-रात हो।
तुम अनाज हो,
चंदन का लेप हो,
पानी, फूल और सबकुछ हो।
मैं तुम्हें चढ़ाने के लिए
ला भी क्या सकती थी?

प्यार इस पल में रहता है

कुछ समय पहले की बात है, एक दिन काम करते हुए, मैं कबीर की एक कविता से प्रेरित गीत सुन रहा था। उसके शब्द और संगीत दोनों इतने अद्भुत थे कि मुझे खुद को उस पल में होने के लिए, लैपटॉप पर कर रहे काम को बीच में रोकना पड़ा। कविता में कबीर साहब कह रहे हैं कि—संतुष्टि को कल पर मत टालो, अभी अनुभव करो। प्यास लगी हो तो अभी पी लो, भूख लगी हो तो अभी खा लो।

हम केवल इस पल में जीते हैं जिसे "अब" कहते हैं इसलिए हम केवल इसी पल में प्रेम कर सकते हैं। यदि हम प्रेम को केवल बीते हुए समय या आने वाले समय से संबंधित सोचते हैं तो हम इसे वर्तमान में खो सकते हैं। प्रेम का कोई भविष्य नहीं है—यह अभी है या कभी नहीं है। हम अपने हृदय को इस पल के लिए खोल सकते हैं और कुछ दिव्य अनुभव कर सकते हैं—कल प्यार महसूस करने का सपना नहीं, बल्कि आज अपने हृदय में प्यार महसूस करने का असली अनुभव।

प्यार बहता है

जैसे हम लहरों को नियंत्रित नहीं कर सकते, वैसे ही हम प्रेम के बहाव को

नियंत्रित नहीं कर सकते हैं। जहां अच्छा लगता है, वहीं यह आगे बढ़ता है। जब इसे स्वीकार किया जाता है, तब अच्छा लगता है।

प्रेम मधुर गीत गाता है

एक परी की कहानी जिसे हंस क्रिस्चियन एंडरसन ने लिखा है, यहाँ उसका अलग रूप है। असली कहानी ओपेरा गायक जेनी लिंड के लिए उनके एकतरफा प्यार से प्रेरित थी, जिसे स्वीडिश नाइटिंगेल के नाम से जाना जाने लगा।

एक राजा था जो एक बुलबुल के गीत से प्यार करता था। शाम को, वह अपनी खिड़की खोल देता और एक बुलबुल खिड़की के किनारे पर उड़ती, बैठती और उसके लिए गाती। ये पल उसके दिल में खुशी जगा देते।

एक दिन, एक दूसरे राजा ने उसे एक मशीनी बुलबुल भेजी। राजा बहुत खुश हुआ। "वाह-वाह!" उसने सोचा, "कितना बढ़िया उपहार है। अब मुझे हर शाम बुलबुल का इंतजार नहीं करना पड़ेगा। मुझे बस इतना करना है कि इसमें चाभी भरनी है और यह तैयार!

उसने अब अपनी खिड़की खोलना बंद कर दिया और बुलबुल ने आना बंद कर दिया।

राजा इस मशीनी बुलबुल को बहुत पसन्द करता था। उसकी आज्ञा से वह, दिन के किसी भी समय गाती थी। वह बहुत सुंदर थी, उसकी सजावट सोने और हीरे से हुई थी।

जब भी उसका मन करता, राजा बुलबुल को गाने के लिए कहता और वह हमेशा गाती। वह ज्यादा से ज्यादा इसके गीत को सुनना चाहता था। फिर भी, जितना ज्यादा उसने उसके लिए गाया, उसका संगीत उसे उतना ही कम अच्छा लगने लगा। और फिर भी वह मशीनी पक्षी को गाने के लिए रोज सुबह, दोपहर और रात को बुलाता।

फिर एक दिन, मशीनी बुलबुल टूट गई। इसे ठीक करने के लिए राज्य के सबसे कुशल कारीगरों के पास भेजा गया लेकिन कोई भी इसे

ठीक नहीं कर सका।

जल्दी ही राजा बीमार पड़ गया। वह बहुत चाहता था कि मशीनी बुलबुल उसके लिए गाए। उसके न होने से सबकुछ बिल्कुल नीरस हो गया। वह अपने बिस्तर पर लेट जाता और उसके दरबार के लोगों की सारी कोशिशों के बावजूद, उसे सकून नहीं मिलता। राज्य के सभी लोगों का मन भारी था और उन्हें डर था कि कहीं राजा मर न जाये।

अंत में राजा ने अपने सैनिकों को जंगल में जाकर, उस बुलबुल की तलाश करने के लिए कहा जो उसके लिए गाती थी। लेकिन उन्हें वह नहीं मिली।

एक रात जब महल में सबकुछ शांत था, राजा अपनी खिड़की के पास गया, उसे खोला और जंगल की तरफ देखा। वह चाहता था कि असली बुलबुल लौट आए। उसने धीरे से पुकारते हुए कहा, "बुलबुल, तुम आ जाओ! मैं जानता हूँ, मैं गलत था। तुम अपनी मर्जी से आने और जाने के लिए आजाद हो और यह तुम्हारे गीत को और भी सुंदर बनाता है। मैं तुम्हारे आदेश को मानूंगा, तुम्हें मेरा आदेश मानने की जरूरत नहीं है, कृपया मुझ पर दया करो!"

उस शाम सूरज ढलने के ठीक बाद, उसने बाहर एक फड़-फड़ाहट सुनी। बुलबुल खुली खिडकी पर आई और गाना शुरू कर दिया। राजा बहुत खुश हुआ।

"आने के लिए धन्यवाद।" उसने बुलबुल से कहा।

"खिड़की खोलने के लिए धन्यवाद", बुलबुल ने कहा।

प्यार क्या है

स्टोइक दार्शनिक एपिक्टीटस ने कहा, "यदि आप अपने बेटे, दोस्त या साथी, जो अब आपको मिल नहीं सकते उनके लिए तरसते हैं तो समझिये कि आप सर्दियों में अंजीर मांग रहे हैं।" यह एपिक्टीटस की बेरहमी लग सकती है लेकिन उनकी फिलॉसफी में एक दयालुता है। कभी-कभी किसी का न होना, खोना और उपेक्षा इतनी दर्दनाक होती है कि हम चीजों को

जिस तरह से चाहते हैं, उनकी कल्पना करने लगते हैं। यह खुद को बचाने का एक रूप है लेकिन दर्द तब भी होता है जब भ्रम दूर हो जाता है।

यदि हम असलियत को साफ देखें तो जो है, हम उसकी सराहना करना शुरू कर देते हैं। हम सर्दियों में उस अंजीर के बजाय, जो हमारे पास पहले से है उससे प्यार करते हैं।

प्यार अटूट है

मीराबाई, जिन्हें कुछ लोग मीरा के नाम से जानते हैं, का जन्म भारत में सोलहवीं शताब्दी में हुआ था और वह कृष्ण से प्रेम करती थीं। लोग उन्हें एक महान संत मानते हैं। उन्होंने अक्सर अपनी रचनाओं में अपने इष्टदेव कृष्ण, उनसे दूर होने के दर्द और गहरी आध्यात्मिक और भावनात्मक मिलन की भावनाओं को व्यक्त करते हुए, दिल को छूने वाली कविताओं की रचना की। उनके भजन, भक्ति गीत, सामान्य भक्ति के दायरे से ऊपर हैं। वे गीत पदों में हैं, जिनसे पूरी मानवता लाभ उठा रही है। मीराबाई के लिए प्यार देना है, लेना नहीं और जब सच्चा प्यार दिया जाता है तो दो ह्दय एक हो जाते हैं। उन्होंने एक असाधारण जीवन जिया—उनके पति के परिवार ने उनकी जान लेने की कोशिश की। लेकिन यहां मैं उसकी चर्चा करूंगा तो इस किताब के बचे हुए सभी पन्ने भर जायेंगे। मैं यहाँ उनके प्यार के भावों में से एक साझा करूँगा—

हे प्रभु! प्रेम अटूट है!
प्यार है, जो मुझे
हीरे की तरह, तुमसे बांधता है
यह उस हथौड़े को तोड़ देता है,
जो उसपर चोट करता है।

मेरा ह्दय तुममें समा जाता है
जैसे पालिश सोने में मिल जाती है।
जैसे कमल जल में रहता है,
मैं तुममें रहती हूँ।

चिड़िया की तरह
जो रातभर देखती है
गुजरते चाँद की ओर,
मैं तुममें रहकर खुद को खो चुकी हूँ।
हे मेरे प्रिय! लौट आओ।

प्यार हमेशा आसान नहीं होता

कई साल पहले मैं अपने परिवार के साथ सार्डिनिया गया। जैसे ही मैं अपनी किराये की कार से बाहर निकल रहा था, मेरे बेटे ने जो उस समय छोटा था, जोर से दरवाजा बन्द किया और मेरी उंगली दब गई। मुझे नहीं पता कि आपने ऐसा कुछ अनुभव किया है या नहीं लेकिन इसमें असल में बहुत दर्द होता है, बहुत दर्द हुआ। जब मैंने अपने बेटे की तरफ देखा तो मैंने देखा कि उसे भी दर्द हो रहा था लेकिन एक अलग तरीके से। उसके चेहरे पर साफ झलक रहा था, "अरे नहीं! ये मैंने क्या किया?"

मुझे एहसास हुआ कि भले ही मेरी उंगली में चोट लगी हो लेकिन मेरी भावनाओं को चोट नहीं पहुंचनी चाहिए। दर्द के बारे में चिल्लाने और उस छोटे बच्चे पर गुस्सा करने से क्या फायदा? मैंने उसके चेहरे की ओर देखा और सोचा—"मैं जिस तरह से जवाब दूंगा, उससे मैं उसका दुःख दूर कर सकता हूं।" तो मैंने कहा—"ठीक है आओ मेरे साथ, जरा टहलने चलते हैं।"

हम साथ-साथ, टहलने लगे और वह मुझसे पूछता रहा "डैडी, क्या आपकी उंगली ठीक है?"

"हाँ, यह ठीक है।" मैंने कहा, "यह ठीक है", यद्यपि एक सफेद झूठ। मेरा हाथ काँप रहा था। बहुत दर्द हो रहा था लेकिन उसे यह जानने की जरूरत नहीं थी।

सच कहूं तो ऐसा करने के लिए मुझे बहुत अधिक सचेत होकर प्रयास करना पड़ा। मैं महसूस कर सकता था कि मेरा एक हिस्सा अभी भी चिल्लाना चाहता है—"तुम्हें ऐसा करने की क्या जरूरत थी?"

क्या इससे मुझे कम या ज्यादा दुःख हुआ, क्योंकि मैंने कोई बड़ा

दिखावा नहीं किया? नहीं, शरीर का दर्द वहीं था, लेकिन भावनात्मक दर्द जल्दी ही दूर हो गया। यह हमेशा आसान नहीं होता है लेकिन ऐसे समय पर दया से, होश को अपनाते हुए, चुनना है—अंदर प्रेम की ओर मुड़ना।

पहले अपने आपसे प्यार

अपने अंदर जो खालीपन जैसा महसूस होता है, उसे पूरा करने के लिए कभी-कभी हम दूसरों की ओर देखते हैं। मैं दोस्तों को देखता हूं कि वे अन्य सबकी तो देखभाल करते हैं, पर अपनी देखभाल नहीं करते। कुछ लोग अकेले होने से इतना डरते हैं कि वे दूसरों को खुश रखने के लिए अपनी भलाई को दांव पर लगा देते हैं। लेकिन जबतक हम खुद से प्यार नहीं करते, कोई और हमारे प्यार की कद्र क्यों करे? हमें पहले खुद से प्यार करना चाहिए।

प्यार आपके दिल में है

कवि रूमी की कुछ लाइनें—

जैसे ही मैंने अपनी पहली प्रेम कहानी सुनी,
मैंने तुम्हारी तलाश शुरू कर दी।
बिना जाने कि वह कितना अंधा प्यार था।
प्रेमी अंत में कहीं मिलते नहीं,
वे एक-दूसरे के साथ हमेशा ही होते हैं।

प्यार असली है

आठवीं शताब्दी के सूफी संत रबिया अल बासरी की ये लाइनें, जिन्हें लोग सूफी परंपरा में पहला सच्चा संत मानते हैं—

प्यार में,

एक हृदय व दूसरे हृदय के बीच में
कुछ भी नहीं होता।
प्यार अगर व्यक्त हो जाए,
वो प्यार नहीं, तड़प है।
असली स्वाद का सच्चा वर्णन,
जो चखता है, वो जानता है।
इसे समझाने वाला, झूठा है!
आप किसी चीज के असल रूप का,
वर्णन कैसे कर सकते हैं?
जिसके होने में, आप मिट जाते हैं।
जिसके होने में, आप अभी भी मौजूद हैं।
और जो आपकी यात्रा की,
निशानी के रूप में रहता है।

शब्दों से परे प्यार

लोग अपने दिल के अनुभवों के बारे में जो कहते हैं और लिखते हैं, उससे हम प्रभावित हो सकते हैं। और भाषा की मदद से प्रेम को हमारी याददाश्त में खूबसूरती से रखा जा सकता है। उन कोमल और व्यक्त शब्दों के बारे में सोचें जो नाजुक शुरुआती दिनों में, प्रेमियों के बीच इस्तेमाल होते हैं। शादी में ली गई कसमों के बारे में सोचें। अच्छी सलाह के बारे में सोचिए, जो हम बच्चों को देते हैं। परिवार और दोस्तों को मनाने के लिए, जिस तरह के शब्दों का इस्तेमाल हम करते हैं, उनके बारे में सोचिए। महान नेताओं के भाषणों के बारे में सोचें, जब वे अपने लोगों से पूरी तरह जुड़ते हैं। किसी के गुजर जाने के बाद कहे गए, हार्दिक प्रशंसा के शब्दों के बारे में सोचें।

और फिर भी, अपने सबसे पवित्र रूप में, प्रेम भाषा से परे है। जब हम अपने अंदर और गहराई में उतरते हैं तो शब्द समाप्त हो जाते हैं। जब हम अंदर की यात्रा करते हैं तो समय, गिनती, दृश्य, विचार, परिभाषा, स्तर, भाषा इत्यादि से ऊपर उठ जाते हैं। शांति के इस आंतरिक ब्रह्मांड में हम प्यार करने और प्यार पाने की सबसे उत्तम भावना का

सामना करते हैं।

अपनी जिंदगी से प्यार करो

हर पल में हमें अस्तित्व के उपहार को महसूस करने और उसकी सराहना करने का महान अवसर दिया जाता है। बिल्कुल अभी, हम अंधेरे से मुड़कर आभार की रोशनी की ओर जा सकते हैं और महसूस कर सकते हैं कि जीवन हमारे अंदर प्रवाहित हो रहा है। जब हम ऐसा करते हैं तो हम उससे प्यार करते हैं, जो हमारे लिए है। हर दिन, हम अपनी श्वासों से प्यार करना चुन सकते हैं। अपनी खुशी से प्यार करना, अपनी स्पष्टता से प्यार करना। हम जीवन के प्यार में पड़ सकते हैं।

हमारे अंदर आने और बाहर जाने वाली हर श्वास के साथ, हम जीवन की कृपा को स्वीकार कर सकते हैं। जब ऐसा होता है तो हमारा हृदय आभार से भर जाता है और यह और अधिक प्रेम लाता है। और इस तरह एक अनंत चक्र आगे चलता रहता है।

हम श्वास का आना नहीं चुनते हैं, लेकिन हम हर श्वास को प्यार करना चुन सकते हैं। और इस चुनाव का हमारे शरीर पर क्या असर होता है? हम मुस्कराने लगते हैं। प्यार करना चुनें।

अध्याय 10

परमात्मा को अपनाओ

एक आदमी, ऊंचे पहाड़ की चोटी पर चढ़ रहा था, वह ठोकर खाकर नीचे गिर गया। वह कुछ देर तक गिरता रहा, फिर वह एक चट्टान से निकली हुई, एक छोटे से पेड़ की शाखा को पकड़ने में सफल हो गया। शाखा को पकड़कर, उसने नीचे की ओर देखा और पाया कि नीचे जमीन तक बहुत लंबी दूरी है। जब उसने ऊपर देखा तो उसने महसूस किया कि वापस ऊपर चढ़ना खतरनाक होगा, क्योंकि चट्टान बिल्कुल खड़ी थी और उसमें पैर रखने के लिए कोई जगह नहीं थी। फिर उसे अपनी बाहों की मांसपेशियों में थकान महसूस होने लगी।

वह आदमी हताश हो गया। उसकी बाहें भारी और कमजोर होने लगी थीं। अंत में, टहनी को लगभग छोड़ने की कगार पर पहुंचकर, वह चिल्लाया–"हे भगवान! कृपया मेरी मदद करें, मैं मरना नहीं चाहता! मेरी सहायता करो!"

अचानक, ऊपर से एक तेज आवाज आई, "ठीक है, आप विश्वास करो, शाखा को छोड़ दो, फिर मैं तुम्हें बचा लूंगा।"

उस आदमी ने चट्टान की ओर ऊपर देखा और फिर उसने चट्टान के नीचे की ओर जमीन की तरफ देखा। वह फिर चिल्लाया, "क्या वहाँ कोई और दूसरा है?"

भगवान की ओर सिक्के फेंकना

उस कहानी का एक बिंदु है, जिस पर मैं बाद में बात करूंगा। सबसे पहले, मुझे आपको अपनी धार्मिक पृष्ठभूमि के बारे में कुछ बताना है। बड़े होकर, मुझे हिमालय क्षेत्र के अलग-अलग समाजों और धर्मों के बारे में पता चला और यह भी जानकारी मिली कि कैसे संस्कृति के बहते पानी के साथ सूफीवाद, बौद्ध धर्म और सिख धर्म सहित कई मान्यताएं नीचे आयीं। मेरा स्कूल रोमन कैथोलिक था लेकिन ज्यादातर मैं हिंदू भक्ति की संगत में रहा।

असल में, मेरी मां एक कट्टर हिंदू थीं लेकिन मेरे पिता जी इस तरह की कट्टरता से मुक्त थे, क्योंकि वे केवल विश्वास करने के बजाय जानना चाहते थे। उन्होंने अपना सारा जीवन ज्ञान की तलाश में और फिर उसके बारे में बात करते हुए बिताया। उनके लिए वह किताबों में पायी जाने वाली चीज नहीं थी और न ही चारदीवारी के अंदर स्थापित।

जब भी हमारा परिवार यात्रा पर शहर से बाहर जाता था, हम अक्सर सड़क के किनारे बने मंदिरों के सामने से गुजरते थे। लोगों के लिए अपनी कार की खिड़की को नीचे करके भगवान की ओर एक सिक्का फेंकना, आम बात थी। आसपास कुछ लोग सिक्के इकट्ठा करते और उन्हें मंदिर में ले जाते थे। हालांकि मुझे हमेशा लगता था कि कुछ पैसे उनकी जेब में ही रह जाते होंगे। जब भी हम एक खास मंदिर से गुजरते थे, मेरी माँ हमेशा एक सिक्का फेंकती थी और हर बार मेरे पिता जी उनसे कहते, "आप ऐसा क्यों करती हैं?" वह उत्तर देतीं, "ऐसा करके मैं स्वर्ग जा सकती हूँ।" और मेरे पिता जी जवाब देते, "तुम मुझे पैसे दे दो और मैं सुनिश्चित कर दूंगा कि तुम स्वर्ग जाओ।" लेकिन वह बस एक बार उन्हें देखतीं, खिड़की खोलतीं और अपनी श्रद्धा का पालन करते हुए सिक्का बाहर फेंक देतीं।

मैं कार के पिछले हिस्से में बैठा रहता और देखता रहता। जैसे-जैसे मैं थोड़ा बड़ा हुआ, इस तरह की बातें मुझे सोचने पर मजबूर कर देती थीं। एक तरफ, मैं अपनी माँ की इच्छाओं को समझ सकता था लेकिन ऐसा महसूस हो रहा था कि वह बस वही कर रही हैं, जो बाकी सब करते हैं। यह रटने वाली शिक्षा के समान है, जिसके बारे में मैंने इस पुस्तक में

पहले भी लिखा है। वैसे भी, क्या भगवान पर सिक्का फेंकना जरा अजीब नहीं लगता है? अरे, कम से कम गाड़ी तो रोको!

जैसा कि आप कल्पना कर सकते हैं, मेरे पिता जी की यह विचारधारा परंपराओं में विश्वास रखने वाले लोगों के साथ, कई बार टकराव की स्थिति ला देती थी। एक बार, वे किसी पवित्र स्थान के दर्शन के लिए गये। वहाँ बहुत सारे भक्त लोग थे। उनमें से एक व्यक्ति, एक पैर पर खड़ा होकर चुपचाप भगवान से प्रार्थना कर रहा था। एक बोर्ड लगा था, जो बता रहा था कि वे कई हफ्तों से एक ही पैर पर खड़े थे और उन्होंने एक शब्द भी नहीं बोला था। मेरे पिता जी उनके पास गए और कहा—"हे भगवान! आपने इस आदमी को दूसरा पैर क्यों दिया? वह इसका इस्तेमाल ही नहीं करता है। फिर आपने इस आदमी को मुंह क्यों दिया? वह उसका भी इस्तेमाल नहीं करता है।" वह आदमी नाराज हो गया। वह जोर से बोला, "तुमने ऐसा कहने की हिम्मत कैसे की!" इसी बीच उसका दूसरा पैर नीचे आ गया।

मेरी मान्यताएँ

लोग अक्सर मुझसे मेरी धार्मिक मान्यताओं के बारे में पूछते हैं। "आप क्या हैं?" वे पूछते हैं। मैं आमतौर पर उत्तर देता हूं, "सबसे पहले, मैं एक मनुष्य हूं।" जैसे ही कोई इस प्रश्न "आप क्या हैं?" का जवाब देता है—हिंदू, ईसाई, मुस्लिम, यहूदी, सिख, बौद्ध, नास्तिक, जैन, ताओवादी, शिंटो, बहाई और इसी तरह का कुछ—तो उनके चारों ओर कठोर अपेक्षाओं का एक पिंजरा खड़ा होता प्रतीत होता है। जो बात दो खुले दिमाग़ के लोगों के बीच बातचीत के लिए शुरुआती बिंदु होना चाहिए, वह उस व्यक्ति की तरफ से एक-तरफा संवाद बन जाता है जिसने पूछा था, "आप क्या हैं?" वैसे ही, "तुम क्यों हो?" किसी से पूछने के लिए अधिक दिलचस्प प्रश्न है?

यह सुनकर कोई आश्चर्य नहीं होना चाहिए कि मेरी धार्मिक भावना, मेरी माँ की तुलना में मेरे पिता जी के अधिक करीब है। परमसत्ता मेरे लिए बहुत अधिक महत्वपूर्ण है—उसने मेरे जीवन में हर चीज को आकार

दिया है, लेकिन मुझे यह धार्मिक नहीं लगता।

इन वर्षों में, मैं अलग-अलग आध्यात्मिक परंपराओं के कई लोगों से मिला हूं और उनमें से कुछ लोगों ने मुझे बहुत ही विचारशील लोगों के रूप में प्रभावित किया है। मुझे पता है कि आध्यात्मिकता मेरे दोस्तों के लिए बहुत खुशी और सहारे का स्रोत रही है। मैंने कई ऐसे लोगों के साथ परमात्मा के बारे में खूब बातचीत का आनंद लिया है और उनसे सीखा है, जिनके अपने विश्वास हैं। लेकिन मैं ऊपर वाले स्वर्ग के बारे में किसी के विश्वास की बात नहीं करता। मैं यहाँ नीचे अपने अंदर की दिव्य-शक्ति को जानने की बात करता हूं।

एक बार जब मैं एशिया में था, मैंने देखा कि कई मंदिर पहाड़ों की चोटियों पर थे और मैं सोचता रहा कि क्यों? लोग यहाँ नीचे हैं—क्या मंदिर भी यहाँ नीचे ही नहीं होने चाहिएं, ताकि हम उनके पास आसानी से जा सकें?

भगवान से बड़ा कौन है?

आध्यात्मिक मामलों के बारे में भारत में बहुत सारी मज़ेदार कहानियाँ हैं। यहाँ एक है, जो मुझे विशेष रूप से पसंद है, वो अकबर और बीरबल के समय की है।

एक दिन एक कवि, सम्राट अकबर के दरबार में आया। कवि ने उनके लिए सुंदर कविता गाकर सुनायी और सम्राट बहुत खुश हो गये। उसके शब्द सम्राट के बारे में थे कि वह कितना महान था। अकबर ने कवि को उपहार में आभूषण दिये, इसलिए उसने फिर कुछ और पंक्तियों की रचना की। ये पहले के छंदों की तुलना में और भी बेहतर, और अधिक प्रशंसा से भरी थीं। अकबर ने कवि पर और भी अधिक रत्न लुटाए और उसकी प्रत्येक नई कविता ने सम्राट के बारे में और भी अद्भुत बातें कहीं।

कवि ने अकबर से यह कहा कि, "आप सबसे महान हैं, आप अद्भुत हैं, आप बहुत दयालु हैं", और इसी तरह की बहुत सी बातें। फिर उसे चिंता होने लगी कि उसकी प्रशंसा की बातें खत्म हो रही हैं। फिर, उस दिन थोड़ी देर बाद वह बोल उठा, "और आप भगवान से भी महान हैं!"

दरबार में चारों ओर एक बार सबकी सांसें थम सी गयीं। अब तक, सम्राट के दरबारियों ने प्रत्येक नई कविता के लिए कहा था, "हाँ, हाँ, हाँ बहुत सुंदर!" क्योंकि वे किसी भी तरह से अकबर की मर्ज़ी के खिलाफ नहीं जाना चाहते थे। लेकिन जब कवि ने कहा, "तुम ईश्वर से भी महान हो!" सबलोग चिंता में पड़ गए। वे इस बात से सहमत नहीं हो सके।

अकबर ने दरबार में चारों ओर देखा और कहा, "तो! क्या मैं वास्तव में भगवान से बड़ा हूं?"

किसी की बोलने की हिम्मत नहीं हुई। "हां" का मतलब होगा अपना सिर कटवाना और "नहीं" का मतलब भी सिर कटवाना।

कमरे में सन्नाटा छा गया। तब सबलोग सबसे बुद्धिमान और हाजिर जवाब वजीर बीरबल की ओर देखने लगे। उनके और अन्य सलाहकारों के बीच हमेशा तनाव रहता था, क्योंकि वह बहुत चतुर था और वे सम्राट के साथ उनके रिश्ते से ईर्ष्या करते थे।

अंत में, दरबारियों में से एक ने कहा, "महाराज! शायद बीरबल इस प्रश्न का उत्तर दे सकते हैं?"

"अच्छा विचार है", सम्राट ने उत्तर दिया। "बीरबल, मुझे बताओ क्या मैं सचमुच भगवान से बड़ा हूं?"

बीरबल ने एक पल के लिए सोचा और फिर कहा, "क्या मैं आपको कल इसका जवाब दूं?"

सम्राट थोड़ा अधीर लग रहे थे लेकिन उन्होंने कहा, "ठीक है।"

अगले दिन दरबार फिर से लगा। बीरबल आगे आए। बाकी सभी दरबारी बहुत संतुष्ट महसूस कर रहे थे। वे सोच रहे थे, "आज तो ये गया! अगर वह 'हां' कहता है तो गया और अगर 'नहीं' कहता है तो भी गया।"

"तो बीरबल", सम्राट ने कहा, "क्या तुमने इसका पता लगा लिया है? क्या मैं भगवान से बड़ा हूँ?"

बीरबल ने कहा—"महाराज! मुझे नहीं पता कि आप भगवान से बड़े हैं या नहीं लेकिन एक चीज है जो आप तो कर सकते हैं पर उसे भगवान भी नहीं कर सकते।"

सम्राट चकित रह गया। "क्या? ऐसा कुछ है जो मैं कर सकता हूँ

पर उसे भगवान भी नहीं कर सकते?"

बीरबल ने कहा, "यदि आप किसी को अपने राज्य से बाहर निकालना चाहते हैं तो आप निकाल सकते हैं; लेकिन अगर भगवान किसी को बाहर निकालना चाहें भी तो वे कहां जाएंगे?"

तो वह भगवान, हम सभी के लिए है और सबके अंदर है। हमारे विश्वासों, कार्यों और पालन-पोषण की परवाह किए बिना, सभी का परमात्मा के राज्य में स्वागत है। वहां से कभी किसी को निकाला नहीं जाता है।

अंदर का परमात्मा

यदि आप एक आध्यात्मिक व्यक्ति हैं तो आप जो भी विश्वास करना चाहते हैं, उसपर विश्वास करने का आपको अधिकार होना चाहिए। मैं भगवान के प्रति आस्था रखने वाले सभी लोगों की, स्वतंत्रता का आदर करता हूं और उनके साथ आस्था न रखने वालों की स्वतंत्रता का भी। मेरा भगवान हर जगह मौजूद रहने वाली वह शक्ति है जो हमसे पहले थी, अब हमारे आसपास चारों तरफ है और हमारे बाद भी रहेगी। इस पर संत कवि कबीर के कुछ शब्द इस प्रकार हैं—

ज्यों तिल मांही तेल है, ज्यों चकमक में आग।
तेरा सांईं तुझ में, जाग सके तो जाग।।

धरती पर मनुष्यों का समय खत्म हो जाएगा। इस ग्रह का समय समाप्त हो जाएगा। हम अपने आकाश को रोशन करते हुए जो तारे देखते हैं, वे खत्म हो जाएंगे। लेकिन निराकार परमसत्ता हमेशा रहेगी। जबतक हम जीवित रहते हैं, यह हमारे अंदर हमेशा रहती है और इसलिए एक सुंदर आशीर्वाद हमारे भीतर मौजूद रहता है। प्रत्येक श्वास के साथ, हमारे अंदर वह ऊर्जा प्रवाहित होती रहती है और हमें जीवित रहने के लिए, सक्षम बनाती है। वह है—मेरे अंदर मौजूद दिव्य-शक्ति!

मेरा भगवान दयालु है, इसलिए नहीं कि वह मेरी इच्छाओं को पूरा करता है, बल्कि इसलिए कि मैं इस ब्रह्मांड में जीवित हूँ और उस संभावना में दयालुता है। यह कोई वैसा भगवान नहीं है, जो बादलों के

ऊपर स्वर्ग में शासन करता है बल्कि एक ऐसी दिव्य-शक्ति है, जो हर जीवित प्राणी के लिए स्वर्ग की संभावना प्रदान करती है।

मेरा ईश्वर अच्छे या बुरे से परे है—वह बस है। इसकी सही मायने में सराहना करने के लिए, आपको उसकी आंखों से उस दिव्य-शक्ति को देखना होगा—उसे अपने अंदर के भगवान की आंखों से देखना होगा। उसमें कोई मानवीय गुण नहीं हैं। तुम वह दिव्य-शक्ति नहीं हो लेकिन वह तुमसे अलग नहीं है। जब चाय को चायदानी में डाला जाता है तो चाय, चाय ही रह जाती है और बर्तन, बर्तन ही रह जाता है। बर्तन, चाय से नहीं बनता, बल्कि यह चाय को अपने अंदर रखता है। आप एक ऐसे बर्तन हैं, जो अपने भीतर उस दिव्य-शक्ति को धारण किये हुए हैं।

हमारे पास हमेशा अलग-अलग विचार होते हैं कि हमारे लिए क्या अच्छा है और क्या बुरा लेकिन अगर हमें अपने अंदर मौजूद, दिव्य-शक्ति का अनुभव करना है तो हमें अपने विचारों व अपने मन से हटकर, अपने हृदय में जाना चाहिए। हम अपने अंदर धारणाएं और अपेक्षाएं रखते हैं लेकिन हमें उस दिव्य-शक्ति से मिलने के लिए हर धारणा को दरकिनार करना होगा। वह अविनाशी, दु:ख-सुख, विचार-अवधारणा, अच्छे-बुरे से परे है। फिर भी हम यह समझने के लिए कठिनाई महसूस करते हैं कि धारणाओं के बिना होना कैसा हो सकता है।

स्वर्ग हमारे लिए तब शुरू होता है, जब हम धारणाओं, शर्तों, शंकाओं और सिद्धान्तों को छोड़ देते हैं और हम पूर्णता की सादगी को महसूस करते हैं। वह पूर्णता हमारे लिए हर श्वास में है। इन सबकी सराहना करना और अपने अंदर की उस दिव्य-शक्ति से जुड़ना ही वास्तव में जीवन की सच्चाई को समझना है। क्या कोई इंसान कभी इस समझ को हासिल कर सकता है? क्या मनुष्य कभी उस अविनाशी का अनुभव कर सकता है? यह कोई साधारण कार्य नहीं है। यह लगभग असंभव लगता है। पर यह संभव है।

अविनाशी की खोज

इतने बड़े संसार में प्रत्येक व्यक्ति के अपने विचार हैं कि यह जीवन क्या

है, इसका क्या अर्थ है और यह कैसे अस्तित्व में आया। हमसे पहले हजारों सभ्यताएं आयीं और उम्मीद है कि अभी और भी अनेक सभ्यताएं आयेंगी। आस्था के प्रति, प्रत्येक संस्कृति का अपना नज़रिया रहा है लेकिन धार्मिक विश्वास के साथ-साथ, आंतरिक शांति के लिए भी हमेशा एक अवसर रहा है। धर्म अक्सर ऊपर वाले स्वर्ग की बात करते हैं और मैं नीचे यहां पृथ्वी पर मौजूद, स्वर्ग की बात करता हूं। मेरे लिए यही वह जगह है, जहां हमें वह अविनाशी मिलता है।

मैं जीवन के बाद मिलने वाली सुविधाओं की बात नहीं कर रहा हूं, हालांकि जो दूसरे लोग इस पर विश्वास करते हैं उनके विचारों का मैं सम्मान भी करता हूं। मैं इसी जीवन में शांति की अनंत अनुभूति से जुड़ने की बात करता हूं। मैं हमेशा अपने अंदर, अपने हृदय में उस दिव्य-शक्ति का अनुभव करना चाहता हूं। सोलहवीं शताब्दी के संत और कवि तुलसीदास जी ने लिखा—

> इस शरीर में मौजूद हृदय को जानने वाले संतों ने ही परम
> सत्य को प्राप्त किया है। इसका अनुभव करें और तब आप
> अपनी स्वतंत्रता को पा जाते हैं। जबकि परंपरा में फंसे
> शिक्षक केवल दर्पण के प्रतिबिम्ब को ही जान पाते हैं।

अपने आपमें परमात्मा को देखना

मेरे लिए अंदर की दिव्य-शक्ति से मिलना वास्तव में एक ऐसा अद्भुत अनुभव है, जिसने मेरे जीवन को धन्य कर दिया है। मैं बहुत से ऐसे और लोगों को भी जानता हूं जो आंतरिक शांति के अपने अनुभव के बारे में, ऐसा ही महसूस करते हैं। लेकिन वह अनुभव कई बार हमसे नज़र बचाकर दूर हो जाता है। जब हम अपने मन के बाहर और भीतर के शोर से विचलित होते हैं तो ईश्वर हमारी दृष्टि से ओझल हो सकता है। हमारा मन हमें अपने हृदय की स्पष्टता से दूर करता है।

हममें से प्रत्येक व्यक्ति जब अंदर मुड़ता है तो वह उस दिव्य-शक्ति के दर्शन और उसका अनुभव कर सकता है। यह बात मुझे एक कहानी की याद दिला रही है जो बताती है कि अपने मन की अपेक्षाओं को आगे

रखकर चलने के बजाय, अपने आपको जानना सचमुच में लाभदायक है।

तो पहाड़ियों में ऊँचाई पर एक गाँव था। वास्तव में वह एक प्राचीन स्थान था। वहां न कोई बिजली थी, न कोई नयी तकनीक। वहां बाहर से बहुत कम ही लोग कभी आते-जाते थे। गाँव के बीच में एक प्यारा सा घर था, जिसमें एक महिला और एक पुरुष रहते थे। यह एक खुशहाल और साधारण परिवार था। उस आदमी के पास, अपने लिए एक अलग कमरा था और वह हर दिन उस कमरे में जाकर एक-एक घंटा प्रार्थना करता था।

एक दिन एक यात्री वहां से गुज़र रहा था—उस गांव के लिए एक दुर्लभ घटना! भीषण गर्मी में पहाड़ी पर एक लंबी चढ़ाई के बाद, उसे वास्तव में थोड़ा आराम करना था, इसलिए उसने अपना थैला उस घर के दरवाजे के बाहर छोड़ दिया और पास की नदी की तरफ चला गया।

घर का मालिक बाहर आया, उसने इस अजीबोगरीब थैले को देखा और उसे खोल दिया। उसमें कुछ कपड़े और जूते थे। फिर उसे एक आईना मिला—जो उसने पहले कभी नहीं देखा था। उसने बैग से आईना लिया, उसमें देखा और उसे झटका लगा क्योंकि उसने पहले कभी आईना नहीं देखा था। फिर वह आनंद से भाव-विभोर हो गया, क्योंकि आईने में उसने आखिरकार उस आकृति को देखा, जिसकी वह इतने वर्षों से प्रार्थना कर रहा था। वह हमेशा सोचता था कि भगवान उसके पिता जैसे दिखते होंगे और अब वह जान गया कि यह सच है। उस आदमी ने आईना लिया और उसे अपने कमरे में एक टेबल पर रख दिया। अब जबकि वह वास्तव में उस देवता के स्वरूप को देख सकता था जिसकी वह हमेशा से प्रार्थना कर रहा था, उसने अब हर रात घंटों-घंटों तक प्रार्थना करना शुरू कर दिया।

उसकी पत्नी ने जल्दी ही महसूस किया कि उसका पति अब अपने कमरे में बहुत अधिक समय बिता रहा है। इस पर उसे शक हुआ। अंत में, उसको यह लगा कि शायद उसके पति ने, कोई दूसरी औरत ढूंढ़ ली है और उसे वहां छिपा रखा है। तो एक दिन जब वह बाहर था, वह चुपचाप उसके कमरे में चली गई। बेशक, उसने भी आईना पहली बार देखा था और वह आईना देखकर लगभग बेहोश ही हो गई। "कोई आश्चर्य की बात नहीं है कि वह अब बाहर निकलकर नहीं आता है", उसने सोचा। "वह आईने वाली इस खूबसूरत महिला के साथ पूरी तरह

से प्यार में पड़ गया है!"

वह बहुत गुस्से में थी, इसलिए उसने आईना उठाया और सीधे मंदिर में पुजारी के पास ले गई। वहाँ लंबे सफेद बाल, एक बड़ी सफेद दाढ़ी, चमकदार आँखों व एक चौड़ी सी मुस्कान वाले पुजारी जी मिले। उसने पुजारी को सारी बात बताई कि क्या हुआ और उसने उसको ध्यान से सुना।

पुजारी ने भी कभी दर्पण नहीं देखा था तो उसने भी उससे आईना लिया, करीब से देखा और खुशी से उछल पड़ा। "यही वे देवता हैं जिनके आगे, मैं प्रतिदिन प्रार्थना करता हूँ!" वह चिल्लाया, अपने मंदिर में गया और दर्पण को पूजा की वेदी के बीच में लगा दिया।

जब पुरुष, महिला और पुजारी अपने आईने में देखते हैं तो वे खुद को नहीं पहचानते—वे अपने विश्वासों को देखते हैं। क्यों? दरअसल, यदि आप स्वयं को नहीं जानते हैं तो आप यह नहीं देख सकते कि आप वास्तव में कौन हैं।

दो भिक्षु

यहां एक और कहानी है, जो दो ऐसे व्यक्तियों के बीच के अंतर को बताती है जिसमें एक खुले दिल से, खुले दिमाग से समर्पित जीवन जीता है और दूसरा, जहां भी जाता है अपनी हठधर्मिता को अपने साथ लेकर चलता है। कई और कहानियों की तरह इस कहानी के भी बहुत सारे संस्करण हैं। ये वो वाला है, जो मुझे पसंद है।

दो भिक्षु अपने मठ की ओर जा रहे थे। वे एक नदी के पास आये। उनके घर जाने का यही एकमात्र रास्ता था और उन्हें इस नदी को पार करना था। कोई पुल नहीं था और वे महसूस करते हैं कि उन्हें पानी से गुजरना होगा। नदी गहरी थी और धारा तेज थी।

तभी भिक्षुओं ने एक सुंदर स्त्री को नदी के किनारे खड़ी देखा, जिसकी आँखों में आँसू थे। एक साधु उसके पास गया और पूछा—"क्या बात है?"

वह कहती है, "मुझे अपने गाँव जाना है लेकिन नदी की धार तेज

है। मुझे डर है कि मैं धारा की चपेट में न आ जाऊं। मेरा पार जाना बहुत जरूरी है।"

साधु ने कहा—"कोई बात नहीं। मैं तुम्हें पार ले जाऊंगा।"

वह उसे उठाता है, अपने कंधों पर रखता है और नदी के उस पार ले जाता है। दूसरी ओर पहुंचकर वह उसे नीचे उतार देता है। वह उसे धन्यवाद देती है और साधु उसे आशीर्वाद देता है। दूसरा साधु भी नदी के उस पार पहुंचता है और वे दोनों, अपने मठ की ओर चल पड़ते हैं।

जिस भिक्षु ने मदद नहीं की थी, वह लगभग पूरे रास्ते चुप रहा, जब तक कि वे मठ के किनारे तक नहीं पहुंच गये। अचानक दूसरा भिक्षु कहता है—"तुमने जो किया वह ठीक नहीं था! एक साधु एक युवती को कंधे पर कैसे बिठा सकता है? तुम्हारी हिम्मत कैसे हुई? मुझे लगा कि तुमने संसार का त्याग कर दिया है!"

महिला की मदद करने वाले साधु ने, दूसरे साधु की ओर देखा और कहा—"तुम्हें पता है, मैं तो उसे केवल नदी के एक किनारे से दूसरी तरफ अपने कंधों पर उठाकर लाया; तुम तो उसे मठ तक अपने साथ ले आए।"

कृतज्ञता के लिए प्रार्थना करें

इस अध्याय की शुरुआत में मैंने जो चुटकुला सुनाया, वह उन तनावों को उजागर करता है जो तब हो सकते हैं, जब विश्वास का सामना रोज़मर्रा की ज़िंदगी से होता है। मैं कई मित्रों से बात करके जान चुका हूँ कि विश्वास कठिन परीक्षाओं को सह सकता है। जिन लोगों को लगता है कि वे केवल विश्वास करने के बजाय उस दिव्य-शक्ति को जानते हैं, अक्सर इस तरह की स्थितियों में थोड़े लचीले रहते हैं। हृदय कुछ परिस्थितियों में, मन से ज्यादा मजबूत हो सकता है। मैं यह भी अच्छी तरह से समझता हूं कि मुश्किल परिस्थितियों के आने पर लोग ईश्वर से प्रार्थना क्यों करते हैं—उस चुटकुले में वह दुर्भाग्यपूर्ण व्यक्ति गिरकर मरना नहीं चाहता है और तब वह प्रार्थना करता है, ये बात तो समझ में आती है। मुझे लगता है कि जब चीजें ठीक चल रही हों, तब भी हम प्रार्थना करने पर विचार कर सकते हैं।

मेरे लिए, एक सच्ची प्रार्थना तब होती है जब आप धन्यवाद देते हैं, न कि केवल तब, जब आप व्यक्तिगत अनुरोध करते हैं। एक युद्ध के बारे में ख्याल करें और आप दोनों पक्षों के सैनिकों को, जीत के लिए प्रार्थना करते हुए देखेंगे। यहाँ प्रार्थना के बारे में एक छोटी सी कहानी है—

एक दिन एक युवक एक महत्वपूर्ण नौकरी के इंटरव्यू के लिए साइकिल से जा रहा था। उसकी साइकिल एक नुकीले पत्थर से जा टकराई और पंचर हो गयी। "यह बहुत बुरा हुआ", आदमी ने सोचा। "अगर मेरा ये टायर ठीक नहीं हो पाया तो मुझे नौकरी नहीं मिलेगी" और वह अपनी समस्या के समाधान के लिए प्रार्थना करने लगा। अगले मोड़ के पास एक और युवक था, जो अपनी साइकिल मरम्मत की दुकान के बाहर बैठा था। "वह बहुत दुःखी था कि उसकी कोई कमाई नहीं हो रही थी।" उसने सोचा, "जबतक मुझे आज ग्राहक नहीं मिलते, मैं अपनी कमाई खो रहा हूं।" और तब वह प्रार्थना करने लगा।

आप देखिए, एक व्यक्ति का दुर्भाग्य दूसरे व्यक्ति की प्रार्थना का उत्तर हो सकता है। लेकिन प्रार्थना का गहरा और अधिक शक्तिशाली रूप तब होता है, जब हम केवल जो है, उसके लिए धन्यवाद देते हैं, न कि जो हो सकता है उसके लिए धन्यवाद। मेरे अनुभव में आपको आभार की प्रार्थनाओं का जवाब, हमेशा मिलता है।

जब हम इस जीवन के लिए दिल से धन्यवाद देते हैं, जो हमें दिया गया है तो यह हमारे अंदर की शांति की एक अद्‌भुत अभिव्यक्ति होती है। हमारे हृदय की आवाज़, जीवन में जो कुछ भी अच्छा और सही है, उसकी सराहना करते हुए कृतज्ञता के साथ गाने को तैयार है। यहां आपके लिए एक सुखद विरोधाभास है—कृतज्ञता हमें पूर्ण महसूस कराती है लेकिन हमारे पास हमेशा और अधिक ग्रहण करने की क्षमता होती है। हम सभी में शांति, आनंद और प्रेम की अनंत क्षमता है—क्या यह बात अनोखी नहीं है?

अठारहवीं शताब्दी के संत स्वामी ब्रह्मानंद जी का एक सुंदर गीत है, जो आभार की भावना को व्यक्त करता है। अपने परमात्मा के लिए, वे ये शब्द गाते हैं—

कामिल काम कमाल किया, तैंने ख्याल से खेल बनाय दिया।
नहिं कागज कलम जरूरत है, बिन रंग बनी सब मूरत है।

इन मूरत में एक सूरत है, तैने एक अनेक लखाय दिया।
जल बूंद को लेकर देह रची, सुर दानव मानव जीव जुदा।
सबके घट अंदर मंदिर में, तैने आप मुकाम जमाय दिया।
कोई पार न वार आधार बिना, सब विश्व चराचर धार रहा।
बिन भूमि मनोहर महल रचा, बिन बीज के बाग लगाय दिया।
सब लोकन के नित संग रहे, फिर आप असंग स्वरूप सदा।
ब्रह्मानंद आनंद भयो मन में, गुरुदेव अलेख लखाय दिया।

हमारे अंदर की दिव्य-शक्ति की यह कितनी सुंदर प्रशंसा है।

यहाँ स्वर्ग बनाना

आपकी जो भी मान्यताएं हैं, बिल्कुल इस समय पृथ्वी पर आपके लिए एक स्वर्ग है—एक ऐसा स्वर्ग जिसे संजोने और अनगिनत तरीकों से उसका आनंद लेने की जरूरत है। स्वर्ग क्या है? स्वर्ग वह जगह है, जहां आप पूर्ण महसूस करते हैं। स्वर्ग कैसा लगता है? यह बहुत सुंदर लगता है।

हम इस स्वर्ग का सामना तब करते हैं, जब हम अपनी आँखें और अपना हृदय इसके लिए खोलते हैं; जब हम इसे, यहीं और अब में महसूस करते हैं; जब हम आज, इस धरती पर होने की सुंदरता को स्वीकार करते हैं। जब एक बच्चा पैदा होता है और उसका वजन सात पौंड होता है तो क्या पृथ्वी सात पौंड भारी हो जाती है? नहीं। और जब वही व्यक्ति, दो सौ पौंड वजन वाले वयस्क के रूप में मर जाता है तो क्या पृथ्वी दो सौ पौंड हल्की हो जाती है? नहीं। हम यहीं हैं—इस पृथ्वी पर।

यहां एक कहानी है, जो मैं स्वर्ग और नरक के बारे में कह रहा हूं, उसे यह एक उदाहरण के रूप में चित्रित करती है—

एक राजा को युद्ध लड़ने जाना पड़ा। वह जानता था कि युद्ध में उसे सबसे आगे रहना होगा। हमारे आज के कुछ राजनीतिक नेताओं के विपरीत, जो युद्ध शुरू करने के लिए तो जल्दी में हो सकते हैं लेकिन लड़ाई के कहीं निकट भी नहीं होंगे। राजा जानता है कि यह खून-खराबे

का समय है। रातभर वह सोचता रहा—"शायद मैं युद्ध में मर जाऊँ और अगर मैं मर जाऊँगा तो क्या मैं स्वर्ग जाऊँगा या मैं नरक में जाऊँगा? लेकिन स्वर्ग क्या है और नरक क्या है?"

रातभर यही सिलसिला चलता रहता है।

सुबह राजा अपने सुरक्षा-कवच पहनता है, हथियार उठाता है, अपने घोड़े पर चढ़ता है, उसकी सेना उसके पीछे खड़ी हो जाती है और वे सब युद्ध के मैदान की ओर बढ़ जाते हैं। उस पूरे समय, उसके दिमाग़ का एक हिस्सा उन्हीं सवालों में घूम रहा है—"स्वर्ग क्या है? नरक क्या है?"

फिर, जैसे ही वह जा रहा था उसने देखा कि एक बहुत सम्मानित संत दूसरी तरफ जा रहे हैं। वह संत के पास सरपट घोड़ा दौड़ाता है और उनके पास जाकर उनसे कहता है, "रुकिये! मैं आपसे दो प्रश्न पूछना चाहता हूँ! स्वर्ग क्या है? और नरक क्या है?"

संत कहते हैं—"मुझे देर हो रही है। मेरे पास आपको जवाब देने के लिए समय नहीं है।"

राजा यह सुनते ही गुस्से में आ जाता है। "क्या आप जानते हैं, मैं कौन हूं? मैं राजा हूं! आपके पास अपने शासक के लिए समय नहीं है? यह कैसे हो सकता है?" और उसे और गुस्सा आ रहा है।

संत राजा की ओर देखते हैं और कहते हैं—"राजा, तुम इस समय नरक में हो।"

राजा इस बारे में सोचने के लिए कुछ समय लेता है, "ठीक है! वे सही कह रहे हैं। वे वास्तव में ज्ञानी हैं।" वह अपने घोड़े से उतरता है, अपने घुटनों पर झुकता है और कहता है—"धन्यवाद! आपने मेरी आँखें खोल दीं। आपको बहुत-बहुत धन्यवाद!"

संत उसकी ओर देखते हैं और कहते हैं—"राजा, अब तुम स्वर्ग में हो!"

आप देखिए, उन्होंने केवल तीन बातें कही लेकिन उन्होंने राजा के सबसे बड़े प्रश्न का उत्तर दे दिया। स्वर्ग और नरक की जिज्ञासा कहाँ थी? उसी में। यह नरक कहाँ था? उसी में। यह स्वर्ग कहाँ था? उसी में।

जब भ्रम, क्रोध और भय होता है तो आप नरक में होते हैं। जब

स्पष्टता और कृतज्ञता होती है तो आप स्वर्ग में होते हैं। ये ऐसे ही होता है।

स्वर्ग में रहना

जब हम प्रत्येक क्षण के महत्व और सुंदरता की सराहना करते हैं तो हम यह समझने के करीब पहुंच रहे होते हैं कि मोक्ष क्या है। वर्तमान क्षण अमर है क्योंकि हम हमेशा इसी क्षण में हैं। हम पृथ्वी पर स्वर्ग का अनुभव तब करते हैं, जब हम प्रत्येक क्षण में जागरूक होकर जीते हैं और जब हम इस बात के लिए सचेत होते हैं कि हमें कृपा से यह जीवन मिला हुआ है। जीवन की सबसे बड़ी बात, वास्तव में अंदर की शांति को महसूस करना है—यह मेरे लिए सबसे दिव्य-अनुभव है।

आंतरिक शांति का स्वर्ग अपने आपमें बहुत ही सुंदर है साथ ही वह तृप्ति की भावना हमारे चारों ओर की दुनिया को भी स्वर्ग बना सकती है—

जब आप शांति में होते हैं,
सूर्योदय को देखना—दिव्य है।

उस उगते हुए सूरज की,
गर्मी को महसूस करना,
जो हर दिन नई संभावनाओं को,
लेकर आता है—दिव्य है।

सुबह पक्षियों का सुंदर गीत सुनना,
उनका अपने दिल की खुशी के लिए गाना—दिव्य है।

समुद्र पर सूरज की किरणों का,
नृत्य देखना—दिव्य है।

कुछ क्षणों के लिए,
एक मछली का गुरुत्वाकर्षण छोड़,
पानी से बाहर उछलते हुए देखना—दिव्य है।

धूप से तपे हुए बगीचे से उठने वाली,
सुगंध के बादल को सूंघना—दिव्य है।

अपने चेहरे पर,
ताजी हवा महसूस करना—दिव्य है।

गर्मी में ठंडी बर्फ का,
पानी पीना—दिव्य है।

सीधे पेड़ से प्राप्त,
पका मीठा फल खाना—दिव्य है।

डूबते सूरज को,
क्षितिज में धीरे-धीरे डूबते देखना,
उसका दिन को अलविदा कहना,
हमें आराम करने को कहना—दिव्य है।

इस खूबसूरत पृथ्वी पर,
हमेशा सूर्योदय और सूर्यास्त होता है,
यह जानना—दिव्य है।

नरम चांदनी द्वारा भूमि पर उकेरी गई,
सुंदर आकृतियों को देखना—दिव्य है।

विशाल जंगल में,
पक्षियों की चहचहाट सुनना—दिव्य है।

सितारों का अचानक और सुंदरता से,
ऊपर की ओर तेजी से,
निकलकर जाते देखना—दिव्य है।

अपने प्रियजन जिन्हें हम प्यार करते हैं,
उनकी मधुर मुस्कुराहट को देखना—दिव्य है।

संतुष्ट महसूस करना—दिव्य है।

अपनी सांसों में,
परमात्मा को महसूस करना—दिव्य है।

ये भावनाएं ही जीवन का आनंद हैं—किसी और चीज़ के रास्ते पर बढ़ते कदम नहीं, बल्कि जीवित होने का विशुद्ध आनंद। यह सबकुछ हम जहां भी रहते हैं, हमारी उम्र जो भी हो, हम जो भी मानते हैं, हम जो भी हैं, हम सभी के आनंद लेने के लिए है।

स्वर्ग में होने का यही अनुभव होता है। तो नरक क्या है? नरक तब है, जब हम स्वर्ग में नहीं हैं।

अध्याय 11

दयालुता के माध्यम से सम्पूर्ण बनें

जब मैं बारह साल का था, देहरादून में रहते हुए एक दिन स्कूल से घर पहुँचा और देखा कि हमारे घर के बाहर एक अजीब टूरिस्ट वैन खड़ी है। यह एक ब्रिटिश-निर्माता कॉमर द्वारा बनाई गई थी इसलिए वह वैन भारत में बनी बाकी सभी एंबेसडर कारों से अलग दिख रही थी, जिन्हें हम अपने क्षेत्र में अक्सर देखा करते थे। मेरे परिवार में से कोई भी कभी भारत से बाहर नहीं गया था इसलिए इस विदेशी वाहन का हमारी सड़क पर दिखायी देना, दिलचस्प था। मैं उस समय टीवी शो—"द ट्वाइलाइट ज़ोन" का बहुत बड़ा प्रशंसक था। यह शो विज्ञान के रहस्यों, एलियंस, रोमांच और उस तरह की चीज़ों के बारे में था इसलिए मेरी कल्पना तेज हो गई। कॉमर वैन के अंदर कौन हो सकता है और वे यहाँ क्यों आये हैं?

मैं बच्चा था और जिज्ञासा से भरा हुआ था और मुझे खुद पर बहुत विश्वास था इसलिए मैं सीधे वैन के पास गया और उसके दरवाजे खोल दिए। मुझे झटका लगा। गाड़ी के पिछले हिस्से में कुछ लोग बैठे हुए थे जिनका रंग पीला था, वे चुपचाप बैठे थे और अजीब कपड़े पहने हुए थे। आज हम आसानी से सोच सकते हैं—"अरे, टूरिस्ट वैन में कुछ हिप्पी हैं।" लेकिन उस समय इन लोगों के बारे में बहुत कुछ मेरे लिए नया था। उन्होंने विदेशी और भारतीय कपड़ों का एक बेजोड़ नमूना पहना हुआ था और पुरुषों सहित उन सभी के लंबे बाल थे। मेरे लिए यह एक अजीब दृश्य था। लेकिन अगर गंध की बात करें तो इसकी तुलना में वह दृश्य कुछ भी नहीं था। उनके गाड़ी से बाहर निकलने पर उनमें से पसीने से तर शरीर, अगरबत्ती और अन्य चीजों की तेज गंध आई, जो जाहिर है

एक बहुत लंबे, गर्मी से भरे सफर के कारण एकसाथ मिल गई थी। मैंने एक कदम पीछे हट कर यह समझने की कोशिश की कि मेरी आंखें और नाक मुझसे क्या कह रहे हैं।

एक आदमी ने मुझे बहुत करीब से देखा और फिर नमस्कार के रूप में अपनी उंगलियां हिला दीं। मुझे लगता है कि मैंने भी जवाब में हल्के से हाथ हिलाया। लेकिन मेरा दिमाग़ अभी भी उस दृश्य के बारे में सोच रहा था। धीरे-धीरे, यह आमने-सामने का अजनबीपन एक सुंदर भावना में बदल गया—"ठीक है, तो यहाँ कुछ अजनबी हैं जो निश्चित ही हमसे बहुत अलग हैं लेकिन वे मिलनसार लगते हैं।"

कुछ पलों के बाद, मैंने इन पुरुषों और महिलाओं से बात की तो पता चला कि वे मुझसे मिलने आए हैं। वे इस बच्चे से मिलना चाहते थे जो अपने हृदय से आंतरिक शांति की बात करता था। अगले कुछ दिनों में उन्होंने मुझसे ढेरों प्रश्न पूछे और मैंने जितना मुझसे संभव हुआ, उनके उत्तर दिए। जैसे-जैसे उनसे बातें होती गयीं, आपसी सम्मान बढ़ता गया। उनके द्वारा प्रश्न अंग्रेजी में पूछे गए थे लेकिन वे वास्तव में उन प्रश्नों से अलग नहीं थे, जो भारतीय मुझसे हर समय पूछते रहते थे।

रुकावट को पार करना

ये विदेशी लोग कुछ दिनों के लिए रुके और बहुत से और विदेशी उनके साथ जुड़ गए। और हम हर दिन एक-दूसरे को थोड़ा और बेहतर जानने लगे। हालांकि, मेरे परिवार में और उसके आसपास के कुछ बड़े लोग, संस्कृति के इस बदलाव को पार करने के लिए मुझसे कम खुले थे। वे अजनबियों को अशुद्ध के रूप में देखते थे और मेरा मतलब केवल यह नहीं है कि उन्हें उस वैन के पीछे बैठने के बाद अच्छी तरह नहाने की जरूरत थी; मेरा मतलब है कि उन्हें आध्यात्मिक रूप से अशुद्ध के रूप में देखा जाता था। उस समय 1960 के दशक में बहुत सारे भारतीयों को इस बात पर गर्व था कि पश्चिम के लोग उनके देश में आने लगे हैं लेकिन वे उनसे कुछ हद तक सावधान भी रहते थे। विदेशियों के बारे में सुनना एक बात थी, उनसे पूरी तरह से घुलना-मिलना कुछ और।

एक दिन उन विदेशियों में से एक अमेरिकी महिला कुछ खाने के लिए हमारे परिवार की रसोई में चली गई। उसे नम्रता लेकिन दृढ़ता से वापस जाने के लिए कहा गया, जिसके बाद पूरी रसोई को फिर से "पवित्र" करना पड़ा—जिसका मतलब था कि रसोई को ऊपर से नीचे तक साफ करना पड़ा। यह ऐसा था जैसे कोई अछूत! किसी को "अशुद्ध" समझा गया क्योंकि वह एक अलग जाति से थी या पूरी तरह से जाति-व्यवस्था से ही बाहर थी। इस महिला के साथ जिस तरह से व्यवहार किया गया था, मैं उससे हैरान था। मैंने कहा—"यह भी एक इंसान है और वह बस भोजन की तलाश में वहां चली गई थी तो क्या हो गया, चलो उसे कुछ खाना देते हैं!" लेकिन उधर से जवाब साफ था—"नहीं, ऐसा नहीं हो सकता।"

कुछ साल बाद, जब मैं दक्षिण अफ्रीका गया तो मुझे साफ तौर पर समझ में आया कि जो लोग खुद को हीन महसूस करते हैं, वे अक्सर दूसरों पर हावी होने के तरीकों की तलाश करते हैं। कुछ लोगों को लगता है कि दूसरों को कंट्रोल करके वे खुद को ऊपर उठाते हैं लेकिन यह अहंकार बढ़ाने के एक बेतुके तरीके से ज्यादा कुछ नहीं है और अंत में इसका हमेशा असफल होना तय है। हीनता की भावना को दूर करने का सबसे अच्छा तरीका है—अपने लिए सम्मान और प्रेम बढ़ाना, न कि दूसरों पर नकारात्मक विचार थोपना। जब हम खुद को पहले रखते हैं तो पक्षपात की इच्छा खत्म हो जाती है।

कॉमर वैन के अजीब लोग—जिनमें से कुछ मेरे जीवन भर के लिए अच्छे दोस्त बन गए—उन्होंने भारत पहुंचने में बहुत सी शारीरिक बाधाओं को पार किया था। उन्हें अफगानिस्तान और पाकिस्तान में कुछ बहुत ही रोचक अनुभव हुए। इस तरह की यात्रा, आज के वक्त में लगभग असंभव लगती है या कम से कम कुछ हद तक बेवकूफी भी।

अधिकतर उन पश्चिमी लोगों ने पतलून के बजाय धोती और शर्ट के बजाय कुर्ता पहनना शुरू कर दिया। सच कहूं तो मुझे लगा कि वे उन स्थानीय पोशाकों में काफी मजाकिया लग रहे थे लेकिन वे उन्हें पसन्द करते थे। उस समय, जब मैं कार्यक्रमों के लिए यात्रा करता था तब मैं भी धोती-कुर्ता पहनता था लेकिन स्कूल में हर दिन मैं पैंट, जैकेट, शर्ट और टाई की यूनिफॉर्म में होता था। तो ज्यादातर समय, पश्चिमी लोग भारतीय

कपड़े पहनते थे और भारतीय स्कूली बच्चे पश्चिमी कपड़े पहनते थे!

जब मैंने अपने कुछ नए दोस्तों के साथ इंगलैंड की यात्रा की तब मुझे समझ में आया कि दो संस्कृतियां कितनी भिन्न हो सकती हैं। यह पहली बार था जब मैं विदेश गया इसलिए मुझे अजीब लग रहा था। मेरे लिए सबकुछ पराया था और मेरा मतलब सब चीजों से है। मुझे याद है, मेरे वहां आने के तुरंत बाद बहुत स्पष्ट रूप से मुझे लगा कि "मैं अब भारत में नहीं हूं।" यह सिर्फ कोई विचार नहीं था, यह एक गहरा एहसास था कि मैं घर से कितनी दूर हूं। वह वर्ष जून 1971 था और उस समय मुझे पता नहीं था कि मैं नवंबर तक भारत नहीं लौटूंगा।

जिस दिन मैं लंदन पहुँचा, उस दिन मैं एक घर में गया जो मेरे लिए किराए पर लिया गया था। वहाँ मैंने स्नान किया और फिर नीचे आ गया। लम्बे हवाई सफर की थकान को दूर करने की कोशिश करते हुए मैं एक सोफे पर बैठा था। सामने कालीन पर काफी लोग बैठे हुए थे जिनमें से अधिकतर से मैं पहले कभी नहीं मिला था। वे मुझे देख रहे थे और मैं उन्हें देख रहा था। पहले तो कोई कुछ नहीं बोला और फिर, धीरे-धीरे हमने बात करना शुरू किया। और उनका स्वागत वास्तव में गर्मजोशी भरा साबित हुआ।

इंग्लैंड में बिताए उन दिनों से ही मैंने अपने से यह वादा कर लिया था कि मैं जिस देश में भी रहूँगा, उस देश के लोगों का सम्मान करूंगा। यह मेरे जीवन में एक महत्वपूर्ण बात रही है। क्योंकि मैं शांति के संदेश को साझा करने के लिए तमाम जगहों पर गया हूं। मैं अपनी संस्कृति साथ लाता हूं लेकिन मैं हमेशा उस देश की संस्कृति का सम्मान करना चाहता हूं, जहां मैं जा रहा हूं। मैं दुनिया भर की यात्रा करता हूं लेकिन अब मेरा घर अमेरिका में है। यहां एक परदेशी के रूप में, मैं स्थानीय संस्कृति का हिस्सा बनना चाहता था और इससे जुड़ना भी चाहता था। मुझे लगता है कि यह वास्तव में जरूरी है कि विदेशों में रहने वाले अप्रवासी लोग इस संतुलन को ठीक रखने का प्रयास करें।

अप्रवासियों का "संतुलन" सही होने की यह बात सदियों से चली आ रही है। जब पारसी लोग सहारे की तलाश में भारत आए तो उन्हें विरोध का सामना करना पड़ा। कुछ स्थानीय लोगों ने महसूस किया कि देश की आबादी पहले से ही अधिक है और भोजन और जल जैसे संसाधनों पर पहले से ही बहुत अधिक दबाव है। वरिष्ठ पारसियों के एक दल के

आने पर राजा ने उनको दूध का एक गिलास दिखाया और कहा—"इस गिलास की तरह हम भरे हुए हैं। और अधिक लोगों के आने से यह देश लबालब भर जायेगा।" इसके साथ ही, उसने जग से कुछ और दूध गिलास में डाला, जिससे दूध बाहर फर्श पर फैल गया।

इस बिंदु पर एक समझदार पारसी आगे बढ़ा और नम्रता से राजा से गिलास ले लिया। उसने अपनी जेब से थोड़ी चीनी निकाली और दूध में मिला दी। "अब दूध और भी मीठा हो गया है", उन्होंने कहा, "और गिलास से कुछ भी नहीं निकला। हम आपके समाज को जोड़ेंगे, कुछ छीनेंगे नहीं।"

वसुधैव कुटुम्बकम्

जब मैं हवाईजहाज उड़ा रहा होता हूं, मैं कभी-कभी इन शब्दों के साथ एक घोषणा करता हूं—"यदि आप अभी खिड़कियों से बाहर देखेंगे तो आप फलां-फलां देश के बीच की सीमा को ठीक नीचे देख सकते हैं।" बेशक, मैं हमेशा एक ऐसा बॉर्डर चुनता हूं जिसे आप देख नहीं सकते। लोग नीचे जमीन पर वास्तव में ध्यान से देखने लगते हैं और तब उन्हें पता चलता है कि कोई बॉर्डर नहीं है, बस लगातार पहाड़ या रेगिस्तान या खेत या समुद्र दिख रहे हैं। हम हमेशा अंतर और बंटवारे की तलाश में रहते हैं।

एक चींटी से सीमाओं के बारे में बात करने का प्रयास करें। कुछ लोग अपने घर के बाहर एक छोटी सी बाड़ लगा देते हैं और चींटियां दिन भर एक तरफ से दूसरी तरफ, आगे-पीछे, आगे-पीछे चलती रहती हैं। एक चिड़िया से सीमाओं के बारे में बात करने की कोशिश करें। "अरे, तुम पंखों के साथ हो, तुम्हारा पासपोर्ट कहाँ है?" कौवे, मधुमक्खियों और तितलियों के लिए कोई सीमा नहीं है; मछली, डॉल्फ़िन और घोंघा के लिए कोई सीमा नहीं; बादल, हवा और पानी के लिए कोई सीमा नहीं है।

बचपन से ही, हमें लोगों के बीच मतभेदों के बारे में सिखाया जाता है और हम उन पर विश्वास करने लगते हैं। "हम यहां से हैं तो इसका मतलब है कि हम इस तरह के हैं। वे वहां से हैं तो इसका मतलब है कि वे दूसरी तरह के हैं।" फिर भी लोगों के बीच अंतर अक्सर सतह पर ही

होते हैं—एक भारतीय कह सकता है, "हमारा भोजन सबसे बढ़िया है, हमारी बढ़िया चपाती को देखो।" एक इटालियन कह सकता है, "हमारा भोजन सबसे बढ़िया है, हमारे बढ़िया पास्ता को देखें।" लेकिन पास्ता किस चीज से बनता है? और चपाती किससे बनती है? वे एक ही चीज़ को थोड़े अलग तरीके से तैयार करके खा रहे हैं जो कोई बड़ी बात नहीं!

अगर कोई अपने दिल की सर्जरी के लिए जाता है तो क्या डॉक्टर उसकी जाति देखकर अलग ऑपरेशन करता है? डॉक्टर मेडिकल स्कूल में यह नहीं सीखते कि लोगों से उनका रंग देखकर व्यवहार करना है।

हमारे पास बहुत कुछ समान है। "मैं प्यासा हूँ" कई भाषाओं में कहा जा सकता है लेकिन इसका हमेशा एक ही मतलब होता है। मुझसे अक्सर पूछा जाता है, "आप कहाँ से हैं?" और मैं मुस्कराता हूं। मैं क्या कहूं? "मैं उसी जगह से हूँ जहाँ से तुम हो—पृथ्वी!" कभी-कभी पूछने वाला मेरी ओर ऐसे देखता है जैसे मैं सिरफिरा हूं लेकिन मैं सिर्फ सच बोल रहा हूं।

जब मैं मैक्सिको जाता हूं तो लोग सोचते हैं कि मैं मैक्सिकन हूं; जब मैं मलेशिया जाता हूं तो वे सोचते हैं कि मैं मलेशियन हूं; और मेरे साथ और भी कई जगहों पर ऐसा होता है। एकमात्र स्थान जहां मुझे वास्तव में रोका गया और एक विदेशी समझकर शक किया गया, वह था भारत! मैं अपनी बहन से मिलने जा रहा था। वे उत्तर भारत के एक इलाके में रह रही थीं। सेना नहीं चाहती थी कि विदेशी लोग उधर अंदर जाएं इसलिए एक क्रॉसिंग पर, एक सैनिक ने मेरी ओर देखा और मुझे पासपोर्ट दिखाने के लिए कहा। मैंने कहा, "लेकिन मैं भारतीय हूँ!" एक अधिकारी यह देखने के लिए बाहर आया कि क्या मामला है और उसने तुरंत मुझे पहचान लिया। वह हँसा और सिपाही की ओर मुड़ा—"हाँ, ये भारतीय हैं!"

यह अजीब बात है कि आमतौर पर खुले विचारों वाले लोग भी दूसरों के बारे में गलत निर्णय ले लेते हैं क्योंकि वे कुछ अलग होते हैं। एक बार अर्जेंटीना में, मैं लोगों को आत्मज्ञान की तकनीकों से परिचित करा रहा था—इसके बारे में अध्याय 12 में विस्तार से बात करूंगा। मेरे साथ काम करने वाले एक सहयोगी ने आकर कहा—"यहाँ एक महिला है जिसे ज्ञान नहीं मिलना चाहिए।"

"क्यों नहीं?" मैंने पूछ लिया।

"उसने अभी मुझे बताया है कि वह एक वेश्या है?" सहयोगी ने कहा।

मैंने उत्तर दिया—"यदि वह एक वेश्या है और तुम इस बात को पसन्द नहीं करते हो तो तुम उसके साथ मत जाओ। उसे ज्ञान देने से इस बात का क्या लेना-देना है?"

वास्तविक संबंध

जब हम अपने दिमाग में विचारों और धारणाओं को पीछे छोड़ देते हैं तो हमारा हृदय हमें अपने साथी इंसानों के बारे में क्या बताता है? यह सच है कि आप दुनिया में नफरत के साथ-साथ स्वार्थ, ईर्ष्या, पक्षपात आदि का सामना कर सकते हैं। कुछ लोग अपना जीवन अचेत होकर जीते हैं और इसके परिणामस्वरूप, वे खुद को और दूसरों को नुकसान पहुंचाते हैं। लेकिन प्रत्येक दिन दयालुता के भी ढेर सारे कार्य होते हैं, जिनकी कोई रिपोर्ट मीडिया द्वारा नहीं की जाती है। हमारे अंदर और हमारे आसपास कई अद्भुत चीजें होती हैं जैसे उदारता, रचनात्मकता, नम्रता, समझ आदि।

मानव स्वभाव के बारे में आदर्शवादी या निराशावादी होने के बजाय हमें यथार्थवादी होने की जरूरत है। सच तो यह है कि हम सभी में अच्छाई और बुराई दोनों होती है। मैंने लोगों की आँखों में घना अँधेरा देखा है—घना अँधेरा और कहीं भी रोशनी की कोई किरण नहीं! और मैंने लोगों की आंखों में अद्भुत रोशनी देखी है—आशा, आनंद और प्रेम की एक चमक—यहां तक कि कठिन समय से गुजरने वाले लोगों में भी। हम सभी में अंधकार और प्रकाश दोनों की क्षमता है और वे हमारे भीतर, साथ-साथ रहते हैं।

मैं जिस चीज को अपने अंदर अच्छा समझता हूं, वह उस चीज से कभी दूर नहीं होती जिसे मैं पसंद नहीं करता हूं। प्यार कभी नफरत से दूर नहीं होता। स्पष्टता कभी भी भ्रम से दूर नहीं होती है। प्रकाश कभी अंधकार से दूर नहीं होता। प्रकाश को अंधेरे में और अंधेरे को प्रकाश में बदलने के लिए बस एक स्विच की आवश्यकता होती है। हमें अपने जीवन से अंधकार को दूर करने की चिंता करने की जरूरत नहीं है; केवल रोशनी लाने पर ध्यान दें। हमें अपने जीवन से भ्रम को दूर करने की चिंता करने की जरूरत नहीं है; केवल स्पष्टता लाने पर ध्यान दें। हमें अपने

जीवन से घृणा को दूर करने की चिंता करने की जरूरत नहीं है; सिर्फ प्यार लाने पर ध्यान दें।

हमारे अंदर कई गुण हैं—जिन पर हम कार्य करना या जिन्हें हम व्यक्त करना चुनते हैं। वे हमारे जीवन के बारे में बहुत कुछ तय करते हैं। चुनने की यह क्षमता मनुष्य के अनुभव का एक मूलभूत हिस्सा है। हमारी मानवता, हमारी चुनने की क्षमता पर आधारित है।

तो एक बार एक आदमी था और वह बिल्कुल ठीक था, बस एक बात को छोड़कर कि वह सोचता था कि वह गेहूं का दाना है। जबतक वह मुर्गियों को नहीं देखता था, कोई समस्या नहीं थी। जब भी वह मुर्गी देखता तो वह यह सोचकर घबरा जाता कि वह उसे खाने वाली है।

यह समस्या बड़ी होती गई और उसके परिवार के बर्दाश्त से बाहर हो गयी। जब भी वे एकसाथ कहीं जाते, वह जैसे ही मुर्गियों को देखता वह चिल्लाता और भाग जाता। यह कोई अच्छी स्थिति नहीं थी। इसलिए वे उसे एक डॉक्टर के पास ले गए जिसने एक विशेष संस्थान में उसे दिखाने के लिये कहा। वह आदमी वहीं रहने चला गया और वहां डॉक्टर ने उसका इलाज किया। वह प्रतिदिन उसके साथ काम करती रही और उसे समझाने की कोशिश करती रही कि वह एक इंसान है, गेहूं का एक दाना नहीं।

इसमें बहुत समय लगा—बहुत लंबा समय, लेकिन एक दिन डॉक्टर ने उससे पूछा—"तुम क्या हो?" और उसने उत्तर दिया—"मैं एक इंसान हूँ!"

"क्या आप सचमुच में एक इंसान हैं और गेहूं का दाना नहीं हैं?"

"बिल्कुल, मैं एक इंसान हूँ!"

"क्या आप जानते हैं कि आप ठीक हो गए है", डॉक्टर ने कहा, "अब आप इस संस्थान को छोड़कर जा सकते हैं।"

वह आदमी बहुत खुश था क्योंकि वह बाहर निकलने वाला था। डॉक्टर ने उसके प्रमाणपत्र पर हस्ताक्षर किए और वह उसे लेकर चला गया। डॉक्टर को बहुत राहत मिली।

करीब पंद्रह मिनट बाद वह व्यक्ति वापस आया। डॉक्टर हैरान थी—"आप यहाँ क्या कर रहे हो? मैंने कहा आप जा सकते हो! आप ठीक हो गए हैं!"

उसने उसकी ओर देखा और कहा—"डॉक्टर, मुझे पता है कि मैं ठीक हो गया हूं लेकिन क्या किसी ने मुर्गियों से कहा है कि मैं गेहूं का दाना नहीं हूं?"

यही हमारी समस्या है! ठीक है, हम शायद यह नहीं सोचते कि हम गेहूँ के दाने हैं लेकिन हम अच्छा-खासा इस बारे में भ्रमित हो सकते हैं कि हम क्या हैं। हम क्या हैं? एक इंसान! और मनुष्य एक ऐसा प्राणी है जो अपने हृदय में प्रेम, दया, रोशनी का सागर रखता है। हम सभी के अंदर ये गुण होते हैं। हमें अपने बीच अंतर ढूंढ़ने के बजाय हमेशा उन अद्‌भुत चीजों की सराहना करनी चाहिये जिसका हम भरपूर आनंद ले सकते हैं और जो हम सभी के अंदर हैं—आपके अंदर और मेरे अंदर भी।

हमारी जरूरतें हमें एक बनाती हैं

अलग-अलग संस्कृतियों को देखें तो लोग अक्सर अलग-अलग चीजों की तलाश करते हैं। जरा देखिए कि कैसे अलग-अलग समुदाय और समाज के लोग मौत को देखते हैं। इंडोनेशियाई द्वीप सुलावेसी के तोराजा लोग अपने मृत रिश्तेदारों के शवों को घर में रखते हैं, जबकि वे बड़े स्तर पर क्रिया-कर्म करने के मामले में बचत करते हैं। शवों को महीनों और कई बार वर्षों तक इस तरह रखते हैं कि उन्हें मृत के बजाय, "बीमार" माना जाता है उनके लिए खाने-पीने की चीजें लाते हैं, साथ बैठते हैं और बात करते हैं। यहां तक कि कब्र में उन्हें दफनाने के बाद भी मृतकों को उनके ताबूतों से बाहर निकाला जाता है ताकि वे उनके बालों और कपड़ों को ठीक कर सकें, रिश्तेदार उनसे बातें करते हैं और तस्वीरें लेते हैं। हममें से कुछ लोगों के लिए यह भयानक लग सकता है। पर उन लोगों के लिए ऐसा करना अपने उन प्रियजनों को जो मर चुके हैं उन्हें सम्मानित करने और याद करने का एक तरीका है।

मंगोलिया और तिब्बत में, कई स्थानीय लोगों का मानना है कि मनुष्य की आत्मा मृत्यु के बाद भी जीवित रहती है। वहां पुनर्जन्म की प्रक्रिया में मदद करने के लिए शवों को टुकड़ों में काट दिया जाता है और पहाड़ की चोटी पर अक्सर उस जगह के पास रख दिया जाता है

जहां गिद्ध आते हैं। इन पक्षियों को स्वर्ग के दूतों के रूप में देखा जाता है, जो आत्मा को उसके पुनर्जन्म के इन्तजार में स्वर्ग में जाने में मदद करते हैं। इसलिए इस परंपरा का नाम—"आकाश दफन" है।

अधिकांश हिंदू संस्कृतियों में मृतक के शरीर को जला दिया जाता है और कोई निशान नहीं बचता है। बस उस व्यक्ति की तस्वीर रह जाती है जिसकी फ्रेम के चारों ओर माला पहना दी जाती है। जब आप किसी के घर में जाते हैं और उस माला लगी फोटो को देखते हैं तो आप जानते हैं कि वह व्यक्ति चला गया है लेकिन वह परिवार के दिल में रहता है।

दुनिया भर में जाइए और आप कई और तरीके पाएंगे जिस तरह मृतकों को याद किया जाता है। मैंने यह भी सुना है कि अब आप अंतिम संस्कार के अवशेष ले सकते हैं और उन्हें कलश में रखने के बजाय, गर्मी और दबाव का उपयोग करके हीरों में बदल सकते हैं और फिर उसको गहना बनाने के लिए इस्तेमाल कर सकते हैं।

तो हाँ, लोगों के बीच सांस्कृतिक अंतर हैं और उनमें कई ऐसी बातें भी हैं जिन्हें देखकर हम उनका आनंद ले सकते हैं। लेकिन ये अंतर सिर्फ इस बात का हिस्सा है कि हम इस धरती पर कैसे रहते हैं; ये चीजें हम जो मूलरूप में हैं, उसके बारे में नहीं बताती हैं। चाहत और इच्छाएं, नियम और अनुष्ठान—वास्तव में ये सारी चीजें जीवन जीने के बारे में हैं, स्वयं जीवन के बारे में नहीं। अन्य कुछ चीजें हैं जो हमें एक करती हैं, चाहे हम कहीं के भी हों और हम कुछ भी मानते हों। कम से कम हमारी मूलभूत जरूरतें एक ही हैं।

मूलभूत जरूरतें वे हैं, जिनके बिना हम नहीं रह सकते। हम सभी को भूख-प्यास लगती है। हम सभी को घर की आवश्यकता है। हम सभी उसी हवा का प्रयोग करते हैं, जो इस अद्भुत ग्रह पृथ्वी के चारों ओर उपलब्ध है। हम श्वास लेते हैं और हम श्वास छोड़ते हैं।

हम अपनी जरूरतों को पूरा करने के लिए एक-साथ जिस तरह काम करते हैं, वह हमेशा स्वार्थ और परोपकार की भावना का एक सुंदर मिश्रण है। आज जब हम दुनिया भर में देखते हैं, जिसे हम इंसानों ने बनाया है तो हम क्या देखते हैं? हमने कैसे अपनी सभी जरूरतों को पूरा करने की कोशिश की है? ये अद्भुत मानवीय प्रगति है, इसमें उदारता, सुंदरता और लाभ भी दिखाई पड़ता है। दूसरी तरफ हम भय और लालच के प्रभाव को

देखते हैं—प्रदूषण, भोजन की कमी, स्वास्थ्य संबंधी समस्याएं। यहाँ, फिर
से, चयन महत्वपूर्ण है। अगर हम बुरे काम कर सकते हैं तो हम अच्छे
काम भी कर सकते हैं। यह मनुष्य ही है जो अक्सर अन्य मनुष्यों के लिए
भयानक परिस्थितियां पैदा करता है लेकिन वही मनुष्य उन परिस्थितियों
को ठीक भी कर सकता है। और यह अक्सर छोटे कदमों से शुरू होता है।

भूख को ही लीजिए। भूख लगना स्वाभाविक है लेकिन भोजन की
कमी मनुष्य द्वारा बनायी गयी समस्या है। अगर हम इसके साथ सही
तरीके से काम करें तो प्रकृति हम सभी के लिए जरूरत से कहीं अधिक
भोजन प्रदान कर सकती है। फिर भी भोजन का वितरण इतना खराब है
कि पूछिये मत। और भोजन की बर्बादी बहुत अधिक है।

कुछ साल पहले, मैं और "प्रेम रावत फाउंडेशन" की एक टीम यह
देखने गए थे कि हम भारत के एक राज्य, झारखंड की राजधानी रांची
के आसपास पाई जाने वाली कुछ समस्याओं को दूर करने में कैसे मदद
कर सकते हैं। इस क्षेत्र में लोगों को अत्यन्त गरीबी के साथ-साथ गंभीर
राजनीतिक तनाव और हिंसा का सामना करना पड़ता था। भले ही वहां
की भूमि में भारत के खनिज संसाधनों का लगभग 40 प्रतिशत हिस्सा है,
फिर भी इतने ही प्रतिशत लोग गरीबी रेखा से नीचे जीवन-यापन कर रहे
थे और कुपोषण का शिकार थे।

हमें कुछ जमीन मिली और हम इसे खरीदने की सोच रहे थे, ताकि
हम स्थानीय लोगों की मदद के लिए एक सुविधा का निर्माण कर सकें।
हमारे सलाहकारों ने कहा—"ऐसा मत करिए; इस क्षेत्र में आतंकवाद और
अपराध के साथ एक और समस्या है कि हम यहां काम करने वाले किसी
भी व्यक्ति की सुरक्षा का आश्वासन नहीं दे सकते।" लेकिन अगर हमने हार
मान ली होती तो वही समस्याएं यूं ही जारी रहतीं। तो हम आगे बढते रहे।

सवाल यह था कि हम स्थानीय लोगों पर ज्यादा से ज्यादा सकारात्मक
प्रभाव कैसे डाल सकते हैं? किसी ने कहा कि हमें अस्पताल बनाना
चाहिए लेकिन हमारे पास उसका कोई अनुभव नहीं था। इसे बनाना एक
बड़ी चुनौती होती और इसे चलाना और भी मुश्किल काम होता। फिर
किसी ने सुझाव दिया कि हम एक स्कूल बनाएँ, लेकिन उस क्षेत्र में
पहले से ही बहुत सारे स्कूल थे और फिर से मुझे नहीं लगा कि हमारे
पास इसका प्रबंध करने की क्षमता है। फिर हमने पोषण के बारे में सोचा

और सभी लोग इसके लिए सहमत हुए। कई परिवारों की स्थिति काफी निराशाजनक थी। मैं जिन स्थानीय बच्चों से मिला उनमें से कुछ ने चूहों के बिलों को खोजना और खोदना सीख लिया था ताकि वे चूहों द्वारा एकत्र किया गया भोजन चुरा सकें। हमने एक बड़ा भोजनालय बनाने का फ़ैसला किया जिसमें रोज़ाना गरम, पौष्टिक खाना मुफ़्त में मिले।

मैं वास्तव में किसी भी राजनीति से बचना चाहता था कि किसे खाने की अनुमति होगी और किसे नहीं। इसलिए हमने वहां के सभी स्थानीय वरिष्ठ लोगों को बुलाया और उन्हें फैसला लेने के लिए कहा कि किसे मुफ्त भोजन देना है। इसके तुरंत बाद, बच्चे आने लगे, फिर बुजुर्ग लोग और बच्चों के साथ माताएँ भी। विकास के हिस्से के रूप में हमने बाथरूम का निर्माण किया और एक नियम बनाया कि हर किसी को अपने हाथों को अच्छी तरह से धोने के लिए इस सुविधा का इस्तेमाल करना होगा। यह बहुत सारे बच्चों के लिए नया था। अपने घर में कुछ लोग सुबह सबसे पहले गोबर इकट्ठा करते थे क्योंकि इसका उपयोग ईंधन के रूप में किया जाता था। उन्होंने मुझे यह बताया कि वे ऐसा करके घर वापस आते थे और बिना हाथ धोए, सीधे नाश्ता करने के लिए चले जाते थे।

भोजन केन्द्र की रसोई बिल्कुल साफ रखी जाती थी और आज भी रखी जाती है। उनमें काम करने वाले सभी लोग मास्क पहनते हैं, भोजन-स्वादिष्ट और स्थानीय रूप से पसंद किया जाने वाला होता है तथा सावधानी से तैयार किया जाता है। और जो भी आता है, वह जितना चाहे उतना खा सकता है।

कुछ वर्षों के बाद, हमने अपनी भोजन संबंधी योजना का प्रभाव देखा और यह अविश्वसनीय था। अपराध कम हुए क्योंकि लोगों के पास अपने परिवार के भोजन की बचत से अधिक धन था। उस पैसे का मतलब यह हुआ कि अब कुछ लोग ही रोजगार पाने के लिए बहुत दूर जाते थे और कुछ ही बच्चे सारा दिन काम करते थे। बच्चे बहुत अधिक संख्या में स्कूलों में जाने लगे और उन्होंने ग्रेजुएट होना भी शुरू कर दिया। बच्चों के स्वास्थ्य में सुधार हुआ इसलिए स्थानीय अस्पतालों पर दबाव कम हुआ। और क्योंकि वे देख सकते थे कि हम जो कर रहे थे वह स्थानीय लोगों की मदद कर रहा था, स्थानीय आतंकवादी समूहों ने हमारी टीमों

और उपकरणों को कोई हानि नहीं पहुंचाई।

अब भी मुझे पूरा विश्वास नहीं होता है कि एक दिन में सिर्फ एक अच्छा भोजन पूरे क्षेत्र में, इतना अंतर ला सकता है। हमने अब घाना और नेपाल में भी कुछ ऐसे ही कार्यक्रम रखे हैं, जिनका बहुत ही सकारात्मक प्रभाव पड़ा है। एक बार फिर छोटे कदम बड़ा बदलाव ला रहे हैं।

दूसरी तरफ, नेपाल में हमारा केंद्र भूकम्परोधी तकनीक का पालन करते हुए ठीक से बनाया गया था। जब 2015 में वहां बड़ा भूकंप आया तो आसपास की कई इमारतें ढह गईं या असुरक्षित हो गईं लेकिन हमारी बिल्डिंग में बस थोड़ी सी दरार आयी इसलिए यह एक आश्रय-स्थल भी बन गया। वास्तव में यह स्थान एक जीवन-रक्षक बनकर उभरा।

दयालुता के बारे में

जिस तरह से कभी-कभी लोग दूसरों की जरूरतों के बारे में प्रतिक्रिया करते हैं, उसके बारे में ये एक छोटा सा चुटकुला है—

एक आदमी रेगिस्तान में भटक गया। उसे वास्तव में बेहद प्यास लगी थी। वह अपने हाथों और घुटनों के बल रेंग रहा था और उसकी जीभ ऐसा महसूस कर रही थी, जैसे वह रेत से बनी हो। वह बहुत प्यासा था। फिर उसे ऊंट पर बैठा एक आदमी मिला, उसने उससे कहा—"क्या मुझे पानी मिल सकता है?"

"मैं तुम्हें एक टाई दूं?" उस आदमी नें कहा और अपने किनारे रखे एक पैकेट को खोलने लगा जिसमें सारी नेकटाई रखी थी। "आप कौन सी टाई पसंद करेंगे?" वह पूछता है।

"नहीं, नहीं, मुझे टाई नहीं चाहिए", प्यासा आदमी कहता है। "क्या आपके पास पानी है?"

"टाई के बारे में आपका क्या ख्याल है?"

"नहीं, मुझे टाई नहीं चाहिए", वह आदमी कहता है और वह रेंगता रहा। फिर वह पीछे मुड़कर देखता है और कहता है—"क्या आपको यकीन है कि आप मुझे नहीं बता सकते कि पानी कहाँ है?"

"ओह, हाँ, मैं आपको बता सकता हूँ कि पानी कहाँ है। यहां से बस लगभग आधा मील सीधे जाइये, आप एक हरियाली से भरी जगह में पहुंच जाओगे और वहाँ पानी है। खूब सारा पानी।"

तो आदमी अपने हाथों और घुटनों पर रेंगता हुआ अंत में उस खूबसूरत हरियाली से भरपूर स्थान पर पहुंचता है। वहां सुंदर पेड़-पौधे और फूल हैं और उस हरियाली के पीछे, वह झिलमिलाते पानी का एक गहरा तालाब देखता है। उस हरियाली वाले स्थान के रास्ते में एक बड़ा सा आदमी खड़ा है, इसलिए प्यासा आदमी रेंगकर उसके पास जाता है।

"क्या मैं यहां पानी पी सकता हूँ?" वह कहता है।

"हाँ हाँ, पर क्या तुमने टाई पहन रखी है?"

अगर हम सचेत होकर नहीं सोच रहे हैं तो हम यही कर रहे हैं—हम लोगों को उनकी जरूरतों को पूरा करने से पहले, उन्हे कठिन परिस्थितियों में डाल देते हैं। इसके बजाय, क्या होगा यदि हम लोगों के साथ वैसा ही व्यवहार करें जैसा हम अपने साथ चाहते हैं? क्या होगा यदि हम एक-दूसरे से मतभेदों के बजाय एक सामान्य उद्द्देश्य की तलाश करें? क्या होगा अगर हम सिर्फ दयालु रहें?

शब्द "दयालुता" का परिवार के सदस्यों के साथ एक संबंध है, जिसका अर्थ है—किसी का पारिवारिक संबंध। जब हम दयालुता के साथ सोचते और कार्य करते हैं तो हम अपने और उनके बीच की बाधाओं को मिटा देते हैं। हम मिलने वाले प्रत्येक व्यक्ति पर दया कर सकते हैं। इससे हम खोएंगे कुछ भी नहीं और सबकुछ बेहतर होगा। हम इसे सात अरब गुणा बढ़ा सकते हैं और कोई कुछ भी नहीं खोएगा और सबकुछ हासिल हो जाएगा।

जब हम दयालुता को बढ़ावा देते हैं तो हम उन लोगों का एक परिवार बनाते हैं जिनसे हम जुड़ते हैं। और तब हमारे पास एक दयालुता की भावना होती है—हमें लगता है कि हम एक हैं। लेकिन बाहरी तौर पर दयालुता बांटने के लिए जरूरी है कि सबसे पहले हम खुद के प्रति दयालु हों। दयालुता अपने आपसे शुरू होती है—हमारे अंदर के सर्वोत्तम मानवीय गुणों के साथ एक संबंध बनाती है—और यह वहीं से आगे बढ़ती है।

इम्पैथी लंबे समय से मनुष्य के अनुभव का हिस्सा रही है जिसका मतलब है—अपने आपको दूसरे व्यक्ति के स्थान पर रखना। लेकिन यह

शब्द केवल बीसवीं शताब्दी में प्रचलन में लाया गया था। अब इसकी कई परिभाषाएँ हैं लेकिन मैं केवल इम्पैथी की शक्ति को उसके सरल अर्थ में बताना चाहता हूँ—अपने आपको दूसरे व्यक्ति के स्थान पर रखना। हो सकता है कि आप वही अनुभव न कर पाएं और हो सकता है कि आप उनसे सहमत न हों लेकिन यह समझने की कोशिश करना महत्वपूर्ण है कि वह व्यक्ति क्या महसूस कर रहा है। हमेशा अपने से पूरी तरह से अलग देखने की तुलना में, अपने आसपास की दुनिया को समझने का यह एक बेहतर तरीका है। धर्म, रंग, राष्ट्रीयता या जो कुछ भी हो, इंसान को बांटने के बजाय आप बस वह महसूस करने की कोशिश करें जो वे महसूस कर रहे हैं। भूख, दर्द से दुःख तक, क्रोध से युद्ध तक आपको बस उन लोगों के साथ सहानुभूति रखने की कोशिश करनी है, जिनकी जरूरतें पूरी नहीं हो रही हैं। ऐसा करने के लिए यह याद रखना जरूरी है कि मनुष्य होने के मायने क्या हैं।

समाज को बदलने की शुरुआत, खुद से करें

दया अंदर से शुरू होती है इसलिए अगर हम दुनिया को एक बेहतर जगह बनाना चाहते हैं तो हमें सबसे पहले खुद को देखना चाहिए। मैं दुनिया भर में कई बार गया हूं और मुझे अभी तक एक आदर्श समाज देखने को नहीं मिला है। मैंने जो देखा है वह यह है कि पूरे समाज को बदलना कठिन है, इसमें समय लगता है। कभी हम आगे बढ़ते हैं तो कभी पीछे हट जाते हैं। यदि हम स्वयं से शुरुआत करें तो हम जो सोचते हैं और जिस तरह से कार्य करते हैं, उसे बदलने में सक्षम हो सकते हैं और फिर हम सबके साथ कार्य कर सकते हैं।

प्रत्येक ईंट की स्थिति, एक इमारत की ताकत को तय करती है। यदि एक ईंट टूट रही है तो यह अपने आसपास की ईंटों को कमज़ोर कर सकती है। यह प्रभाव आगे बढ़ता जाता है, जिससे साथ की प्रत्येक ईंट पर अधिक दबाव बनता जाता है। जब एक इमारत की सुरक्षा नापी जाती है तो प्रत्येक ईंट की मजबूती पर विचार किया जाना चाहिए। व्यक्ति और समाज के साथ भी ऐसा ही है। हमें प्रत्येक इकाई का ध्यान रखने की आवश्यकता है। और यह वास्तव में प्रत्येक व्यक्ति के साथ शुरू होता है। उसे जितना हो सके

खुद को उतना मजबूत बनाने की कोशिश करनी चाहिए।

एक घड़ी के बारे में सोचो। उसके अंदर बहुत से पुर्जे हैं। कुछ चलते हैं, कुछ नहीं लेकिन एक अच्छी घड़ी में वे सभी आवश्यक होंगे। बाहर से आप केवल एक घंटे की सुई, एक मिनट की सुई, एक सेकंड की सुई देखते हैं लेकिन अंदर एक पूरी छोटी सी दुनिया है। उस घंटे की सुई को सही जगह पर रखने के लिए सभी हिस्से जुड़ते हैं, वह मिनट की सुई भी और सेकंड की सुई भी। घड़ी बनाने वाले जानते हैं कि ऐसा सही ढंग से होने के लिए प्रतिदिन हर एक पार्ट को ठीक ढंग से काम करना होगा।

इसे देखने का एक और तरीका यहां है। आप स्क्रीन के सामने हैं और आप अंतरिक्ष से दुनिया की एक तस्वीर देखते हैं, फिर आप ज़ूम इन करना शुरू करते हैं। अब आप पहाड़ों की तस्वीर देख रहे हैं, फिर पहाड़ के किनारे एक जंगल पर, फिर पेड़ों की एक छोटी संख्या, फिर एक पेड़ पर पत्ते। और आप जूम इन करते रहते हैं। पत्तियों की तस्वीर जल्दी से रंग की बूँदों में बदल गई है और आप ज़ूम इन करते रहते हैं, करते रहते हैं, जबतक कि आप तीन समकोणों को नहीं देखते—एक लाल, एक हरा और एक नीला। आप एक पिक्सेल के स्तर पर पहुंच गए हैं। यही तो आप हमेशा से देख रहे हैं लेकिन वास्तव में आपने जो देखा वह एक पत्ता, एक पेड़, पहाड़ और एक पूरी दुनिया की तस्वीर थी।

हर इंसान एक पिक्सेल की तरह होता है और हम मिलकर एक समुदाय बनाते हैं, फिर एक समाज और फिर एक वैश्विक आबादी। अगर समाज की बड़ी तस्वीर गलत दिखती है तो हमें यह पूछने की जरूरत है कि पिक्सल में क्या गलत है—वे सही तरीके से क्यों नहीं रोशन हो रहे हैं? और मेरा क्या; क्या मैं अपने समुदाय, समाज और दुनिया की एक अच्छी तस्वीर बनाने में मदद कर रहा हूँ? क्या मैं सही तरीके से रोशनी कर रहा हूँ? क्या होता है जब हम अपने अंदर ध्यान से देखते हैं?

एक घड़ी को रोकने के लिए, एक इमारत को कमजोर करने के लिए, एक साफ तस्वीर को खराब करने के लिए, समाज को तोड़ने के लिए बस एक टूटे हुए हिस्से की जरूरत होती है। और यही कारण है कि हम पहले अपने आपको जानें और ये कभी भी स्वार्थी होना नहीं होता है। एक पूरी दुनिया को रोशन करने के लिए आप एक जलती हुई मोमबत्ती से शुरुआत करते हैं।

हम एक ही जगह से हैं

एक प्रकार से देखा जाए तो "सर्वव्यापी" व "मैं" दोनों में विरोधाभास है। परन्तु क्या "मैं" हर चीज़ से अलग नहीं हूं? क्या मैं विशिष्ट नहीं हूँ? क्या आप विशिष्ट नहीं हैं?

हां—जबतक हम जीवित हैं, हममें से प्रत्येक के बारे में कुछ खास बात है लेकिन हमारी मूलभूत जरूरतें एक ही हैं, जिसमें हमारे हृदय में शांति की जरूरत भी शामिल है। आंतरिक शांति, शक्तिशाली-कमजोर, अमीर-गरीब या केवल एक जाति के लिए नहीं है। शांति सबके लिए है और सबके अंदर है।

हमारा दिमाग़ अपने आसपास की दुनिया को आकार देने की कोशिश में, लगातार काम करता है लेकिन हमारा अस्तित्व बहुत ही सरल है। सोचिए जब हम सोये हुए हों तो अमीर-गरीब, शिक्षित-अशिक्षित, अच्छे-बुरे में क्या अन्तर है? नींद में हमारी धारणाएं और मतभेद दूर हो जाते हैं और हम बस श्वास लेते हैं।

हम मूलभूत जरूरतों का एक समूह और इस ग्रह को साझा करते हैं लेकिन हम इसके अलावा भी कुछ बड़ा साझा करते हैं—हमारा निरंतर विस्तार करने वाला ब्रह्मांड। जब हम अंतरिक्ष की विशालता की कल्पना करते हैं तो मानचित्र पर एक रेखा बहुत महत्वहीन लगती है। यही हमारे घर का असली स्वरूप है। यहाँ फ्रांसीसी दार्शनिक सीमोन वे ने इस विषय पर कुछ कहा है—

> *"हमें स्वयं को अनंत के साथ ही पहचानना चाहिए। जो कुछ भी अनंत से कम है, वह दुःख के अधीन है।"*

वह दिव्य-शक्ति उस समय से हमारे अंदर है, जब से हम पैदा हुए हैं और यह सभी चीजों के बीच संबंध की एक अदृश्य डोरी है। हम अलग भी हैं और एक भी हैं।

अलग-अलग सिद्धान्त हमें अलग कर सकते हैं लेकिन हमारे अंदर की दिव्य-शक्ति हमें एक करती है। हर कोई इस कड़ी को नहीं देखता है, जो एक व्यक्ति से दूसरे व्यक्ति, मित्र से मित्र, अजनबी से अजनबी को जोड़ती है। फिर भी यह किसी भी समय दिखाई दे सकती है, जैसे

कि तूफान के बाद सूरज फिर से निकल आता है। संत कबीर ने हमारी
सर्वव्यापी प्रकृति को इन शब्दों में व्यक्त किया है—

> बूंद समायी समुद्र में, ये जाने सब कोय।
> समुद्र समाया बूंद में, बूझे बिरला कोय।।

वह विरोधाभास फिर से है—बूंद में सागर! एक पल के लिए, कबीरदास
जी के साथ चलते हैं और मानव-जाति की पानी के रूप में कल्पना करते
हैं, समुद्र के साथ चलते हुए। फिर देखें कि प्रत्येक बूंद सागर की लहरों
से उठाई जाती है, बादलों द्वारा ले जाई जाती है और अपने सफर के
शुरुआत की ओर वापस आने से पहले अलग-अलग जगहों पर गिरती
है—पहाड़ियों, मैदानों, कस्बों पर। रास्ते में, बूंदें एक-साथ जुड़ कर धाराएँ
बन जाती हैं और धीरे-धीरे शक्तिशाली नदियां बन जाती हैं। मिसिसिपी,
अमेजन, गंगा, टेम्स और बाकी सभी, समुद्र बनाने के लिए जुड़ती हैं और
फिर सभी समुद्र एकसाथ मिलकर—एक विशाल महासागर बन जाते हैं
जो पृथ्वी पर फैलते हैं। क्या यह यात्रा का अंत है? नहीं, यह फिर से शुरू
होता है। लहरों से पानी की बूंदें खींची जाती हैं और इसी तरह चलता रहता
है। और इसी तरह हमारी यात्रा चलती है। हम बूंद और सागर दोनों हैं।

पृथ्वी अरबों वर्षों से अपने पानी को दोहरा रही है। पानी की निरंतर
शुरुआत और अंत, कभी न खत्म होने वाले परमात्मा के अल्फा और
ओमेगा की तरह है, ये प्रक्रिया कभी रुकती नहीं है। वैसे, मैं पुनर्जन्म का
मामला नहीं बना रहा हूँ! मैं कह रहा हूं कि दिव्य-शक्ति हमसे पहले थी,
जीवन भर हमें चेतन करने में व्यस्त है और हमारे बाद भी रहेगी।

हाल ही में, किसी ने मुझसे पूछा, "कैसा चल रहा है?" और मैंने
उत्तर दिया "ठीक है! चल रहा है।" जो जाने की प्रकृति का समर्थन करता
है, वह जाने में व्यस्त है और जो आने की प्रकृति का समर्थन करता है,
वह आने में व्यस्त है। जो कुछ आता है वह एक दिन चला जाता है लेकिन
उस दिव्य-शक्ति का स्वभाव है—हमेशा उपस्थित रहना। यह एकमात्र
स्थिर है। मुझे नहीं लगता कि वे उस जवाब की उम्मीद कर रहे थे।

हमारा मानव स्वरूप, जीवन के उस निरंतर बहने वाले चक्र की
एक गुजरती हुई अभिव्यक्ति है। अंत में, हम सब एक-दूसरे के साथ,
ब्रह्मांड के साथ और उस दिव्य-शक्ति के साथ हैं। यह दिव्य-शक्ति सब
जगह विद्यमान है।

अध्याय 12

अभ्यास, अभ्यास, अभ्यास

सोचिए कि जीवन एक किताब है। जब हम पैदा होते हैं तो ये किताब खुलती है। अंदर हम प्रस्तावना और आभार पाते हैं—जैसे हमारा शुरुआती बचपन! हम इस भाग के लिए अधिक श्रेय का दावा नहीं कर सकते हैं। लेकिन जल्दी ही कहानी तेजी से आगे बढ़ने लगती है। जैसे-जैसे प्रत्येक नया पन्ना खुलता है, हमारे पास अपने अस्तित्व के कोरे पन्ने पर हर दिन नई स्याही से अपने लिए कुछ लिखने का अवसर होता है।

यदि आप भाग्यशाली हैं तो आपकी पुस्तक में कई पन्ने होंगे, आपकी कहानी रोमांच और अनुभवों से भरपूर होगी। सभी कहानियों की तरह रास्ते में कुछ कठिन पल भी आएंगे। फिर एक दिन, एक पन्ने को छोड़कर सभी पन्ने लिखे जा चुके होंगे और उस अंतिम पन्ने पर एक शब्द दिखाई देगा—"अंत!"

आप अपनी किताब में क्या लिख रहे हैं? क्या इसका कोई मतलब निकलता है? क्या यह आपका ध्यान खींचता है? क्या यह आपको प्रेरित करता है? क्या यह वही कहानी है जिसे आप कहना चाहते हैं?

प्राचीन भारतीय इतिहास के अनुसार, जब ऋषि वेदव्यास महाभारत की रचना करना चाहते थे तो उन्हें अपनी कथा को समझकर लिखने के लिए, किसी ऐसे व्यक्ति की आवश्यकता थी जो बहुत ही पारंगत हो। उन्हें एक लेखक की आवश्यकता थी। इसके लिए वे ज्ञान के भंडार गणेश जी के पास गए। गणेश जी ने कहा कि वे लिखते रहेंगे जबतक उनकी कलम न रुके। गणेश जी, वास्तव में वेदव्यास से कह रहे थे, "मैं चाहता हूं कि आप अपने दिल से कहें और इस पर अधिक विचार न करें।" बदले में, वेदव्यास जी ने गणेश जी से कहा, "वे केवल वही लिखें जो उनकी

समझ में आए।" आप अपने जीवन की कहानी में जो कुछ भी लिखते हैं, वह भी आपकी समझ में आना चाहिए। आप जो लिख रहे हैं, वह कहानी आपकी है या किसी और की? क्या इसमें स्पष्टता और उद्देश्य है? क्या इसका आपके लिए कोई अर्थ है?

प्रत्येक दिन, हमारे लिए खुद को व्यक्त करने का एक नया अवसर लेकर आता है—एक नया खाली पन्ना जो भरे जाने की प्रतीक्षा में है। आत्मज्ञान हमें कुछ यादगार, कुछ आनंदमय, कुछ सच लिखने में मदद कर सकता है कि हम वास्तव में कौन हैं। वह सबकुछ जिसका कुछ मतलब हो। अपनी जिंदगी की कहानी केवल मैं लिख सकता हूं और अपनी जिंदगी की कहानी केवल आप खुद लिख सकते हैं। हर दिन हमें अपनी कलम लेनी चाहिए और जो हमारे हृदय में है, उसे लिखते रहना चाहिए। इसे जारी रहने दीजिए।

मुझे पता है कि ऐसा करना हमेशा आसान नहीं होता है। मैं समझता हूं कि अशांत और असंतुष्ट महसूस करने से लेकर आंतरिक शांति और एक पूर्ण जीवन का अनुभव करने तक का सफर, हमेशा सरल नहीं होता है। कभी-कभी हम महसूस कर सकते हैं कि हमारी कहानी शोर की दुनिया में डूब रही है। कई मौकों पर मुझे यह सब मुश्किल भी लगता है। इसके लिए अभ्यास की आवश्यकता होती है। अगर हम अपनी नाव को नदी में ले जाना चाहते हैं तो हम केवल एक या दो बार ही चप्पू नहीं चलाते।

इस अध्याय में मैं आंतरिक शांति के मार्ग में आने वाली चुनौतियों के बारे में कुछ और बातें करने जा रहा हूं, जो हमारी मदद कर सकती हैं। मैं फिर से कहूंगा कि यह सब हमारे जीवन में इतना महत्वपूर्ण क्यों हैं। और साथ ही, मैं इस बारे में बात करने जा रहा हूं कि कैसे हम सभी धूल से छुट्टी पर हैं। हाँ, धूल! हमेशा की तरह आपको यह बताने के बजाय कि क्या सोचना है, मैं उम्मीद कर रहा हूं कि जो शब्द आगे आयेंगे, वे ऐसे और तरीके प्रदान करें जिन्हें हम समझ सकें और अपने से थोड़ा और जुड़ सकें।

हम कहाँ जा रहे हैं

यदि आपने मेरे साथ परिचय से आगे यहां तक की यात्रा की है तो हमने एकसाथ बहुत सारी दूरी तय की है। हमने पता लगाया है कि कैसे

आधुनिक जीवन की व्यस्तता, हमारे चारों ओर शोर पैदा करती है लेकिन यह हमारे कानों के बीच का शोर है, जो हमारे जीने के तरीके को सबसे ज्यादा प्रभावित करता है। हमने इस बात पर विचार किया है कि जीवन कितना कीमती है और अपने भीतर की शांति से जुड़कर, हम अपने जीवन के अनुभव को बदल सकते हैं। हमने जानने और विश्वास करने के बीच के अंतर को देखा है और वह बात जो तब समझ में आती है, जब आप बाहरी दुनिया से अपनी ज़रूरतों को पूरा करने की अपेक्षा स्वयं से शुरुआत करते हैं। हमने देखा है कि कृतज्ञता के माध्यम से हमारा जीवन कैसे खिल सकता है और कैसे आंतरिक शांति हमें कठिन समय और भीतर की लड़ाइयों से निपटने में मदद कर सकती है। हमने प्रेम के गीत सुने हैं, पृथ्वी पर मिलने वाले स्वर्ग का जश्न मनाया है और अपने व्यापक संबंधों को महसूस किया है।

इस पूरी किताब में, मैंने यह संदेश दोहराया है कि शांति हमेशा हमारे अंदर है, उसे जाना जा सकता है और मैंने इसी अच्छे उद्देश्य से इस पुस्तक की रचना की है। इस समझ की सरलता महत्वपूर्ण है, फिर भी आंतरिक शांति की स्पष्टता से अलग करते हुए, हमारा अशांत मन इसे उलझा सकता है और जटिल बना सकता है। हर दिन कई बदलने वाली चीजें होती हैं जो हमारे ध्यान को आकर्षित करती हैं—एक पल वे हमें खुश करती हैं तो अगले क्षण समस्याएं लाती हैं—लेकिन आंतरिक शांति नहीं बदलने वाली चीज है। हमारे बाहर जो कुछ भी घटित हो रहा है, यह जीवन उसके बारे में भी हो सकता है लेकिन व्यक्तिगत शांति बाहरी दुनिया के बारे में बिल्कुल नहीं है। हम जो भी हैं, जहां भी रहते हैं, जो कुछ भी हमने किया है, जितने भी बदलाव हममें हुए हैं, शांति हमारे भीतर स्थाई रूप से है और आत्मज्ञान के माध्यम से, हमारे लिए उपलब्ध है।

स्वयं के बारे में ज्ञान प्राप्त करना, खोज करने की ऐसी प्रक्रिया है, जो यह बताती है कि हम कौन हैं। जब हम सचेत होकर नहीं जीते हैं, जब हम अपने अंदर स्थित अस्तित्व को छिपे रहने देते हैं तो दांव पर क्या लगा होता है? तो हम अपने पास मौजूद सबसे मूल्यवान चीज को छोड़ देते हैं, जीवन का अपना अनुभव ही छोड़ देते हैं। उस समय हम हर तरह के मानसिक और भावनात्मक दर्द को भी झेल सकते हैं। और हमारा दर्द हमारे आसपास के लोगों और हमारे चाहने वालों को भी प्रभावित कर सकता है।

इसके विपरीत आत्मज्ञान हमें उस चीज से जोड़ता है, जो हमारे अंदर की अच्छी चीजें हैं। शांति क्या है! वह हमारे अंदर की स्पष्टता है। शांति क्या है! वह हमारे अंदर की समझ है। शांति क्या है! वह हमारे अंदर का सुकून है। शांति क्या है! वह हमारे अंदर की दया है। शांति क्या है! वह हमारे अंदर की नम्रता है। शांति क्या है! वह हमारे अंदर का प्रकाश है। शांति क्या है! वह हमारे अंदर का आनंद है। शांति क्या है! वह हमारे अंदर की कृतज्ञता है। शांति क्या है! वह हमारे अंदर की सुंदरता है। शांति हमारे भीतर इस श्वास का आना और जाना है। शांति क्या है! वह हमारे अंदर की परमसत्ता है। शांति ये सब और बहुत कुछ है। शांति जो सबकुछ अच्छा है उसे एक तृप्त हृदय के रूप में अनुभव प्रदान करती है, जो वास्तव में हम हैं।

शांति स्वीकार करने के लिए हिम्मत चाहिए

अपने जीवन में आत्मज्ञान को प्राप्त करना कुछ चुनौतियां ला सकता है। हो सकता है कि यह कुछ लोगों को अपनी सामाजिक या व्यावसायिक स्थिति के विरुद्ध लगे। परिवार, दोस्त और सहकर्मी आपके प्रति संदिग्ध और नकारने वाले हो सकते हैं। हम अपने आपको उन लोगों से घिरा हुआ पाते हैं जो मानते हैं कि आंतरिक दुनिया में कुछ भी नहीं है और वे अक्सर हमारे साथ अपनी उस राय को सही साबित करने के लिए तैयार रहते हैं।

लोगों के दिमाग़ में कभी-कभी एक शक्तिशाली आवाज़ होती है, जो उन्हें अपने भीतर न देखने के लिए कहती है और अक्सर यह उन विचारों का शोर होता है जो उन्हें दूसरों से विरासत में मिले हैं। हृदय कहता है—"कृपया, कृपया, कृपया! मेरी तरफ देखें, मेरी सराहना करें, मेरा आनंद लें!" और मन कहता है—"नहीं, नहीं, नहीं!" फिर जो अपना निजी विचार है, वह बंट जाता है।

दुनिया के साथ बातचीत व चर्चा से हमें बहुत खुशी और प्रगति मिल सकती है लेकिन जो हम हैं, यह केवल उसका एक हिस्सा है। कोई यह कहे कि "दो दुनिया है—एक बाहरी और एक आंतरिक और वे दोनों मेरे लिए मायने रखती हैं", यह कहने के लिए बड़े साहस की आवश्यकता है। यह कहने के लिए एक साहसी व्यक्ति की आवश्यकता होती है कि

"मेरा मन और मेरा हृदय एक-दूसरे के साथ शांति से रह सकते हैं।"

लोग कभी-कभी सोचते हैं कि अगर वे आंतरिक शांति और तृप्ति का अनुभव करना चाहते हैं तो उन्हें मठ या उस जैसी किसी मन पसन्द जगह में शरण लेनी होगी। उन्हें लगता है कि उस दूर वाली जगह में एक विशाल ऊर्जा का स्त्रोत होगा जिसके पास होने पर ही उन्हें समझ और संतोष की रोशनी मिल सकती है। शायद उन्हें लगता है कि अगर वे उस ऊर्जा के स्त्रोत से दूर भटक जायें तो वे खुद को फिर अंधेरे में पाएंगे। मैं इसे अलग तरह से देखता हूं। एक इंसान के रूप में आपकी शांति, स्पष्टता और अच्छाई आपके हृदय से आती है। आपके पास एक आंतरिक ऊर्जा का स्त्रोत है, आपके पास प्रकाश का एक आंतरिक स्त्रोत है, शांति की एक आंतरिक सुरक्षित शरण-स्थली है और आप जहां भी जाते हैं, ये सब अपने साथ ले जाते हैं।

मैं कभी-कभी सहारा रेगिस्तान के ऊपर से उड़ता हूं और इनमें से एक यात्रा के दौरान, यह उदाहरण मेरे दिमाग़ में आया। कल्पना कीजिए कि आपको एक रेगिस्तान की यात्रा करनी है और आप पानी की एक बड़ी बोतल, कुछ भोजन और छाया के लिए एक छाता लेकर आए हैं—जो आपकी यात्रा के लिए पर्याप्त सामग्री है। आपके चारों ओर रेत का एक विशाल क्षेत्र है। रेगिस्तान के बीच में प्रायः आने वाला हरा-भरा क्षेत्र कहीं भी नहीं है। यह इलाका बहुत गरम और शुष्क है। अब इस बात को अपने जीवन की यात्रा के रूप में लें। अपने भीतर व्यक्तिगत शांति रखना—पानी, भोजन और छाया जैसी आवश्यक चीजों को हर कदम पर अपने साथ ले जाने जैसा है। बहुत से लोग अपने जीवन में खाली हाथ यात्रा करते हैं और रेगिस्तान को अपनी जरूरत के अनुसार बदलने की कोशिश करते हैं। लेकिन क्या आपने कभी गरम रेत को ठंडे पानी में बदलने की कोशिश की है? वास्तविकता देखने में सरल लगती है लेकिन इसे बदलना कठिन है।

ज़रा सोचिए कि आपको कितनी प्यास लगी होती, अगर आप बिना पानी के रेगिस्तान में जाते। सच में उस प्यास को महसूस करो। मैं थोड़ी देर में इस विषय पर फिर वापस आऊंगा।

मैं आपकी कैसे मदद कर सकता हूँ?

लोग अक्सर मुझसे पूछते हैं—"अगर मैं यह करूं और यह करूं तो क्या मुझे शांति मिलेगी?" वे सोच रहे हैं कि उन्हें कुछ करके इसे बनाने की आवश्यकता है लेकिन उन्हें वास्तव में केवल अपने अंदर जो पहले से ही मौजूद है, उसके प्रति अपने आपको खोलना है। शांति के उस स्थान से जुड़ने और इसके प्रति कृतज्ञता महसूस करने को जानना—इसे 'आत्मज्ञान' कहते हैं। यह कुछ ऐसा है जिसे हम सभी सीख सकते हैं। सीखना क्या है? यह जीवन के उपहार को एक नए तरीके से अनुभव करना है।

कुछ लोग अकेले 'आत्मज्ञान' की यात्रा करना चाहते हैं, कुछ लोगों को मार्गदर्शन से लाभ होता है। इस दुनिया में बहुत से गुरु और वक्ता हैं; अगर आपको समय-समय पर थोड़ा मार्गदर्शन चाहिए तो उस व्यक्ति या उन लोगों को खोजें, जो आपको अपने लिए सही लगते हैं। आपके साथ कोई ऐसा व्यक्ति होना—जो वास्तव में स्वयं को समझता है, आश्वस्त करने वाला हो सकता है। वह अंधेरे में रास्ता दिखा सकता है। मैं अपनी भूमिका इसी रूप में देखता हूं।

मुझे यहां लोगों को यह नहीं बताना है कि उन्हें क्या होना चाहिए या क्या नहीं होना चाहिए। मैं यहां यह याद दिलाने के लिए हूं कि हम पर इस जीवन के चमत्कार की कृपा हुई है और मैं आंतरिक शांति की ओर जाने में आपकी मदद कर सकता हूं। केवल आप ही तय कर सकते हैं कि आप उस दिशा में जाना चाहते हैं या नहीं। केवल आप ही तय कर सकते हैं कि यह वह मार्ग है, जिसे आप वहां पहुंचने के लिए अपनाना चाहते हैं।

क्या आप कभी भारतीय शास्त्रीय संगीत सुनते हैं? यह पश्चिम के शास्त्रीय संगीत से काफी अलग है। इसमें सितार, तबला, मंजीरा और बांसुरी जैसे वाद्ययंत्र होते हैं। लेकिन एक और महत्वपूर्ण उपकरण है, जिसके बारे में ज्यादा बात नहीं की जाती है, इसे तानपूरा कहा जाता है। इसमें एक लंबी गर्दन होती है जिसमें एक तार लगा होता है। वादक लगातार इस तार को छेड़ेगा। जो व्यक्ति इसे बजाता है, वह अक्सर पृष्ठभूमि में होता है। वास्तव में, कभी-कभी तानपूरा वाले को माइक्रोफोन भी नहीं दिया जाता है। जबकि अन्य वादक राग या मधुर संगीत बजाते

हैं, तानपूरा निरंतर एक लयबद्ध ध्वनि निकालता है। अन्य सभी वाद्ययंत्र तानपूरा की ध्वनि से संबंध बनाये रखकर जो उन्हें बजाना है बजाते हैं, यह उन्हें सही सुर में रखता है। तानपूरा एक सूक्ष्म लय भी निर्धारित करता है—एक गति जो संगीत की धारा को बनाये रखता है, जिससे अन्य वाद्य यंत्र एक सुर व ताल में बने रहते हैं।

मैं तानपूरा की भूमिका का वर्णन क्यों कर रहा हूं? क्योंकि मुझे लगता है कि यह मेरे जैसा ही है। एक अच्छा शिक्षक, आपके लिए आपका गीत गाने की कोशिश नहीं करता है या आपके लिए अपना वाद्ययंत्र नहीं बजाता है या आपके जीवन की लय तय नहीं करता है। आप अपना राग बजाते हैं, आप अपनी लय खुद सेट करते हैं। मैं यहां सिर्फ आपको सही लय में रहने और जीवन के संगीत की आंतरिक गति को महसूस करने में आपकी मदद करने के लिए हूं। मैं खुद को सुनने में आपकी मदद कर सकता हूं।

मेरे पिता जी, श्री हंस जी महाराज ने एक बार एक अद्भुत उदाहरण के माध्यम से आत्मज्ञान के शिक्षक की भूमिका को व्यक्त किया। वे गुरु के बारे में बात करते हैं जिसे लोग अक्सर अपना सद्गुरु कहते हैं, खासकर भारत में। यहाँ उन्होंने क्या कहा?

वे कहते हैं—"ज्ञान चन्दन के वृक्ष के समान है और गुरु वायु के समान। पूरा चंदन का पेड़ सुगंध से भरा रहता है लेकिन अगर वह अपनी सुगंध को दूर करना भी चाहे तो नहीं कर सकता। फिर भी, जब हवा चलती है तो वह सुगंध को पूरे जंगल में ले जाती है। फलस्वरूप, अन्य वृक्ष चंदन के वृक्ष के समान सुगंधित हो जाते हैं। ऐसे ही ज्ञान से सारा संसार महक सकता है।"

महसूस करना सीखना

मैंने सचमुच अपने पिता जी के सानिध्य में रहकर आत्मज्ञान के बारे में सीखा। जब मैं बच्चा था, मैं मंच पर बैठता था। जब वे बोलते थे तो मैं सुनता था कि वे क्या कह रहे हैं और लोग क्या प्रश्न पूछ रहे हैं। इस तरह मुझे समझ में आया कि हम शांति का अनुभव करने के लिए हर जरूरी

चीज के साथ पैदा हुए हैं लेकिन रोजमर्रा की जिंदगी की व्यस्तता उन शक्तियों को हमारे भीतर धुंधला कर सकती है। अपनी आंतरिक स्पष्टता को पाकर हम जो नहीं हैं, उसे छोड़ना शुरू कर सकते हैं और स्पष्ट रूप से देख सकते हैं कि हम क्या हैं। हमें अपने जीवन में जिस चीज की आवश्यकता नहीं है, यह उसे छोड़ने देती है। आइए पुरानी उम्मीदों, आशंकाओं, भय, पूर्वाग्रहों और नियमों को छोड़ने से शुरू करें।

वर्षों से, मैंने सीखा है कि समझ किसी में डाली नहीं जा सकती, हमें इसे अपने लिए स्वयं स्वीकार करना चाहिए। इसके लिए हमें तैयार रहना होगा। यदि आपके पास एक खाली पानी का गिलास और पानी की बोतल है तो आपको बोतल को गिलास के ऊपर इस तरह रखना चाहिए कि पानी बोतल से गिलास में नीचे डाला जा सके। पानी खाली गिलास में ऊपर की ओर नहीं डाला जा सकता। ज्ञान खुले हृदय से एक संकुचित मन में प्रवाहित नहीं हो सकता।

अक्सर लोग, आत्मज्ञान के बारे में सबकुछ अपने मन से पूछना चाहते हैं। वास्तव में यह कैसे काम करता है? मैं कैसे जान सकता हूं कि यह मेरे लिए काम कर रहा है? प्रमाण क्या है? हमारे जीवन के अन्य पहलुओं में इस तरह के बौद्धिक प्रश्न सहायक हो सकते हैं लेकिन आप वास्तव में अपने बारे में अनुभव के माध्यम से ही सीख सकते हैं, सिद्धांत से नहीं। आपको क्या सही लगता है? आपके अंदर क्या गूंज रहा है? इसका प्रमाण यह है कि आप इसे कैसे अनुभव करते हैं। अक्सर हमारा मन नियंत्रण छोड़ना नहीं चाहता लेकिन यह हमारा मन ही है जो हमें गहराई से यह महसूस करने में, कि हम वास्तव में कौन हैं, एक बाधा है। कभी-कभी हमें सोचना छोड़ देना चाहिए—विश्वास करने का समय होता है और जानने का भी समय होता है।

मैं आपको उस समय के बारे में बताना चाहता हूं, जब मैंने विश्वास करने और जानने के बीच में अंतर का अनुभव किया। वर्षों पहले, मैं स्की करना सीख रहा था और मुझे यह कठिन लगा। मैं लोगों को यहां तक कि छोटे बच्चों को—पूरे पहाड़ पर सीटी बजाते हुए देखता था। वे अद्भुत लग रहे थे, तेजी से आगे बढ़ रहे थे, फिर भी वे जाते-जाते सुंदर बर्फ की पगडंडियां बना रहे थे। स्विट्ज़रलैंड के एक प्रशिक्षक ने मुझे सिखाने की पेशकश की। मैंने अपनी स्की पहनी और पहली बात उसने

कही "इस तरह चलो।"

"यह वैसा नहीं है, जैसा वे कर रहे हैं!" मैंने कहा। "मैं वही करना चाहता हूं जो वे कर रहे हैं। क्या आप मुझे कुछ अलग सिखा रहे हैं?"

"इसको इसी तरह शुरू करते हैं", उन्होंने कहा।

मैंने कुछ देर तक विरोध किया और फिर मैंने अपने आपसे कहा— "ठीक है, उसे सिखाने दो। अगर यह समझ में आने लगे तो जारी रखें। यदि नहीं तो फिर से सोचेंगे।"

शुरू में अगर मैं बाएं जाने की कोशिश करता था तो मैं दाएं जा रहा था। अगर मैं रुकना चाहता था तो कभी-कभी तेज हो जाता था। जब आप सीख रहे हों तो स्कीइंग उल्टा महसूस हो सकती है। आगे झुकना आपको स्थिरता देता है लेकिन थोड़ी देर आपका दिमाग़ चिल्लाता रहता है—"पीछे झुक जाओ!" इसी तरह, बाहर झुकना आपको मुड़ने में मदद करता है, लेकिन अक्सर अंदर की तरफ झुकना, स्वाभाविक लगता है। और आप अपनी स्की का अगला हिस्सा देखते रहते हैं बजाय इसके कि आप कहाँ जा रहे हैं!

मैंने देखा कि प्रशिक्षक मुझसे पूछता रहता है—"आपको क्या महसूस होता है? कैसा महसूस होता है? क्या आप इसे महसूस कर सकते हैं?"

सच कहूं तो कई बार जो मैंने महसूस किया, वह मेरे नियंत्रण से बाहर था। मैं उलझन में था कि मुझे क्या करना चाहिए था। लेकिन मैं चलता रहा। क्योंकि जब आप सीख रहे होते हैं तो आपको अनिश्चितता को स्वीकार करने और उसी में आगे बढ़ने की जरूरत होती है। और फिर मुझे यह महसूस होने लगा। मैंने यह सोचना बंद कर दिया कि कैसे मुड़ें और मैंने स्वयं को शिक्षक द्वारा बताए गए कार्यों को करने दिया। जितना अधिक मैंने नए अनुभवों पर भरोसा किया, मैं उतना ही बेहतर होता गया।

आत्मज्ञान प्राप्त करना, इसी के समान है। अनिश्चितता से कैसे शुरू करें और कैसे आगे बढ़ें, यह समझने के लिए लोगों को अक्सर थोड़ी मदद की ज़रूरत होती है।

ज्ञान की क्रियाएं

शांति सभी के लिए संभव है। लोगों को व्यक्तिगत शांति के लिए उनकी आंतरिक क्षमता का पता लगाने में मदद करने के लिए, मैं एक मुफ्त शैक्षिक कार्यक्रम उपलब्ध करवाता हूं, जिसे संक्षेप में पीक-पीस एजुकेशन एंड नॉलेज कहते हैं। आप मेरी वेबसाइट www.premrawat.com पर पीक तक पहुंचने का तरीका जान सकते हैं। यह आपको उन क्षमताओं को महसूस करने में मदद करता है जो आपके अंदर हैं और इसमें उन कई विषयों को शामिल किया गया है जिनके बारे में आप इस पुस्तक व अन्य संसाधनों के द्वारा पहले से ही परिचित हैं। कृपया बेझिझक उन नि:शुल्क संसाधनों का उपयोग करें और यदि कोई प्रश्न हो तो मुझे भेजें।

यदि यह पुस्तक और पीक कार्यक्रम आपको अच्छा लगता है तो आत्मज्ञान की कुछ व्यावहारिक, शक्तिशाली विधियों को आप सीख सकते हैं। इनसे आपको अपनी आंतरिक शक्तियों का अनुभव करने और अपना ध्यान बाहर से अंदर की ओर ले जाने में मदद मिलेगी। यही वे विधियां हैं जो मेरे पिता जी ने जब मैं छह साल का था, मुझे उस दिन देहरादून में सिखाई थीं, जैसा कि मैंने इस पुस्तक के परिचय में बताया है। मेरे अनुभव में इन विधियों को एक व्यक्ति से दूसरे व्यक्ति तक सबसे अच्छी तरह से स्थानांतरित किया जाता है। वे विधियां अनमोल हैं, जिन्हें किसी ऐसे व्यक्ति से सीखना चाहिए जो उन्हें वास्तव में समझता हो। वैसे, यदि आपने पिछले ग्यारह अध्याय पढ़े हैं और उन्होंने आपके दिल को छुआ है तो आप पहले से ही ज्ञान की अच्छी समझ की ओर बढ़ रहे हैं।

वह कुंजी जो चेतना की गहराइयों के दरवाजे खोलती है वह है— आपकी आत्मज्ञान की प्यास। यही वह प्यास है जिसका मैंने पहले उल्लेख किया था। जबतक आपको ऐसी प्यास न लगे पीक और कोई अन्य तरीका लाभदायक साबित नहीं हो सकता है। यदि आप वास्तव में अपने आपको जानना चाहते हैं तो पीक—पीस एजुकेशन एंड नॉलेज पूरी तरह से समझ में आएगा। यह एक भाषा सीखने जैसा है। आपके पास वह जिज्ञासा और शुरुआती लगन होनी चाहिए, फिर अभ्यास करने के दृढ़-संकल्प के साथ आगे बढ़ें। ज्ञान स्वयं की भाषा है।

अपेक्षा से अनुभव तक

इस पुस्तक में, मैंने अपने जीवन में अपेक्षाओं की समस्या के बारे में बात की है। आत्मज्ञान और शांति प्राप्त करने से भी प्रायः बड़ी अपेक्षाएं जुड़ी होती हैं। "जब मुझे शांति मिलती है तो इसे ऐसा ही महसूस होना चाहिए। जब आपके पास शांति हो तो आपको इस तरह से कार्य करना चाहिए।" ऐसी ही होती हैं उम्मीदें। मैं एक अलग दृष्टिकोण का सुझाव देता हूं—अपनी प्यास को महसूस करें, आत्मज्ञान को खोजें और आगे जो कुछ भी होता है उसे स्वाभाविक रूप से प्रकट होने दें। आंतरिक शांति के बारे में हमारे पास जो भी निश्चित विचार हों उन्हें त्यागना बेहतर है, अन्यथा हमारी अपेक्षाएं हमारे अनुभव के रास्ते में आ जाएंगी।

कुछ समय पहले, मैं वक्ता के रूप में श्रीलंका में था और इस कार्यक्रम के समारोह की उद्घोषिका ने मुझे मंच के पीछे अपना परिचय दिया "आपसे मिलकर अच्छा लगा लेकिन मैं एक ऐसे व्यक्ति की उम्मीद कर रही थी जो कालीन से एक फुट ऊपर तैर रहा हो!" उसने, आंतरिक शांति से जुड़ा कोई व्यक्ति कैसा दिखता है, इसके बारे में एक धारणा बना रखी थी। खैर, मैं ऐसा नहीं हूं। क्या मुझे हर समय शांति मिलती है? नहीं! क्या मुझे कभी-कभी समस्या होती है? हां! क्या मेरे पास मेरे अंदर की दुनिया के अद्भुत अनुभव हैं? बिल्कुल! क्या मैं कभी कालीन से एक फुट ऊपर तैरा हूं? अभी तक तो नहीं!

एक बार, मैं उन लोगों से मिल रहा था जो आत्मज्ञान के मार्ग पर चल रहे थे। प्रश्न-उत्तर सत्र के दौरान, एक महिला ने अपना हाथ उठाया और कहा—"अब मैं ज्ञान की तकनीकों को जानती हूं लेकिन मुझे कुछ भी अनुभव नहीं होता है।" इस पर सभी के कान खड़े हो गए। मैंने उत्तर दिया—"ठीक है, अगर कुछ नहीं हो रहा है तो अभ्यास न करें।" और फिर उसने कहा—"अरे नहीं, नहीं, नहीं! मैं अभ्यास करना बंद नहीं चाहती, क्योंकि मुझे बहुत शांति और बहुत खुशी महसूस होती है। यह वास्तव में, वास्तव में सुंदर है।" समस्या यह थी कि वह सोचती रही कि उसे कैसा महसूस होना चाहिए बजाय इसके कि वह सरल रूप से उसे महसूस करती है। अपेक्षाएं!

किसी ने एक बार कहा था—"उड़ने के लिए हमें पंखों की जरूरत

नहीं होती; हमें केवल उन जंजीरों को काटने की जरूरत है जो हमें बांधती हैं।" अगर हम उम्मीद की जंजीरों को काटते हैं तो हम अपने आपको तलाशने, अनुभव करने और समझने के लिए स्वतंत्र हैं। क्योंकि यह उस कृतज्ञता में है जो जानने से शुरू होती है। हमारे द्वारा उसका अभ्यास हमारी आखिरी सांस तक विकसित हो सकता है।

शांति का मेरा अनुभव

आंतरिक शांति के साथ एक मजबूत संबंध होना मेरे जीवन में एक अद्भुत आशीर्वाद रहा है—अच्छे समय में भी और कठिन समय में भी। मुझे इससे कोई फर्क नहीं पड़ता कि मेरी क्या समस्याएं हैं या दुनिया में क्या हो रहा है। जब मैं उस सीमा को पार करता हूं और पूरी तरह से अपने आपसे जुड़ जाता हूं तो सभी चिंताएं धुल जाती हैं। और हर इंसान के लिए यही संभावना है—उस जगह पर होना, जहां उनका हृदय गाता है और वे बस जीवित होने के संगीत का आनंद लेते हैं।

मैं अक्सर उस स्पष्टता के बारे में बात करता हूं जो आत्मज्ञान से आती है। क्योंकि हम अपने बारे में कैसा महसूस करते हैं और हम जीवन का सामना कैसे करते हैं, इसके बारे में यह सबकुछ बदल सकती है। यहाँ एक उदाहरण है। जब आप एक हवाईजहाज उड़ाते हैं तो आप अपनी इंद्रियों का उपयोग यह बताने के लिए करते हैं कि सब कैसा चल रहा है, जैसे क्षितिज को देखकर विमान को सीधा और बराबर रखना। मूलरूप से, आप अपनी सीट से उड़ा रहे हैं। लेकिन हवा में विचलित हो जाना आसान है, खासकर जब मौसम की स्थिति आपके खिलाफ हो जाये या अंधेरा हो। वास्तविकता की आपकी अवधारणाएं और व्याख्याएं गलत हो सकती हैं।

उपकरण आपको अपनी समझ से जोड़ने के लिए एक पूरी दूसरी प्रणाली देते हैं। वे आपको बताते हैं कि आप कितना सीध में और बराबर हैं, आपकी गति कितनी है, आप कितनी तेजी से मुड़ रहे हैं इत्यादि। एक उड़ान प्रशिक्षक के रूप में, मैं आपको बता सकता हूं कि पायलटों को उपकरणों के साथ उड़ान भरना सीखने में अक्सर समय लगता है, थोड़ा-

थोड़ा स्की सीखने जैसा—आपको विशेषज्ञ पर भरोसा करना सीखना होगा!

आत्मज्ञान, आपको अपने आपसे जुड़ने के लिए आंतरिक उपकरणों का एक सेट विकसित करने में सक्षम बनाता है। और वहीं आपको अपनी वास्तविकता का पता चलता है। यही वह जगह है जहां आप वास्तव में खुद को अनुकूल करते हैं।

उड़ान वाले उदाहरण को जारी रखने के लिए, कॉकपिट में बहुत सारी रोशनी होती है इसलिए एक निर्माता ने "डार्क कॉकपिट" अवधारणा का आविष्कार किया। इससे कौन सी लाइटें जलें, उनकी संख्या कम से कम रहती है और इससे पायलट को प्राथमिकता तय करने में मदद मिलती है। अगर रोशनी नहीं है तो सबकुछ ठीक है; यदि कोई रोशनी जलती है तो आप उसकी वजह को सुलझाते हैं। इसकी तुलना उस तरह से करें जिस तरह से व्यस्त दिमाग़ बाहरी दुनिया को स्कैन करता रहता है, हमेशा वह समस्याओं और शांति दोनों की तलाश में रहता है।

हर किसी की तरह मुझे भी जागरूक होना होगा कि मेरा मन मेरे हृदय के रास्ते में आ सकता है और उम्मीदें मुझे भी बिल्कुल प्रभावित कर सकती हैं। एक बार जापान में मुझे एक प्रोफेसर द्वारा एक मंदिर में आमंत्रित किया गया। वे बागवानी के जाने-माने सम्मानित विशेषज्ञ थे। यह भव्य बगीचों वाला एक बहुत ही सुंदर मंदिर था। हम मैदान में गए और बैठ गए। वहां हर कोई टिप्पणी कर रहा था कि यह कितना शांतिपूर्ण है। बेशक, मेरी मानसिक स्थिति बदलने लगी "यह शांति नहीं है", मैंने सोचा, "यह सन्नाटा है!"

मैं बस वहीं बैठ गया और सुनना शुरू कर दिया—सच में सुना और मुझे एहसास हुआ कि वह बिल्कुल भी शांत नहीं था। पानी काफी शोर के साथ बह रहा था। फिर अचानक मैं झींगुरों की आवाज सुन सकता था और वे सभी आवाज़ करने में लगे हुए थे, मैं हवा में पत्तों की सरसराहट और पक्षियों को गाते हुए सुन सकता था। यह शांत नहीं था, लेकिन थोड़ी देर बाद मुझे लगा कि उस ध्वनि में एक अद्भुत सामंजस्य था। मैंने "शांत" और "शांति" की बौद्धिक परिभाषाओं को अलग होने दिया और मैंने बस उस क्षण में अनुभव किया—बगीचे का गीत, एक सुंदर वास्तविकता का सामंजस्य।

क्या आप इस छुट्टी का आनंद ले रहे हैं जिसे जीवन कहा जाता है?

आत्मज्ञान की यह खोज इतनी महत्वपूर्ण क्यों है? आइए, एक बार फिर से अपने अस्तित्व के आश्चर्य के बारे में विचार करें।

कई संतों और कवियों ने कहा है कि जब हम मरते हैं तो हम असली घर जाते हैं। यह दुनिया एक ऐसी जगह है, जहां हम भ्रमण के लिए आते हैं। आप मानें या न मानें कि इस जीवन के बाद कुछ और है या नहीं, पर यह विचार तो कुछ खास है ही कि हम अभी यहाँ कुछ समय के लिए हैं। मैंने इसके बारे में बहुत सोचा है और एक निष्कर्ष पर पहुंचा हूं कि हम इंसान भी आसानी से भूल जाते हैं कि हम कहां से आए हैं—धूल से। जैसे क्रिश्चियन बुक ऑफ कॉमन प्रेयर में अंकित है कि हम पैदा होने से पहले विशाल ब्रह्मांड की धूल के बादल का एक हिस्सा थे और मरने के बाद, हम वापस उसी धूल में मिल जाएंगे। "डस्ट टू डस्ट।" मैंने इस विषय पर कुछ पंक्तियाँ लिखी हैं—

मेरे पैरों तले की धूल,
नासमझों और ऋषियों की,
समय की मार से मिश्रित।
राजा और कंगाल,
संत और डाकू,
धरती में मिले हुए।
भिखारी का कटोरा और राजा का मुकुट,
उसी भूमि में जंग खाया हुआ,
उसी हवा द्वारा ले जाया गया,
कृपा के बिना बिखरा हुआ।
सभी चीजों का इतिहास—
मेरे पैरों तले की धूल।

ऐसा माना जाता है कि हमारे ब्रह्मांड का जन्म 14 अरब साल पहले हुआ था और यह पृथ्वी लगभग 4.5 अरब वर्षों से अपने वर्तमान स्वरूप

में है। होमो-सैपियेन्स लगभग 300,000 वर्षों से हैं। और आधुनिक मानव ने हिमयुग के बाद के 10,000 वर्षों में आकार पाया है। इसका मतलब है कि जिस रूप में हम, आज मनुष्य को पहचानते हैं वह जब से पृथ्वी बनी है, उस समय के एक बहुत छोटे से अंश के लिए ही धरती पर है और पूरे ब्रह्मांड के जीवन के और भी बहुत छोटे अंश के लिए हम यहां पर हैं। अरबों वर्षों से हम आकाश गंगा में धूल के कणों के रूप में तैर रहे थे। तब उस महान सर्वव्यापी ऊर्जा ने हमारे ऊपर कृपा की और हमें इस ग्रह पर, समय के लंबे इतिहास में से एक पल के लिए, इस जीवन को जीने का अवसर दिया।

तो हमें धूल होने से एक छुट्टी दी गई है और यह छुट्टी तब शुरू होती है, जब हम पैदा होते हैं और जब हम मर जाते हैं तो यह समाप्त हो जाती है। जीवित सभी पौधे और प्राणी छुट्टी पर हैं। और हम सब कितनी अद्भुत मंजिल पर लाए गए हैं। लेकिन क्या हम जानते हैं कि हम इस शानदार छुट्टी पर हैं? क्या हम अपने समय का अधिकतम लाभ उठा रहे हैं? क्या हम इस जीवन का अनुभव करने से वंचित हो रहे हैं? क्या हम इस बहुमूल्य क्षण का स्वाद ले रहे हैं—इस अवसर के धूल में लौटने से पहले ढेरों अलग-अलग चीजों के अनुभव करने का?

कभी-कभी मैं भूल जाता हूं कि मैं छुट्टी पर हूं। हर दिन मैं खुद को याद दिलाना चाहता हूं कि मेरे लिए इस समय सबसे महत्वपूर्ण बात है—इस सुंदरता की सराहना करना, इसका आनंद लेना और हर पल का अधिकतम लाभ उठाना। उनमें से प्रत्येक क्षण में हमारे लिए सभी चीजों के अतिरिक्त एक और संभावना है—अध्याय 11 में हमने जिस सत्य का वर्णन किया है, उसका अनुभव करने की।

वही ब्रह्मांडीय धूल जिसने हमें बनाया है, उसने हमारे सौर मंडल के हर ग्रह का निर्माण भी किया है। हम ऊपर आकाश गंगा और पैरों के नीचे की धूल के भाग हैं। हम पेड़ों से, उन पक्षियों से जो उनकी शाखाओं में अंदर-बाहर उड़ते हैं, फूल के चारों ओर मंडराती तितलियों से, चमकती नदी में दौड़ती मछलियों से तथा धूप और बारिश से जुड़े हुए हैं। हम हमेशा उस पदार्थ का हिस्सा रहेंगे लेकिन इतने कम समय के लिए हमें, चेतना का भी वरदान मिला है। हमें महसूस करने और समझने की अस्थायी क्षमता दी गई है। तो सवाल यह है—क्या हम अपनी छुट्टी

का आनंद ले रहे हैं?

कार्पे डियम

अंत में जब पृथ्वी विघटित हो जाएगी, वह ब्रह्मांड में धूल के रूप में उड़ जाएगी और कहीं दूसरी जगह अनगिनत अन्य चीजें बन जाएंगी। यह असीम रचनात्मकता का निरंतर नवीनीकरण है। और इसलिए हमारे लिए अवसर है कि हम वर्तमान के साथ जुड़े रहें—न कि बीते हुए कल के साथ, जो जा चुका है और न ही आने वाले कल के साथ, जो कभी नहीं आयेगा। बल्कि इस वर्तमान क्षण में हमारे अस्तित्व का चमत्कार है, इस क्षण में और आगे भी। फिर भी, हम अक्सर ऐसी सरल सराहना को कठिन पाते हैं। चीनी दार्शनिक लावो त्जू ने इसे इस तरह व्यक्त किया—

प्रत्येक क्षण नाजुक और क्षणभंगुर है।
बीते हुए पल को सहेजा नहीं जा सकता,
चाहे वह कितना ही खूबसूरत क्यों न हो।
वर्तमान क्षण को रोका नहीं जा सकता,
चाहे वह कितना ही सुखद क्यों न हो।
भविष्य के क्षण को पाया नहीं जा सकता,
चाहे वह कितना ही वांछनीय क्यों न हो।

लेकिन मन नदी को अपनी जगह नियंत्रित करने को बेताब है—

अतीत के विचारों से ग्रसित,
भविष्य की छवियों के साथ व्यस्त,
यह वर्तमान पल के सीधे-सादे सत्य की,
अनदेखी करता है।

इस पल का सीधा सच क्या है? बुद्धिमानी किसी चीज़ के चले जाने के बाद उसकी अहमियत का एहसास करना नहीं है; बुद्धिमानी अभी हमारे पास जो कुछ है उसकी कीमत को पहचानने में है। अब इस समय हम सबके पास क्या है? 'अब' में होने के आश्चर्य को अनुभव करने की संभावना। हमारे जीवन में सबसे महत्वपूर्ण क्या है, यह स्पष्ट रूप से देखने

की संभावना। वास्तव में यह जानने की संभावना कि हम कौन हैं। शोर से दूर होने और भीतर की शांति का अनुभव करने की संभावना। हमारा हृदय हमेशा हमारे मन के दरवाजे पर दस्तक देता है और जो सब हममें अच्छा है, हमें उन सभी के साथ एक होने की संभावना को याद दिलाता है।

एक फूड मार्केट की कल्पना करें—अंदर आपको दुनिया के सबसे बेहतरीन खाने के सामान मिलेंगे, सबसे ताजे फल और सब्जियां, सबसे अच्छा पका हुआ भोजन, बढ़िया चीजें, सबसे स्वादिष्ट मीठी चीजें जिनके बारे में मनुष्य जानता है और सैकड़ों फव्वारों से—ताज़ा बहते हुए पेय पदार्थ। आपको बताया जाता है कि आप इस बाजार से जो चाहें प्राप्त कर सकते हैं लेकिन एक शर्त है—आप इसे अपने साथ नहीं ले जा सकते। आपकी प्रतिक्रिया क्या होगी? क्या आप निराश होंगे? या आप सोचेंगे, "मैं यहाँ रहते हुए हर उस चीज़ का आनंद लूंगा जिसका आनंद मैं ले सकता हूँ?"

जानी-पहचानी सी बात लग रही है ना, है ना? हम बहुत आनंद ले सकते हैं लेकिन हम इसे अपने साथ नहीं ले जा सकते। कार्पे डियम।

अच्छा भेड़िया, बुरा भेड़िया

यह हमें एक महत्वपूर्ण बिंदु पर वापस लाता है जो इस पुस्तक के माध्यम से बार-बार कहा गया है और वह आत्मज्ञान के अभ्यास में आवश्यक है—हमारा चयन। हर पल हमारे पास चुनने का एक अवसर होता है और वह यह है—क्या हमारे अंदर जो अच्छा या बुरा है, उसपर हम ध्यान देते हैं? या जो सकारात्मक या नकारात्मक है, उसपर ध्यान देते हैं?

अमेरिकी मूल का एक कबीला था। एक दिन उस कबीले का एक छोटा लड़का मुखिया के पास आया और बोला—"सरदार, मेरा एक प्रश्न है—क्यों कुछ लोग कुछ समय के लिए अच्छे होते हैं लेकिन वही लोग अन्य समय में बुरे हो जाते हैं?"

सरदार ने कहा—"ऐसा इसलिए है क्योंकि हमारे अंदर दो भेड़िये हैं जो एक-दूसरे से लड़ रहे हैं। एक अच्छा भेड़िया है और एक बुरा भेड़िया है।"

तो लड़के ने कुछ देर तक इस बारे में सोचा, फिर उसने कहा— "सरदार, कौन सा भेड़िया जीतता है?"

सरदार ने उत्तर दिया—"जिसे तुम खिलाते हो।"

हमें बुरे भेड़िये को सजा देने की कोई ज़रूरत नहीं है—उसे सजा देने से कोई मदद नहीं होगी। इसके बजाय अच्छे भेड़िये को खिलाएं—इसे समय दें, जागरूकता दें, समझ दें, देखभाल दें, प्यार दें। फिर क्या होता है? अच्छा भेड़िया मजबूत हो जाता है।

घृणा, क्रोध, भय, भ्रम—ये बुरे भेड़िये का भोजन हैं।

प्यार, खुशी, शांति, स्पष्टता—ये अच्छे भेड़िये का भोजन हैं।

इसलिए हमें खुद से पूछना चाहिए—आज हम क्या चुन रहे हैं? हम पूर्वाग्रह को प्रोत्साहित करना चुनते हैं या समझ को? हम किसे प्रोत्साहित करना चुनते हैं, भ्रम को या स्पष्टता को? हम युद्ध को प्रोत्साहित करना चुनते हैं या शांति को ?

यहाँ कुछ पंक्तियाँ हैं जिन्हें बहुत पहले मैंने एक बार कहा था, हमारी पसंद हमें कैसे परिभाषित करती है—वे शब्द जो आजतक मेरे साथ बने रहे हैं—

यदि आप ताकतवर बनना चाहते हैं तो भले बनें।
यदि आप शक्तिशाली बनना चाहते हैं तो दयालु बनें।
यदि आप धनी बनना चाहते हैं तो उदार बनें।
अगर आप स्मार्ट बनना चाहते हैं तो सरल बनें।
यदि आप मुक्त होना चाहते हैं तो स्वयं को जानें।

स्वतंत्र होने का चुनाव

एक बार जब मैं उन लोगों से बात कर रहा था जो ज्ञान की विधि सीख रहे थे, एक आदमी ने कहा "मुझे डर लगता है।"

"किसका डर?" मैंने उत्तर दिया।

"मैं आगे नहीं बढ़ पा रहा हूं, मैं इस अनुभव में नहीं जा सकता।"

"क्यों?" मैंने कहा। "आप केवल अंदर मुड़ रहे हैं। अपने आपसे डरो मत। उड़ो!"

बाद में वह मुझसे मिलने के लिए वापस आया और कहा कि वह बातचीत उसके लिए बहुत सशक्त थी क्योंकि उसने अपने को ढीला छोड़ा और खुद को ऊपर उड़ने दिया। मैंने उससे पूछा कि कैसा लगा? उन्होंने कहा कि यह ऐसा था जैसे वह अब जितना स्वतंत्र महसूस कर सकता था, उसकी कोई सीमा नहीं थी, कोई सीमा नहीं।

स्वतंत्र होना हमारा स्वभाव है। जो हमें बांधता है, वह शायद उतना विशाल नहीं है। लेकिन हमें अपने भीतर की जरूरत से जुड़ना चाहिए। क्या आप अपने अंदर की आजादी की जरूरत को महसूस कर सकते हैं? क्या आप अपने आपको अंदर की दिव्य-शक्ति की आंखों से देखने के लिए स्वतंत्र कर सकते हैं?

जब मैं बड़ा हो रहा था, मैंने मुक्ति के बारे में पक्षियों से एक सबक सीखा। यदि आप एक स्वतंत्र पक्षी को लेते हैं और उसे पिंजरे में रखते हैं तो वह बाहर निकलने के लिए संघर्ष करेगा। लेकिन क्या आप जानते हैं आखिरकार क्या होगा? अगर आप ज्यादा दिन तक इंतजार करते हैं तो वह उस पिंजरे में रहना सीख लेगा। एक दिन पिंजरे का दरवाजा खोलो तो सोचो क्या होगा? चिड़िया उड़ने की कोशिश भी नहीं करेगी। मुझे पता है, क्योंकि मैंने एक बार पिंजरे में रखे कुछ पक्षियों को छोड़ने की कोशिश की थी और वे हिले भी नहीं थे। वे भूल गए थे कि आजादी का मतलब क्या होता है। और हमारे साथ भी ऐसा ही हो सकता है।

हमारे जीवन में जो कुछ भी हो रहा हो, हम हमेशा इस गहरी सच्चाई से जुड़ने के लिए स्वतंत्र हैं कि हम कौन हैं? जो वहां बाहर हो रहा है, उसके नियंत्रण से मुक्त होने के लिए। लेकिन ये बात हमें अपने लिए चुननी होगी। जैसे-जैसे हमारी सांसों की लय उठती और गिरती है, यह हमारे लिए जीवन का चमत्कार लेकर आती है। भीतर मुड़ें और प्रत्येक क्षण में आप अपने भीतर की अनंत शांति से जुड़ना चुन सकते हैं। भीतर मुड़ो और तुम अपने भीतर दूर तक उड़ सकते हो। भीतर मुड़ो और दुनिया का शोर मौन हो जाता है, जिससे आप अभी के दिव्य-संगीत को सुन सकते हैं। भीतर मुड़ो और तुम स्वयं सुनोगे। शुरू कीजिए!

लेखक के बारे में

वर्ष 1957 में जन्मे, प्रेम रावत के पास जीवन की अपनी असाधारण यात्रा का 55 से अधिक वर्षों का अनुभव है। एक विलक्षण प्रतिभासम्पन्न बालक से, 70 के दशक के एक किशोर मशहूर हस्ती से, अन्तर्राष्ट्रीय शांतिदूत तक की अपनी यात्रा में प्रेम ने करोड़ों लोगों को असाधारण स्पष्टता, प्रेरणा और जीवन की गहरी सीख दी है।

अब अमेरिका में बसे हुए, दि प्रेम रावत फाउन्डेशन के संस्थापक प्रेम, जीवन के हर क्षेत्र के लोगों के साथ कार्य करते हैं और उन्हें दिखाते हैं कि उन्हीं के अंदर मौजूद, उनकी शांति के स्रोत का अनुभव वे कैसे कर सकते हैं। उनका वैश्विक प्रयास सौ से अधिक देशों में फैला है, जो एक-एक व्यक्ति को आशा, खुशी और शांति का व्यावहारिक संदेश प्रदान करता है।

वे अन्तर्राष्ट्रीय स्तर पर सर्वाधिक बिक्री वाली पुस्तक ''पीस इज पॉसिबल'' के लेखक हैं। इसके साथ-साथ वे 14000 घंटों की उड़ान के अनुभव के साथ एक पायलट, एक फोटोग्राफर और पुरानी कारों को नवीनीकरण करने का भी शौक रखते हैं। उनके चार बच्चे और चार नाती-पोते हैं।